Hannah Arendt
Vom Leben des Geistes

Serie Piper
Band 706

Zu diesem Buch

Diese Analyse menschlicher Geistestätigkeit ist das letzte Werk von Hannah Arendt und hat den Charakter eines geistigen Vermächtnisses. Entsprechend dem Aufbau von »Vita activa«, ihrem Buch über die drei menschlichen Grundtätigkeiten (Arbeiten, Herstellen, Handeln), ist auch »Vom Leben des Geistes« in drei Abschnitte gegliedert, nämlich in Denken, Wollen und Urteilen.

Ein Ausgangspunkt ihres Denkens, so berichtet Hannah Arendt im ersten Band, war der Eichmann-Prozeß in Jerusalem: dort wurde sie plötzlich mit der »Banalität des Bösen« konfrontiert. Dies führte sie zu der Frage, ob das Böse nicht einfach in Gedankenlosigkeit bestehe. Was anläßlich der Beobachtung des Prozesses in ihr vorging, ist ein deutliches Beispiel für den Denkprozeß, wie er im vorliegenden Werk beschrieben wird. Der Geist wird von einer Erscheinung in der »realen Welt« in Anspruch genommen und zieht sich zur Reflexion in sich selbst zurück. Dieser zur Frage gewordene Vorgang wird zu einem »Gedankending«, das nun seinerseits neue Fragen hervorbringt. Was bringt uns zum Denken? Wo sind wir, wenn wir denken? Was »nützt« das Denken? Sind Wahrheit und Sinn dasselbe?

Die Beschäftigung mit dem Wesen des Denkens führt Hannah Arendt zur Betrachtung der beiden anderen spezifisch menschlichen Fähigkeiten, des Wollens und des Urteilens. Der Wille hängt zusammen mit Freiheit – ein unfreier Wille wäre ein Widerspruch in sich –; doch in welcher Hinsicht ist er frei? Gibt es den Willen überhaupt, oder ist er bloß eine Täuschung des Bewußtseins? Wenn es ihn gibt, ist er dann nicht in zweierlei Willen gespalten?

Hannah Arendt, 1906–1975, studierte Philosophie, Theologie und Griechisch, 1928 Promotion. 1933 Emigration, seit 1934 in New York; 1946–48 Cheflektorin, danach freie Schriftstellerin. 1963 Berufung als Professorin an die University of Chicago. Lehrte seit 1968 an der New School for Social Research als University Professor. 1959 Lessing-Preis der Stadt Hamburg.

Hannah Arendt

Vom Leben des Geistes

BAND 2
DAS WOLLEN

Aus dem Amerikanischen von
Hermann Vetter

Piper
München Zürich

Die Originalausgabe erschien 1977 unter dem Titel
»The Life of the Mind, Vol. One: Thinking, Vol. Two: Willing«
bei Harcourt Brace Jovanovich Inc., New York.
Die deutsche Ausgabe erscheint mit Genehmigung von
Harcourt Brace Jovanovich, Inc.

Von Hannah Arendt liegen in der Serie Piper außerdem vor:
Macht und Gewalt (1)
Walter Benjamin, Bertolt Brecht (12)
Wahrheit und Lüge in der Politik (36)
Über die Revolution (76)
Vita activa oder Vom tätigen Leben (217)
Rabel Varnhagen (230)
Eichmann in Jerusalem (308)
Elemente und Ursprünge totaler Herrschaft (645)
Vom Leben des Geistes 1 Das Denken (705)
Weitere Werke sind in Vorbereitung.

ISBN 3-492-10706-0
Neuausgabe 1989
2. Auflage, 6.–9. Tausend November 1989
(1. Auflage, 1.–4. Tausend dieser Ausgabe)

Deutsche Ausgabe:
R. Piper & Co. Verlag, München 1979
Umschlag: Federico Luci,
unter Verwendung eines Fotos von Hannah Arendt
Gesamtherstellung: Clausen & Bosse, Leck
Printed in Germany

Inhalt

Vorbemerkung der Herausgeberin 7

Einleitung 9

I Die Philosophen und der Wille 14
1 Die Zeit und die geistigen Tätigkeiten 14
2 Der Wille und die Neuzeit 22
3 Die Haupteinwände gegen den Willen in der nachmittelalterlichen Philosophie 26
4 Das Problem des Neuen 31
5 Der Zusammenstoß von Denken und Wollen: die Tonalität der Geistestätigkeiten 37
6 Hegels Lösung: die Geschichtsphilosophie 41

II Die Entdeckung des inneren Menschen 54
7 Das Wahlvermögen: proairesis, der Vorgänger des Willens 54
8 Der Apostel Paulus und die Ohnmacht des Willens 62
9 Epiktet und die Allmacht des Willens 71
10 Augustinus, der erste Philosoph des Willens 82

III Wille und Verstand 108
11 Thomas von Aquin und der Vorrang des Verstandes ... 108
12 Duns Scotus und der Vorrang des Willens 120

IV Schluß 141
13 Der deutsche Idealismus und die »Regenbogenbrücke der Begriffe« 141
14 Nietzsches Verwerfung des Willens 150
15 Heideggers Wille zum Nicht-Wollen 164
16 Der Abgrund der Freiheit und der novus ordo saeclorum 185

Anhang: Das Urteilen
Auszüge aus Vorlesungen über Kants politische Philosophie 208

Nachwort der Herausgeberin 227

Mitteilung des Übersetzers zur Wiedergabe der Zitate 241

Anmerkungen 242

Personenregister 262

Sachregister 265

Vorbemerkung der Herausgeberin

Als Hannah Arendts Freundin und literarische Nachlaßverwalterin habe ich »Vom Leben des Geistes« zur Veröffentlichung vorbereitet. »Das Denken« wurde 1973 in kürzerer Form im Rahmen der Gifford Lectures an der University of Aberdeen vorgetragen, 1974 auch der Anfang von »Das Wollen«. Beides wurde, wieder in kürzerer Form, als Vorlesung an der New School for Social Research in New York 1974/75 und 1975 gehalten. Die Geschichte des Werkes und seiner editorischen Behandlung wird im Nachwort des Herausgebers je am Ende der beiden Bände mitgeteilt. Der zweite Band enthält einen Anhang über das Urteilen, der dem Material zu einer Vorlesung über Kants politische Philosophie an der New School aus dem Jahre 1970 entnommen ist.

Im Namen Hannah Arendts möchte ich Professor Archibald Wernham und Professor Robert Cross von der University of Aberdeen sowie Mrs. Wernham und Mrs. Cross für ihr Entgegenkommen und ihre Gastfreundschaft während der Tätigkeit als Gifford Lecturer danken. Dank gebührt auch dem Senat der Universität, der die Einladung ausgesprochen hat.

Mein Dank als Herausgeberin gilt vor allem Jerome Kohn, Frau Arendts Lehrassistent an der New School, für seine stetige Hilfsbereitschaft bei der Lösung einiger schwieriger Textprobleme und seine Aktivität und Sorgfalt beim Ermitteln und Prüfen von Literaturangaben. Ihm und Larry May gebührt auch Dank für die Herstellung des Stichwortverzeichnisses. Mein besonderer Dank gilt auch Margo Viscusi für ihre engelhafte Geduld beim Neuschreiben eines stark überarbeiteten Manuskripts mit vielen Einfügungen und Zwischenzeilen in verschiedenen Handschriften, und für ihre gründlichen editorischen Fragen. Ich danke ihrem Ehemann, Anthony Viscusi, der seine Hochschullehrbücher zur Verfügung stellte, wodurch einige problematische Zitate wesentlich leichter überprüft werden konnten. Meinem Mann, James West, danke ich für den unverhofften Segen *seiner* philosophischen Hochschullehrbücher und für seine Bereitschaft, das Manuskript und dessen gelegentliche Schwierigkeiten mit mir zu besprechen, ferner für die Entschlossenheit, mit der er mehrere gordische Knoten beim Gesamtplan und der Anordnung der beiden Bände durchgehauen hat. Ich danke Lotte Köhler, mit mir Nachlaßverwalterin, die die einschlägigen Bücher aus der Bibliothek Hannah Arendts den Lektoren des Verlags zur Verfügung gestellt hat und allgemein große Hilfsbereitschaft und Hingabe zeigte. Große Anerkennung gebührt Roberta Leighton und ihren Mitarbeitern bei Harcourt Brace Jovanovich für die ungeheure Mühe und Intelligenz, die sie auf das Manuskript verwandt haben – sie gingen weit über das übliche Maß hinaus. William Jovanovich danke ich herzlich für das persönliche Interesse, das er stets dem Werk entgegengebracht hat; es zeigte sich bereits darin, daß er dreien der Gifford-Vorlesungen in Aberdeen persönlich beiwohnte. Für ihn war Hannah Arendt sehr viel mehr als ein »Autor«, und sie wiederum schätzte nicht nur seine Freundschaft, sondern auch seine Kommentare und kritischen Erkenntnisse bezüglich ihres Textes. Seit ihrem Tode hat er mich ermutigt und bestärkt durch seine aufmerksame Lektüre des fertiggestellten Textes und seine Vorschläge für die Behandlung des Materials über das Urteilen aus den Kant-Vorlesungen. Darüber hinaus war er bereit, die Last der Entscheidung in manchen geringfügigen wie auch in größeren Fragen zu teilen. Dank gebührt auch meinen Freunden Stanley Geist und Joseph Frank, die ihren Rat in sprachlichen Fragen des Manuskripts zur Verfügung stellten, ferner meinem Freund Werner Stemans und dem Pariser Goethe-Institut, die mir beim Deutschen an die Hand gingen. Dank gebührt »The New Yorker«, der »Das Denken« mit geringfügigen Änderungen herausgebracht hat; William Shawn bin ich dankbar für seine begeisterte Reaktion auf das Manuskript – die für die Verfasserin eine große Genugtuung gewesen wäre. Schließlich, und am allermeisten, danke ich Hannah Arendt für den Vorzug, ihr Buch bearbeiten zu dürfen.

Mary McCarthy

Einleitung

Der zweite Band von »Vom Leben des Geistes« beschäftigt sich mit dem Vermögen des Willens und damit auch mit dem Problem der Freiheit, das, wie Bergson sagte, »für die Moderne das ist, was die Paradoxien der Eleatiker für die Antike waren«. Die Erscheinungen, mit denen wir uns zu beschäftigen haben, sind in außerordentlichem Maße von einer Schicht argumentierender Überlegungen überlagert, die keineswegs willkürlich und damit nicht zu vernachlässigen sind, die aber das Verhältnis zu den wirklichen Erfahrungen des wollenden Ichs durch Doktrinen und Theorien ersetzt haben, denen es nicht unbedingt darum geht, »die Erscheinungen zu retten«.

Ein Grund für diese Schwierigkeiten ist ganz einfach: das Vermögen des Willens war der griechischen Antike unbekannt und wurde aufgrund von Erfahrungen entdeckt, über die es bis zum ersten christlichen Jahrhundert so gut wie keine Zeugnisse gibt. Für die nächsten Jahrhunderte bestand das Problem, dieses Vermögen mit den Hauptauffassungen der griechischen Philosophie in Einklang zu bringen: denkende Menschen waren nicht mehr bereit, die Philosophie völlig aufzugeben und mit Paulus (1. Kor. 1,23) zu sagen: »Wir aber predigen den gekreuzigten Christus, den Juden ein Ärgernis und den Griechen eine Torheit« – und es dabei bewenden zu lassen. Dazu war, wie wir sehen werden, nur Paulus selbst bereit.

Doch das Ende des christlichen Zeitalters bedeutete keineswegs das Ende dieser Schwierigkeiten. Die hauptsächliche rein christliche Schwierigkeit, nämlich wie sich der Glaube an einen allmächtigen und allwissenden Gott mit dem freien Willen vereinbaren lasse, bleibt in verschiedenen Formen bis tief in die Neuzeit hinein bestehen, wo man oft beinahe die gleiche Argumentationsweise vorfindet wie früher. Entweder wird der freie Wille als unvereinbar mit dem Kausalitätsgesetz gesehen, oder später als schwer vereinbar mit den Gesetzen der

Geschichte, die ihren Sinn aus dem Fortschritt oder einer *notwendigen* Entwicklung des Weltgeistes beziehen. Diese Schwierigkeiten bestehen immer noch weiter, auch wenn alle im engeren Sinne traditionellen – metaphysischen oder theologischen – Interessen geschwunden sind. John Stuart Mill zum Beispiel faßt ein immer wieder gebrauchtes Argument zusammen, wenn er sagt[1]: »Unser *inneres* Bewußtsein sagt uns, daß wir ein Vermögen besitzen, von dem wir aber nach der gesamten äußeren Erfahrung der Menschheit nie Gebrauch machen.« Das extremste Beispiel ist Nietzsche, der davon spricht, die gesamte Lehre vom Willen sei die folgenschwerste Fälschung, die sich in der Psychologie bisher ereignet habe; sie sei hauptsächlich deshalb erfunden worden, um strafen zu können.

Die größe Schwierigkeit bei jeder Behandlung des Willens ist die einfache Tatsache, daß bei keinem anderen Vermögen des Geistes schon seine Existenz von so vielen hervorragenden Philosophen so nachdrücklich bezweifelt und widerlegt worden ist. Der letzte ist Gilbert Ryle, für den der Wille ein »künstlicher Begriff« ist, dem überhaupt nichts entspricht und der, wie so viele der metaphysischen Irrtümer, nur unnötige Rätsel aufgibt. Er übersieht offenbar seine großen Vorgänger, wenn er »die Lehre« widerlegen will, »es gebe ein Vermögen . . . des ›Willens‹ und somit Vorgänge oder Tätigkeiten, die von ihr als ›Willensakte‹ bezeichnet werden«[2]. Er sieht, »daß Platon und Aristoteles [Willensakte] in ihren häufigen und eingehenden Erörterungen der Seele und der Ursprünge des Verhaltens nie erwähnen«, weil sie noch nichts wußten von jener »besonderen Hypothese [späterer Zeiten], die nicht auf der Entdeckung, sondern der Postulierung [gewisser] geisterhafter Impulse beruht«[3].

Jede kritische Untersuchung des Vermögens des Willens wird der Natur der Sache nach von professionellen Denkern (Kants »Denkern von Gewerbe«) geführt, und das weckt den Verdacht, daß das Abtun des Willens als bloße Bewußtseinstäuschung und die Leugnung seiner Existenz überhaupt, wie sie mit fast gleichartigen Argumenten bei Philosophen verschiedenster Richtung erfolgt, auf einem grundlegenden Konflikt zwischen den Erfahrungen des denkenden und des wollenden Ichs beruhen könnte.

Es ist zwar immer derselbe Geist, der denkt und der will, wie es auch das gleiche Selbst ist, das Körper, Seele und Geist vereint, doch es ist keineswegs selbstverständlich, daß die Sichtweise des denkenden Ichs auf jeden Fall unvoreingenommen und »objektiv« bleibt, wenn es um andere geistige Tätigkeiten geht. Denn der Begriff des freien Willens ist ja nicht nur ein notwendiges Postulat jeder Ethik und jedes Rechtssystems, sondern auch ein ebensolches »unmittelbares Bewußtseinsdatum« (Bergson) wie das Ich-denke bei Kant oder das cogito bei Descartes, deren Existenz von der herkömmlichen Philosophie kaum je bezweifelt wurde. Um es vorwegzunehmen, Ursache für das Mißtrauen der Philosophen gegen dieses Vermögen war sein unvermeidlicher Zusammenhang mit der Freiheit: »Wenn ich aus Notwendigkeit wollen muß, warum soll ich dann überhaupt vom Willen sprechen?«, wie es Augustinus ausdrückte[4]. Das Kriterium für eine freie Handlung ist stets das Bewußtsein, daß man sie auch hätte unterlassen können – was keineswegs für das bloße Begehren oder die Gelüste gilt, wo körperliche Bedürfnisse, die Notwendigkeiten der Lebensvorgänge oder die bloße Macht des Habenwollens angesichts etwas Zuhandenen alle Überlegungen des Willens oder der Vernunft über den Haufen werfen können. Das Wollen scheint unendlich viel mehr Freiheit zu besitzen als das Denken, das auch in seiner freiesten, spekulativsten Form dem Gesetz der Widerspruchsfreiheit nicht entgehen kann. Diese unleugbare Tatsache ist von denkenden Menschen nie als reiner Vorzug empfunden worden, sondern eher als Fluch.

Im folgenden werde ich das innere Datum des Ich-will als hinreichenden Beleg für die Wirklichkeit der Erscheinung nehmen, und da ich mit Ryle – und vielen anderen – der Meinung bin, daß dieses Phänomen in der griechischen Antike unbekannt war, muß ich im Gegensatz zu Ryle davon ausgehen, daß dieses Vermögen »entdeckt« wurde, und zwar zu einem angebbaren Zeitpunkt. Kurz, ich werde den Willen anhand seiner Geschichte analysieren, und dieses Unternehmen hat seine eigenen Schwierigkeiten.

Sind nicht die menschlichen Vermögen im Unterschied zu den menschlichen Lebensumständen so alt wie die Menschheit selbst? Wie könnten wir sonst überhaupt die Literatur und die Gedanken vergangener Zeitalter verstehen? Gewiß gibt es eine »Ideengeschichte«, und man könnte die Idee der Freiheit ziemlich leicht historisch verfolgen: Zunächst bezeichnete das Wort einen politischen Status – den des freien Bürgers im Unterschied zum Sklaven – und einen physischen Zustand – den des gesunden Menschen, dessen Körper nicht gelähmt ist, sondern seinem Geist gehorchen kann; später bezeichnete es eine *innere* Disposition, durch die man sich frei *fühlen* konnte, auch wenn man Sklave war oder seine Glieder nicht bewegen konnte.

Ideen sind geistige Kunstprodukte, und ihre Geschichte setzt die unveränderte Identität des Menschen als ihres Urhebers voraus. Auf dieses Problem kommen wir später zurück. Auf jeden Fall findet man vor dem Aufstieg des Christentums keinerlei Vorstellung von einem geistigen Vermögen, das der »Idee« der Freiheit enspräche, so, wie der Verstand der Wahrheit entspricht und die Vernunft gewissen Dingen jenseits der menschlichen Erkenntnis, oder, wie wir hier sagten, dem Sinn.

Wir beginnen unsere Untersuchung des Willens und seiner Funktion im Leben des Geistes mit einer Betrachtung der nachklassischen und prämodernen Literatur, die jene geistigen Erfahrungen bezeugt, die zur Entdeckung des Willens führten oder aber durch diese veranlaßt wurden – sie erstreckt sich vom Römerbrief des Paulus bis zur Kritik des Duns Scotus an Thomas von Aquin. Doch zunächst möchte ich mich kurz mit Aristoteles beschäftigen, teils wegen des entscheidenden Einflusses »des Philosophen« auf das mittelalterliche Denken, teils wegen seines Begriffes der proairesis, nach meiner Auffassung eine Art Vorläufer des Willens und als Musterbeispiel dafür geeignet, wie bestimmte Probleme der Seele vor der Entdeckung des Willens gestellt und gelöst wurden.

Doch diesem Teil – den Kapiteln II und III – geht eine ziemlich eingehende Vorbetrachtung über die Argumente und Theorien voraus, die seit dem Wiederaufstieg der Philosophie im 17. Jahrhundert viele dieser authentischen Erfahrungen überwuchert, aber auch neu gedeutet haben. Schließlich gehen wir ja im Bewußtsein dieser Theorien, Doktrinen und Argumente an unseren Gegenstand heran.

Der letzte Teil beginnt mit einer Untersuchung von Nietzsches und Heideggers »Bekehrung« zur antiken Philosophie als Folge ihrer Neubewertung und Ablehnung des Wollens. Sodann werden wir uns fragen, ob Menschen der Praxis nicht vielleicht besser mit den Problemen des Willens zurechtkommen konnten als die Denker, mit denen sich der erste Band der vorliegenden Untersuchung beschäftigt hat. Es geht hier um den Willen als Triebfeder des Handelns, d. h. als »Vermögen, eine Reihe von sukzessiven Dingen oder Zuständen *von selbst* anzufangen« (Kant[5]). Zweifellos ist jeder Mensch, indem er geboren wird, ein neuer Anfang, und sein Vermögen des Anfangens könnte durchaus dieser Tatsache des menschlichen Lebens entsprechen. Im Einklang mit diesen Augustinischen Überlegungen ist der Wille manchmal, und nicht nur von Augustinus, als die Verwirklichung des principium individuationis betrachtet worden. Die Frage ist, wie dieses Vermögen, etwas Neues zuwege zu bringen und damit »die Welt zu verändern«, in der Erscheinungswelt zur Geltung kommen kann, nämlich in einer Umwelt der Faktizität, die definitionsgemäß alt ist und unablässig die ganze Spontaneität ihrer Neuankömmlinge in das »ist gewesen« der Tatsachen überführt – fieri, factus sum.

I
Die Philosophen und der Wille

1 *Die Zeit und die geistigen Tätigkeiten*

Ich schloß den ersten Band von »Vom Leben des Geistes« mit gewissen Spekulationen über die Zeit. Sie waren ein Versuch, eine sehr alte Frage zu klären, die zuerst von Platon aufgeworfen, aber von ihm nie beantwortet wurde: Wo ist der topos noētos, die Region des Geistes, in der der Philosoph zu Hause ist[1]? Ich formulierte sie im Laufe der Untersuchung um: Wo sind wir, wenn wir denken? Wohin ziehen wir uns zurück, wenn wir uns von der Erscheinungswelt loslösen, alle gewöhnlichen Tätigkeiten einstellen und mit dem beginnen, was uns Parmenides am Beginn unserer philosophischen Tradition so dringlich nahegelegt hat: »Schaue . . . mit dem Geist, wie durch den Geist das [für die Sinne] Abwesende anwesend ist mit Sicherheit.«[2]

Räumlich gefaßt, wurde die Frage negativ beantwortet. Das denkende Ich ist uns zwar nur in untrennbarer Vereinigung mit einem Körper bekannt, der in der Welt der Erscheinungen zu Hause ist, indem es eines Tages angekommen ist und weiß, daß es sie eines Tages verlassen wird; doch streng genommen, ist das denkende Ich nirgends. Es hat sich von der Erscheinungswelt zurückgezogen, auch von seinem Körper, und damit auch vom Selbst, dessen es nicht mehr gewahr ist. Und zwar in solchem Maße, daß Platon den Philosophen ironisch einen Menschen nennen konnte, der in den Tod verliebt ist, und Valéry sagen konnte: »Manchmal denke ich, und manchmal bin ich« – das denkende Ich verliere also allen Kontakt zur Wirklichkeit, und das wirkliche, erscheinende Selbst denke nicht. Daraus folgt, daß unsere Frage, wo wir sind, wenn wir denken, ohne Zusammenhang mit der Erfahrung des Denkens und somit falsch gestellt war.

Als wir uns dann entschlossen, die Zeiterfahrung des denkenden

Ichs zu untersuchen, da fanden wir die Frage nicht mehr unangebracht. Das Gedächtnis, die Fähigkeit des Geistes zur Vergegenwärtigung des unwiderruflich Vergangenen und damit den Sinnen nicht mehr Gegenwärtigen, war schon immer eines der einleuchtendsten Beispiele für die Fähigkeit des Geistes, Unsichtbares zu vergegenwärtigen. Sie scheint den Geist geradezu stärker als die Wirklichkeit zu machen; sie mißt ihre Kraft mit der Nichtigkeit alles Veränderlichen; sie bewahrt und stellt wieder vor, was sonst dem Untergang und der Vergessenheit anheimfiele. Die Zeitregion, in der dies geschieht, ist die Gegenwart des denkenden Ichs, eine Art fortdauernder »Heutigkeit« (hodiernus, »von heute«, nannte Augustinus Gottes Ewigkeit[3]), das »stehende Jetzt« (nunc stans) der mittelalterlichen Meditation, eine »fortdauernde Gegenwart« (Bergsons présent qui dure[4]), oder »die Lücke zwischen Vergangenheit und Zukunft«, wie wir es bei der Erklärung von Kafkas Zeitparabel nannten. Doch nur, wenn man von der mittelalterlichen Deutung dieser Zeiterfahrung als eines Abglanzes der göttlichen Ewigkeit ausgeht, kann man dem Ergebnis nicht ausweichen, daß nicht nur die Räumlichkeit, sondern auch die Zeitlichkeit in den geistigen Tätigkeiten vorübergehend außer Kraft gesetzt ist. Eine solche Deutung hüllt das gesamte geistige Leben in eine mystische Aura und übersieht in kaum verständlicher Weise die ganze Normalität der Erfahrung selbst. Die Konstitution einer »fortdauernden Gegenwart« ist »der gewöhnliche und banale Akt des Verstandes«[5], der bei jeder Art von Reflexion stattfindet, ob sie nun alltägliche Ereignisse zum Gegenstand hat oder Dinge, die auf immer unsichtbar und dem menschlichen Einfluß entzogen sind. Die Tätigkeit des Geistes schafft sich immer un présent qui dure, eine »Lücke zwischen Vergangenheit und Zukunft«.

(Aristoteles scheint als erster diese Aufhebung des Zeitflusses in einer fortdauernden Gegenwart erwähnt zu haben, und zwar interessanterweise bei der Behandlung der Lust, hēdonē, im zehnten Buch der »Nikomachischen Ethik«. »Die Lust«, sagt er, »ist nicht in der Zeit. Denn was in einem Jetzt geschieht, ist ein Ganzes« – es gibt keine Bewegung. Und da nach seiner Auffassung das Denken »von wunderbarer Reinheit und Beständigkeit«, die »genußreichste aller Betätigungen« ist, sprach er offenbar von dem unbewegten Jetzt[6], dem späteren nunc stans. Für ihn, den nüchternsten der großen Denker, scheint dies ebenso ein Augenblick der Verzückung gewesen zu sein wie für die mittelalterlichen Mystiker, nur daß es Aristoteles natürlich fern gelegen hätte, sich in hysterischen Extravaganzen zu ergehen.)

Ich sagte im ersten Band, die geistigen Tätigkeiten und vor allem das Denken seien immer »außer der Ordnung«, wenn man sie von der ungebrochenen Kontinuität unserer Geschäfte in der Erscheinungswelt her sehe. Dort rollt die Folge von »Gegenwartspunkten« unablässig fort, so daß die Gegenwart als brüchiges Bindeglied zwischen Vergangenheit und Zukunft erscheint: sobald man sie festzumachen versucht, ist sie entweder ein »nicht mehr« oder ein »noch nicht«. So gesehen, erscheint die fortdauernde Gegenwart wie ein ausgedehntes »Jetzt« – ein Widerspruch in sich, als könnte das denkende Ich den Augenblick in die Länge ziehen und sich damit eine Art räumliche Wohnstätte schaffen. Doch diese scheinbare Räumlichkeit einer zeitlichen Erscheinung ist ein Irrtum, er entsteht durch die herkömmlichen Metaphern im Zusammenhang mit dem Phänomen der Zeit. Wie Bergson als erster entdeckte, sind alle diese Ausdrücke »der Sprache des Raumes entlehnt. Wenn wir die Vorstellung der Zeit bilden wollen, so ist es in Wirklichkeit der Raum, der sich uns darstellt.« Daher gilt: »Die Dauer drückt sich immer als Ausdehnung aus«[7], und die Vergangenheit wird als etwas hinter uns Liegendes verstanden, die Zukunft als etwas vor uns Liegendes. Der Grund für die Bevorzugung der räumlichen Metapher liegt auf der Hand: für die alltäglichen Tätigkeiten in der Welt, über die das denkende Ich vielleicht reflektiert, in die es aber nicht eingebunden ist, braucht man Zeitmessungen, und die sind nur als Messungen räumlicher Abstände möglich. Selbst die gewöhnliche Unterscheidung zwischen räumlichem Nebeneinander und zeitlichem Nacheinander setzt einen ausgedehnten Raum voraus, in dem es zu dem Nacheinander kommt.

Solche vorläufigen und keineswegs befriedigenden Betrachtungen des Zeitbegriffs scheinen mir für eine Behandlung des wollenden Ichs notwendig, denn der Wille, sofern er überhaupt existiert – und beunruhigend viele große Philosophen, die an der Existenz der Vernunft oder des Geistes niemals Zweifel hegten, hielten den Willen für eine bloße Fiktion –, ist ebenso offensichtlich unser geistiges Organ für die Zukunft wie das Gedächtnis für die Vergangenheit. (Unsere Unsicherheit in diesen Dingen zeigt sich in der merkwürdigen Ambivalenz der englischen Sprache, in der »will« als Hilfszeitwort die Zukunft bezeichnet, während das Zeitwort »to will« das eigentliche Wollen bezeichnet.) In unserem Zusammenhang besteht die Grundschwierigkeit mit dem Willen darin, daß er nicht nur mit Dingen zu tun hat, die den Sinnen nicht gegenwärtig sind und durch den Geist vergegenwärtigt werden müssen, sondern mit Sichtbarem und Unsichtbarem, das noch nie existiert hat.

In dem Augenblick, da wir unseren Geist auf die Zukunft richten, haben wir nicht mehr mit »Objekten« zu tun, sonden mit *Projekten*, und es ist nicht entscheidend, ob diese spontan oder als vorweggenommene Reaktionen auf zukünftige Verhältnisse entstehen. Und genau wie sich die Vergangenheit dem Geiste stets im Kleide der Gewißheit darstellt, so ist die Haupteigenschaft der Zukunft ihre grundsätzliche Ungewißheit, eine wie hohe Wahrscheinlichkeit auch immer die Voraussage erreichen mag. Mit anderen Worten, man hat es mit Dingen zu tun, die niemals waren, die noch nicht sind und die vielleicht nie sein werden. Unser Testament, das für die einzige Zukunft Vorsorge trifft, deren wir hinreichend sicher sein können, nämlich für unseren Tod, dieser unser letzter Wille zeigt, daß das Bedürfnis des Willens zum Wollen nicht weniger stark ist als das der Vernunft zum Denken; in beiden Fällen überschreitet der Geist seine eigenen natürlichen Grenzen, entweder indem er unbeantwortbare Fragen stellt oder indem er sich in eine Zukunft begibt, die für das wollende Subjekt niemals sein wird.

Aristoteles schuf die Grundlagen für die Einstellung der Philosophie zum Willen, und sie haben in all den Jahrhunderten den schärfsten Prüfungen und Herausforderungen Trotz geboten. Nach Aristoteles[8] ist alles, was sein oder nicht sein kann, was geschehen ist, aber auch nicht hätte geschehen können, zufällig, kata symbēbekos – oder, ins Lateinische übersetzt, akzidentiell oder kontingent –, im Unterschied zu dem, was notwendig so ist, wie es ist, was *ist* und nicht nicht sein kann. Letzteres – er nannte es das »hypokeimenon« – liegt unterhalb dessen, was der Zufall hinzufügt, was also nicht zum Wesen selbst gehört – wie etwa die Farbe zu den Gegenständen hinzutritt, deren Wesen unabhängig von diesen »sekundären Qualitäten« ist. Eigenschaften, die dem ihnen Zugrundeliegenden – ihrem substratum oder ihrer substantia (die lateinischen Übersetzungen von »hypokeimenon«) – zukommen oder nicht zukommen können, sind akzidentiell.

Es kann kaum etwas Kontigenteres geben als gewollte Handlungen, die – wenn man vom freien Willen ausgeht – alle als Handlungen definiert werden könnten, von denen man weiß, daß man sie auch hätte unterlassen können. Ein Wille, der nicht frei ist, wäre ein Widerspruch in sich selbst – es sei denn, man verstünde das Vermögen des Wollens als bloßes untergeordnetes Ausführungsorgan für das, was Begehren oder Vernunft sich vorgesetzt haben. Im Rahmen dieser Kategorien ist alles, was auf dem Gebiet des menschlichen Lebens geschieht, akzidentiell oder kontingent (»prakton d'esti to endechomenon kai allōs echein«, »was durch Handeln entsteht, ist das, was auch anders sein könnte«[9]): schon die Wortwahl bei Aristoteles läßt den niederen ontologischen Status dieses Bereichs erkennen – und dieser Status wurde niemals ernstlich in Frage gestellt, bis Hegel Sinn und Notwendigkeit in der Geschichte entdeckte.

Innerhalb des menschlichen Lebens erkannte Aristoteles eine wichtige Ausnahme von dieser Regel an, nämlich das Herstellen oder Produzieren – poiein im Unterschied zu prattein, dem Handeln oder der Praxis. Aristoteles verwendet folgendes Beispiel: Der Handwerker, der eine »Messingkugel« herstellt, bringt Materie und Form zusammen, Messing und Kugel, die beide vor Beginn der Arbeit existierten, und stellt einen *neuen* Gegenstand her; dieser geht in eine Welt ein, die aus vom Menschen geschaffenen Dingen und aus Dingen besteht, die unabhängig von menschlicher Tätigkeit entstanden sind. Das menschliche Produkt, diese »Vereinigung von Materie und Form« – z. B. ein Haus, das aus Holz hergestellt ist nach einer Form, die im Geiste (nous) des Handwerkers schon existierte –, ist offenbar nicht aus nichts entstanden, und daher betrachtete es Aristoteles als »potentiell« schon existierend, ehe es von Menschenhänden verwirklicht wurde. Diese Vorstellung leitete sich von dem für das Belebte kennzeichnenden Seinsmodus her, nämlich daß alles Erscheinende aus etwas erwächst, das das fertige Produkt potentiell enthält, so wie die Eiche potentiell in der Eichel existiert und das Tier in der Samenzelle.

Die Auffassung, allem Wirklichen müsse eine Potentialität als eine seiner Ursachen vorausgegangen sein, leugnet indirekt die Zukunft als authentische Zeitform: die Zukunft ist nichts als eine Folge der Vergangenheit, und natürliche und von Menschen geschaffene Dinge unterscheiden sich nur darin, daß bei den einen die Potentialitäten notwendig verwirklicht werden, bei den anderen aber unverwirklicht bleiben können. Unter diesen Umständen war jeder Begriff des Willens als eines Organs für die Zukunft, so wie das Gedächtnis ein Organ für die Vergangenheit ist, völlig überflüssig; Aristoteles brauchte die Existenz des Willens nicht zu erkennen; bei den Griechen »fehlt überhaupt ein Wort für« das, was wir als »Triebfeder des Handelns« ansehen. (»Thelein« bedeutet »bereit sein, offen sein für etwas«, »boulesthai« bedeutet »etwas als (mehr) erstrebenswert im Auge haben«, und das von Aristoteles neu geprägte Wort, das unserer Vorstellung von einem Geisteszustand, der dem Handeln vorausgehen muß, näherkommt als die vorgenannten, ist »proairesis«, die »Wahl« zwischen zwei Möglichkeiten, oder besser die Präferenz, aufgrund derer man eine Handlung anstelle einer anderen wählt [10].) Kenner der griechischen Literatur haben diese Lücke stets bemerkt. So nennt Gilson als eine bekannte Tatsache, »daß Aristoteles weder von Freiheit noch von freiem Willen spricht . . . es gibt nicht einmal einen Ausdruck dafür« [11], und schon Hobbes äußert sich hierzu ganz deutlich[12]. Trotzdem ist die Sache nicht ganz leicht festzumachen, weil die griechische Sprache natürlich den Unterschied zwischen absichtlichen und unabsichtlichen Handlungen kennt, zwischen dem Freiwilligen (hekōn) und dem Unfreiwilligen (akōn), d. h., juristisch gesprochen, den Unterschied zwischen Mord und fahrlässiger Tötung, und Aristoteles legt Wert auf die Feststellung, daß nur freiwillige Handlungen dem Tadel oder Lob unterliegen [13], doch unter Freiwilligkeit versteht er lediglich, daß die Handlung nicht rein zufällig zustande kam, sondern im Vollbesitz der körperlichen und geistigen Kräfte – »der Ursprung der Bewegung . . . ist im Handelnden selbst« [14] –, und die Unterscheidung grenzt lediglich unwissentliche oder ungewollte Körperverletzungen aus. Eine Handlung, bei der man unter Gewaltandrohung, aber nicht unter physischem Zwang steht – etwa wann man sein Geld mit eigenen Händen jemandem herausgibt, der einen mit einer Schußwaffe bedroht –, hätte als freiwillig gegolten.

Es ist von einiger Wichtigkeit, festzuhalten, daß dieser merkwürdige blinde Fleck in der griechischen Philosophie – »die Tatsache, daß Platon und Aristoteles [Willensakte] in ihren häufigen und eingehenden Erörterungen der Seele und der Ursprünge des Verhaltens nie erwähnen« [15] und daß man daher nicht »ernsthaft behaupten kann, das Problem der Freiheit sei jemals zum Diskussionsgegenstand in der Philosophie von Sokrates, Platon und Aristoteles geworden« [16] – daß dieser blinde Fleck völlig der Zeitvorstellung der Antike entspricht, für die die Zeitlichkeit in den Kreisbewegungen der Himmelskörper bestand und in der ebenso zyklischen Beschaffenheit des Lebens auf der Erde: dem sich immer wiederholenden Wechsel von Tag und Nacht, Sommer und Winter, der ständigen Erneuerung der Arten durch Geburt und Tod. Wenn Aristoteles meint, »das Entstehen setzt notwendig die vorherige Existenz von etwas voraus, das der Möglichkeit nach, aber nicht der Wirklichkeit nach ist« [17], so wendet er die zyklische Bewegung, in der alles Lebendige begriffen ist – wo ja jedes Ende ein Anfang und jeder Anfang ein Ende ist, so daß »das Entstehen nicht aufhört, obwohl die Dinge ständig vergehen«[18] –, auf die menschlichen Verhältnisse an, und zwar so weitgehend, daß er nicht nur von Ereignissen, sondern sogar von Meinungen (doxai) sagen kann, sie »kehren ja nicht nur ein- oder zweimal oder ein paarmal . . . unter den Menschen wieder, sondern unzählige Male«[19]. Diese merkwürdige Sicht der menschlichen Verhältnisse war nicht auf die philosophische Spekulation beschränkt. Der Anspruch Thukydides', der Nachwelt ein ktēma es aei hinterlassen zu haben – ein auf immer brauchbares Muster für die Erforschung der Zukunft mittels klarer Kenntnis des größten Ereignisses der bisherigen Geschichte –, beruhte stillschweigend auf der gleichen Übersetzung von einem sich wiederholenden Verlauf der menschlichen Verhältnisse.

Uns, die wir in einem geradlinigen Zeitbegriff denken, der die Einmaligkeit des »historischen Augenblicks« betont, erscheint das vorphilosophische griechische Rühmen der Größe und die Betonung des Außerordentlichen, das, »sei es zum Bösen oder zum Guten« (Thukydides), jenseits aller moralischen Erwägungen der Vergessenheit entrissen zu werden verdient, als unvereinbar mit dem griechischen zyklischen Zeitbegriff. Doch bis die Philosophen das Sein als immerwährend und frei von Geburt und Tod entdeckt hatten, bildeten Zeit und Veränderung in der Zeit kein Problem. Homers »kreisende Jahre« waren lediglich der Hintergrund, vor dem die bemerkenswerte Geschichte sich abgespielt hatte und erzählt wurde. Spuren dieser frühen, nichtspekulativen Auffassung finden sich in der gesamten griechischen Literatur; so denkt Aristoteles selbst bei seiner Behandlung der eudaimonia (in der »Nikomachischen Ethik«) homerisch, wenn er auf das Auf und Ab verweist, die Zufälle (tychai), die »bei ein und demselben Menschen vielfach kreisen«, während seine eudaimonia dauerhafter ist, weil sie bestimmten Tätigkeiten (energeiai kat' aretēn) innewohnt, die wegen ihrer hohen Qualitäten denkwürdig sind und daher »nicht in Vergessenheit geraten« (genesthai)[20].

Welche geschichtlichen Ursprünge und Einflüsse – babylonische, persische, ägyptische – man auch für den zyklischen Zeitbegriff finden kann, er wurde in dem Augenblick beinahe logisch unumgänglich, da die Philosophen ein immerwährendes Sein ohne Geburt und Tod entdeckt hatten, in dessen Rahmen sie dann die Bewegung, die Veränderung, das ständige Kommen und Gehen der Lebewesen erklären mußten. Aristoteles gab ganz deutlich der Annahme den Vorrang, »daß der gesamte Himmel weder entstanden ist noch untergehen kann, wie einige meinen, sondern daß er einer ist und ewig und in seiner ganzen Dauer weder Anfang noch Ende hat und in sich selbst die unbegrenzte Zeit faßt und umgreift«[21]. »Daß alles wiederkehrt«, ist in der Tat, wie Nietzsche bemerkt, »die extremste Annäherung einer Welt des Werdens an die des Seins.«[22] Daher überrascht es nicht, daß die Griechen keine Vorstellung vom Vermögen des Willens hatten, unseres geistigen Organs für eine Zukunft, die grundsätzlich unbestimmbar ist und daher Neues bringen kann. Höchst überraschend ist aber die starke Neigung, den Willen als Fiktion oder als völlig überflüssige Hypothese abzutun, nachdem der jüdisch-christliche Glaubenssatz von einem göttlichen Anfang – »im Anfang schuf Gott Himmel und Erde« – zu einer dogmatischen Voraussetzung der Philosophie geworden war. Um so mehr, als dieser neue Glaube auch aussagte, der Mensch sei als einziges Geschöpf Gott zum Bilde geschaffen und demnach mit einem entsprechenden Vermögen zum Beginnen begabt. Doch von allen christlichen Denkern zog anscheinend nur Augustinus die Konsequenz: »[Initium] ut esset, creatus est homo« (»Auf daß ein Anfang sei, ward der Mensch geschaffen«)[23].

Die Abneigung dagegen, den Willen als ein besonderes, selbständiges geistiges Vermögen anzuerkennen, legte sich schließlich in den langen Jahrhunderten christlicher Philosophie, denen wir uns später genauer zuwenden werden. So viel diese auch der griechischen Philosophie und besonders Aristoteles verdankte, sie mußte mit dem zyklischen Zeitbegriff der Antike und seiner Vorstellung der ewigen Wiederkehr brechen. Der Ablauf, der mit der Austreibung Adams aus dem Paradies beginnt und mit Tod und Auferstehung Christi endet, ist eine Geschichte einmaliger, unwiederholbarer Ereignisse: »*Ein*mal ist Christus für unsere Sünden gestorben; und nachdem er von den Toten auferstanden ist, stirbt er nicht wieder.«[24] Der Ablauf dieser Geschichte setzt einen geradlinigen Zeitbegriff voraus; sie hat einen bestimmten Anfang, einen Wendepunkt – das Jahr eins unserer Zeitrechnung[25] – und ein bestimmtes Ende. Und diese Geschichte war für den Christen von höchster Bedeutung, obwohl sie kaum etwas mit dem Ablauf der gewöhnlichen, weltlichen Dinge zu tun hatte: Reiche würden weiter entstehen und verfallen wie bisher. Und weil über des Christen künftiges Leben entschieden wurde, während er noch ein »Pilger auf Erden« war, hatte er selbst eine Zukunft jenseits des festliegenden, notwendigen Endes seines Lebens, und in engem Zusammenhang mit der Vorbereitung auf ein zukünftiges Leben wurden der Wille und seine notwendige Freiheit in ihrer ganzen Komplexität zuerst von Paulus entdeckt.

Eine der Schwierigkeiten unseres Gegenstandes ist also, daß sein »historischer Ursprung« in der Theologie und nicht in einer ungebrochenen Tradition philosophischen Denkens liegt[26]. Denn welche Verdienste auch die nachantiken Vorstellungen über die Ansiedelung der menschlichen Freiheit im Ich-will gehabt haben mögen, so ist doch sicher, daß im Sinne des vorchristlichen Denkens die Freiheit im Ich-kann angesiedelt war; die Freiheit war ein objektiver Zustand des Körpers, kein Datum des Bewußtseins oder des Geistes. Freiheit bedeutete, daß man tun konnte, was man wollte, daß man keinem Zwang unterworfen war, sei es durch die Befehle eines Herrn, durch die physische Notwendigkeit, die Lohnarbeit zur Erhaltung des Körpers erforderte, oder durch körperliche Behinderung wie Krankheit oder Lähmung der Glieder. Nach der griechischen Etymologie, also der griechischen Selbstdeutung, hat das Wort für Freiheit, »eleutheria«, die Wurzel »eleuthein hopōs erō«, d. h. verfahren, wie man will[27], und es besteht kein Zweifel, daß diese grundlegende Freiheit als räumliche Bewegungsfreiheit verstanden wurde. Man war frei, wenn man sich bewegen konnte, wie man wollte; das Ich-kann, nicht das Ich-will, was das Kriterium.

2 *Der Wille und die Neuzeit*

Im Zuge dieser Vorbetrachtungen ist es vielleicht erlaubt, die Komplikationen des Mittelalters zu überspringen und einen kurzen Blick auf den nächsten wichtigen Wendepunkt in unserer Geistesgeschichte zu versuchen, den Beginn der Neuzeit. Hier dürfen wir ein noch stärkeres Interesse an einem geistigen Organ für die Zukunft erwarten als im Mittelalter, weil ja der zentrale und völlig neue Begriff der Neuzeit, der des *Fortschritts* als der beherrschenden Kraft der menschlichen Geschichte, der Zukunft ein noch nicht dagewesenes Gewicht verlieh. Doch die mittelalterlichen Spekulationen in dieser Sache übten mindestens im 16. und 17. Jahrhundert noch einen starken Einfluß aus. Und die Skepsis gegenüber dem Vermögen des Wollens war noch so stark, so ausgeprägt die Abneigung dagegen, den Menschen, die nicht mehr unter dem Schutz einer göttlichen Vorsehung oder Leitung standen, absolute Macht über ihr Schicksal zuzugestehen und ihnen damit eine furchtbare Verantwortung für Dinge aufzuerlegen, deren Existenz oder Nichtexistenz allein von ihnen abhing; so groß war, mit Kant zu reden, die Verlegenheit der »spekulativen Vernunft« »in der Frage über die Freiheit des Willens . . . [nämlich des] Vermögen[s], eine Reihe von sukzessiven Dingen oder Zuständen *von selbst* anzufangen«[28] – im Unterschied zum Vermögen des Wählens zwischen zwei oder mehr gegebenen Gegenständen (dem liberum arbitrium im strengen Sinne) –, daß erst in der letzten Phase der Neuzeit der Wille allmählich an die Stelle der Vernunft als höchste geistige Funktion des Menschen zu treten begann. Das war auch die letzte Phase echten metaphysischen Denkens; an der Wende zum 19. Jahrhundert, noch im Geiste der Metaphysik, die mit der Gleichsetzung von Sein und Denken bei Parmenides begonnen hatte (to gar auto esti noein te kai einai), wurde es, unmittelbar nach Kant, plötzlich Mode, Wollen und Sein gleichzusetzen.

So erklärte Schiller: »Es gibt in dem Menschen keine andere Macht als seinen Willen«, und der Wille »(als Grund der Wirklichkeit) verhält sich gegen beide Triebe als eine Macht«, nämlich gegen Vernunft und Sinnlichkeit, deren Gegensatz – der Gegensatz zweier Notwendigkeiten, Wahrheit und Leidenschaft – den Ursprung der Freiheit schafft[29]. Und Schopenhauer war der Meinung, das Kantische Ding an sich, das Sein hinter den Erscheinungen, das »innerste Wesen« der Welt, »ihr Kern«, wovon »die objektive Welt . . . nur die äußere Seite« sei, sei der Wille[30], während Schelling auf einer viel höheren Ebene der Spekulation apodiktisch feststellte: »Es gibt in der letzten und höchsten Instanz gar kein anderes Sein als Wollen.«[31] Diese Entwicklung aber erreichte ihren Höhepunkt in Hegels Geschichtsphilosophie (die ich aus diesem Grunde gesondert behandeln möchte) und fand noch am Ende desselben Jahrhunderts ein überraschend schnelles Ende.

Nietzsches Philosophie, deren Mittelpunkt der Wille zur Macht ist, scheint auf den ersten Blick den Höhepunkt des Vorrangs des Willens in der theoretischen Reflexion zu bilden. Diese Auffassung halte ich für ein Mißverständnis, das teilweise auf die recht unglücklichen Umstände zurückgeht, unter denen die ersten unkritischen Ausgaben seiner nachgelassenen Schriften zustande kamen. Wir verdanken Nietzsche eine Anzahl entscheidender Erkenntnisse über die Natur des Willens und des wollenden Ichs, auf die wir später zurückkommen, doch die meisten Stellen über den Willen in seinem Werk bezeugen eine ausgesprochene Feindseligkeit gegen »die hundertfach widerlegte Theorie vom ›freien Willen‹, [die] ihre Fortdauer nur noch diesem Reize verdankt«, nämlich »widerlegbar« zu sein: »Immer wieder kommt jemand und fühlt sich stark genug, sie zu widerlegen.«[32]

Nietzsches eigene endgültige Widerlegung ist enthalten in seinem »Gedanken der ewigen Wiederkunft«, der »Grundkonzeption des ›Zarathustra‹«, der »höchsten Formel der Bejahung, die überhaupt erreicht werden kann«[33]. Als solche steht sie historisch in der Reihe der »Theodizeen«, jener merkwürdigen Rechtfertigungen Gottes oder des Seins, die die Philosophen seit dem 17. Jahrhundert stets notwendig fanden, um den Geist des Menschen mit der Welt zu versöhnen, in der er sein Leben zuzubringen hatte. Der »Gedanke der ewigen Wiederkunft« ist eine unbedingte Ablehnung des modernen geradlinigen Zeitbegriffs und des mit ihm verbundenen Fortschritts; er ist nichts anderes als ein ausdrückliches Zurückgehen auf den zyklischen Zeitbegriff der Antike. Modern an ihm ist das pathetische Gewand, in dem er auftritt; es zeigt, wieviel Anstrengung es den modernen Menschen kostet, wieder zu jenem bewundernden und bejahenden Staunen zurückzufinden, dem thaumazein, das einst für Platon der Anfang der Philosophie gewesen war. Die moderne Philosophie dagegen hatte mit dem Cartesischen und Leibnizschen Zweifel daran angefangen, daß sich das Sein – »Warum ist überhaupt Seiendes und nicht vielmehr nichts?« – überhaupt rechtfertigen lasse. Nietzsche spricht von der ewigen Wiederkehr wie ein religiös Bekehrter, und er war ja auch durch eine Bekehrung dazu gekommen, wenn auch nicht durch eine religiöse. Mit diesem Gedanken versuchte er sich zu der antiken Vorstellung vom Sein zu bekehren und den gesamten philosophischen Glauben der Neuzeit zurückzuweisen, eines Zeitalters, das er als erster als »Zeitalter des Argwohns« gekennzeichnet hatte. Er schrieb seinen Gedanken einer »Inspiration« zu und sagte von sich: »Ich zweifle nicht, daß man Jahrtausende zurückgehen muß, um jemanden zu finden, der mir sagen darf ›es ist auch die meine‹.«[34]

In den ersten Jahrzehnten unseres Jahrhunderts wurde Nietzsche zwar von fast jedem europäischen Intellektuellen gelesen (und oft genug mißverstanden), doch sein Einfluß auf die eigentliche Philosophie war minimal; bis heute gibt es keine Nietzscheianer in dem Sinne, wie es noch Kantianer und Hegelianer gibt. Die erste Anerkennung als Philosoph fand er mit jenem sehr einflußreichen Aufstand von Denkern gegen die akademische Philosophie, der den recht unglücklichen Namen »Existentialismus« trägt. Es gab keine ernsthafte Auseinandersetzung mit dem Denken Nietzsches, ehe Jaspers und Heidegger ihre Bücher über ihn schrieben[35]; doch das bedeutet nicht, daß Jaspers oder Heidegger als verspätete Gründer einer Nietzsche-

Schule zu verstehen wären. Wichtiger ist im jetzigen Zusammenhang, daß weder Jaspers noch Heidegger in ihrer eigenen Philosophie den Willen in den Mittelpunkt der menschlichen Vermögen stellten.

Für Jaspers wird die menschliche Freiheit dadurch gewährleistet, daß wir *die* Wahrheit nicht haben; die Wahrheit zwingt, und der Mensch ist nur frei, weil er die Antwort auf die letzten Fragen nicht weiß: »Ich aber muß wollen, weil ich *nicht* weiß. Nur meinem Wollen kann sich das dem Wissen unzugängliche Sein offenbaren. Das Nichtwissen ist der Ursprung des Wollenmüssens.«[36]

Heidegger hatte sich in seinem Frühwerk der modernen Betonung der Zukunft als der entscheidenden Zeitform angeschlossen – »Das primäre Phänomen der ursprünglichen und eigentlichen Zeitlichkeit ist die Zukunft« – und hatte in »Sein und Zeit« die Sorge als neuen philosophischen Begriff eingeführt, und zwar als die zentrale existentielle Tatsache des menschlichen Daseins. Zehn Jahre später brach er mit der gesamten neuzeitlichen Philosophie (im 2. Band seines Nietzsche-Buchs), weil er nämlich entdeckt hatte, in welchem Maße das Zeitalter selbst und nicht bloß seine theoretischen Erzeugnisse auf der Vorherrschaft des Willens beruhte. Seine spätere Philosophie beschloß er mit der scheinbar paradoxen Formulierung des »ich will das Nicht-wollen«[37].

Natürlich teilte Heidegger in seiner Frühphilosophie nicht den modernen Fortschrittsglauben, und wenn er vom »Wollen des Nichtwollens« spricht, so ist das etwas völlig anderes als Nietzsches Überwindung des Willens dadurch, daß er nur noch will, daß alles Geschehene wieder und wieder geschehe. Doch Heideggers berühmte Kehre, die Kehrtwendung seiner Spätphilosophie, hat trotzdem gewisse Ähnlichkeit mit Nietzsches Bekehrung; einmal war sie tatsächlich auch eine Art Bekehrung, und zum anderen führte sie Heidegger ebenfalls zurück auf die frühesten griechischen Denker. Es ist, als flüchteten die Denker ganz am Ende des modernen Zeitalters in ein »Land des Denkens« (Kant)[38], wo von ihren spezifisch modernen Interessen – an der Zukunft, am Willen als dem geistigen Organ für diese, und an der Freiheit als Problem – nichts bekannt war, wo, mit anderen Worten, kein Begriff eines geistigen Vermögens vorhanden war, das der Freiheit im gleichen Sinne entsprechen könnte wie das Denken der Wahrheit.

3 *Die Haupteinwände gegen den Willen in der nachmittelalterlichen Philosophie*

Diese Vorbemerkungen sollten uns den Zugang zu den komplexen Problemen des wollenden Ichs erleichtern, und unter methodologischen Gesichtspunkten dürfen wir die einfache Tatsache keinesfalls übersehen, daß jede Philosophie des Willens das Produkt des denkenden und nicht des wollenden Ichs ist. Natürlich ist es immer derselbe Geist, der denkt und der will, doch wie wir sahen, ist es nicht selbstverständlich, daß die Beurteilung der anderen geistigen Funktionen durch das denkende Ich von Einseitigkeiten frei bleibt; und wenn Denker von ganz verschiedener allgemeiner philosophischer Richtung dieselben Argumente gegen den Willen vorbringen, so muß das unser Mißtrauen erregen. Ich möchte kurz die Haupteinwände skizzieren, wie sie sich in der nachmittelalterlichen Philosophie finden, ehe ich mich der Position Hegels zuwende.

Da ist zunächst einmal die immer wiederkehrende Leugnung der Existenz dieses Vermögens überhaupt. Man hält den Willen für eine bloße Fiktion, ein Phantasieprodukt des Bewußtseins, eine Art Täuschung aufgrund der Struktur des Bewußtseins selbst. Hobbes drückt es so aus: »Eine hölzerne Rah . . ., die die Matrosen gezurrt haben . . . und die gelegentlich hin und her schlägt und wohl jemanden am Schienbein trifft, würde, wenn sie ihre Bewegung wahrnehmen könnte, meinen, sie handle aus eigenem Willen, wenn sie nicht spürte, wodurch sie gezurrt ist.«[39] Und Spinoza dachte ebenso: Ein Stein, der von einer äußeren Kraft in Bewegung gesetzt wird, »würde sicherlich . . . der Meinung sein, er sei vollkommen frei und verharre nur darum in seiner Bewegung, weil er es so wolle«, sofern er sich nur »seines Strebens bewußt« wäre und »denken könnte«[40]. Mit anderen Worten, »die Menschen glauben nur darum, sie wären frei, weil sie sich ihrer Handlungen bewußt, der Ursachen aber, von denen sie bestimmt werden, unkundig sind«. Die Menschen sind also subjektiv frei, objektiv aber von der Notwendigkeit bestimmt. Spinozas Diskussionspartner erheben den naheliegenden Einwand, »in diesem Falle wäre jede Schlechtigkeit entschuldbar«, der aber Spinoza nicht im geringsten stört. Er antwortet: »Schlechte Menschen sind doch nicht weniger zu fürchten und nicht weniger schädlich, wenn sie notwendig schlecht sind.«[41]

Hobbes und Spinoza geben die Existenz des Willens als eines subjektiv empfundenen Vermögens zu und bestreiten nur seine Freiheit:

»Ich erkenne die Freiheit insofern an, als ich handeln kann, wenn ich will; doch wenn man sagen wollte, ich kann wollen, wenn ich will, dann wäre das für mich eine absurde Äußerung.« Denn »Freiheit bedeutet sinnvollerweise das Fehlen . . . äußerer Bewegungshindernisse . . . Wenn aber das Bewegungshindernis in der Konstitution des Gegenstandes selbst enthalten ist, so sagt man nicht, ihm fehle die Freiheit, sondern die Möglichkeit, sich zu bewegen; so, wenn ein Stein still daliegt oder ein Mensch durch Krankheit ans Bett gefesselt ist.« Diese Überlegungen stehen mit der griechischen Auffassung völlig in Einklang. Das gilt aber nicht mehr für Hobbes' Ergebnis, daß »Freiheit und Notwendigkeit miteinander verträglich sind: so beim Wasser, das nicht nur die Freiheit, sondern auch die Notwendigkeit hat, den Kanal hinabzufließen; so auch bei den freiwilligen Handlungen der Menschen: weil sie ihrem Willen entspringen, entspringen sie der Freiheit; und doch entspringen sie auch der Notwendigkeit, weil jeder menschliche Willensakt . . . aus einer Ursache entspringt und diese aus einer anderen Ursache, in einer fortgesetzten Kette . . . Wer also die Verknüpfung dieser Ursachen erkennen könnte, für den läge die Notwendigkeit aller freiwilligen Handlungen der Menschen zutage.« [42]

Bei Hobbes wie bei Spinoza ist die Leugnung des Willens fest in ihrer jeweiligen Philosophie begründet. Doch man findet praktisch das gleiche Argument bei Schopenhauer, dessen allgemeine Philosophie ziemlich genau in die umgekehrte Richtung ging, und für den Bewußtsein oder Subjektivität das Wesen des Seins überhaupt war. Wie Hobbes leugnet er nicht den Willen, sondern dessen Freiheit: beim Wollen hat man ein täuschendes Gefühl der Freiheit; wenn man überlegt, was man als nächstes tun soll, und nach Ausscheidung einer Reihe von Möglichkeiten schließlich zu einer endgültigen Entscheidung kommt, dann geschieht das mit ebenso freiem Willen, »als wenn das Wasser spräche: ›Ich kann hohe Wellen schlagen . . . ich kann reißend hinabeilen . . . ich kann schäumend und sprudelnd hinunterstürzen . . . ich kann frei als Strahl in die Luft steigen (. . . im Springbrunnen) . . . tue jedoch von dem allem jetzt nichts, sondern bleibe freiwillig ruhig und klar im spiegelnden Teiche.‹«[43] Diese Argumentation wird am besten in der bereits zitierten Passage von John Stuart Mill zusammengefaßt: «Unser *inneres* Bewußtsein sagt uns, daß wir ein Vermögen besitzen, von dem wir aber nach der gesamten äußeren Erfahrung der Menschheit nie Gebrauch machen« (Hervorhebung H. A.)[44].

Das Auffallende an diesen Einwänden gegen die Existenz dieses Vermögens überhaupt ist zunächst, daß sie alle anhand des modernen Begriffs des Bewußtseins formuliert werden – der der antiken Philosophie ebenso unbekannt war wie der Begriff des Willens. Die griechische synesis – daß man gemeinsam mit sich selbst Kenntnis haben kann (synièmi) von Dingen, über die kein anderer etwas sagen kann – ist eher Vorgänger des Gewissens als des Bewußtseins[45]; das wird deutlich, wenn Platon davon spricht, wie die Erinnerung an die blutige Tat den Mörder verfolgt[46].

Zum zweiten ließen sich die gleichen Einwände leicht gegen die Existenz des Denkvermögens erheben, doch das ist kaum je geschehen. Gewiß, das Rechnen mit Konsequenzen bei Hobbes, wenn man das als Denken nehmen will, ist keinem solchen Verdacht ausgesetzt, aber dieses Vermögen der Vorausberechnung fällt eher zusammen mit den Überlegungen des wollenden Ichs über Mittel zu einem Zweck oder mit der Fähigkeit, die beim Lösen von Rätseln und mathematischen Aufgaben gebraucht wird. (Eine derartige Gleichsetzung steht offenbar hinter Ryles Zurückweisung »der Lehre, es gebe ein Vermögen . . . des ›Willens‹ und somit Vorgänge oder Tätigkeiten, die von ihr als ›Willensakte‹ bezeichnet werden«. Ryle sagt selbst: »Kein Mensch sagt jemals so etwas ähnliches wie . . . er habe in der Mittagspause fünf rasche und leichte und zwei langsame und schwierige Willensakte ausgeführt.«[47] Man kann doch nicht ernstlich behaupten, zeitüberdauernde Gedankengebäude wie Kants »Kritik der reinen Vernunft« oder Hegels »Phänomenologie des Geistes« ließen sich auf dieser Ebene verstehen.) Die einzigen mir bekannten Philosophen, die die Existenz des Denkvermögens anzuzweifeln wagten, waren Nietzsche und Wittgenstein. Wittgenstein war in seinen frühen Gedankenexperimenten der Auffassung, das denkende Ich (das er im Anschluß an Schopenhauer das »vorstellende Subjekt« nannte) könne »am Ende bloßer Aberglaube« sein, wahrscheinlich ein »leerer Wahn. Das wollende Subjekt aber gibt es.« Zur Begründung seiner These wiederholt Wittgenstein die Argumente, die im 17. Jahrhundert gewöhnlich gegen Spinozas Leugnung des Willens vorgebracht wurden, nämlich: »Wäre der Wille nicht, so gäbe es auch nicht . . . [den] Träger der Ethik.«[48] Und Nietzsche hatte seine Zweifel bezüglich des Wollens wie auch des Denkens.

Die beunruhigende Tatsache, daß selbst die sogenannten Voluntaristen – die Philosophen, die, wie Hobbes, völlig von der *Macht* des Willens überzeugt waren – so leicht dazu übergehen konnten, seine

Existenz überhaupt zu bezweifeln, läßt sich vielleicht etwas klären, wenn wir die zweite unserer immer wiederkehrenden Schwierigkeiten betrachten. Das Mißtrauen der Philosophen wurde gerade durch die unvermeidliche Verknüpfung mit der Freiheit erregt – um es zu wiederholen, der Begriff eines unfreien Willens ist ein Widerspruch in sich: »Wenn ich aus Notwendigkeit wollen muß, warum soll ich dann überhaupt vom Willen sprechen? . . . Unser Wille wäre nicht Wille, wenn er nicht in unserer Macht stünde. Weil er in unserer Macht steht, ist er frei.«[49] Oder Descartes, den man zu den Voluntaristen zählen kann: »Es gibt niemanden, der, wenn er nur sich selbst in Betracht zieht, nicht die Erfahrung macht, daß ›mit Willen‹ und ›frei‹ ein und dasselbe ist.«[50]

Ich sagte schon mehrmals, der Prüfstein einer freien Handlung – von der Entscheidung, morgens aufzustehen oder nachmittags spazierenzugehen, bis zu den höchsten Entschlüssen, mit denen wir uns für die Zukunft binden – sei immer das Wissen, daß man die Handlung auch hätte unterlassen können. Dem Wollen kommt anscheinend eine unendlich größere Freiheit zu als dem Denken, und – ich wiederhole wiederum – diese unleugbare Tatsache ist nie als reiner Segen empfunden worden. So hören wir von Descartes: Vom Willen »erfahre ich doch wahrlich an mir selbst, daß er in keine Schranken eingeschlossen ist. . . . Es bleibt einzig der Wille . . . [den] ich an mir so groß erfahre, daß ich keine Idee eines Größeren zu fassen vermag, so daß sie es . . . ist, durch die ich erkenne, daß ich . . . ein Abbild Gottes bin«, und er fügt sofort hinzu, diese Erfahrung bestehe »nur darin, daß wir dasselbe entweder tun oder nicht tun können . . . daß wir innewerden, wir werden von keiner äußeren Gewalt dazu bestimmt.«[51]

Damit läßt er die Tür weit offen einerseits für die Zweifel seiner Nachfolger und andererseits für die Versuche seiner Zeitgenossen, »die göttliche Vorherbestimmung mit unserer Willensfreiheit zu vereinigen«[52]. Descartes selbst möchte sich nicht in die »großen Schwierigkeiten verwickeln«, die sich aus dem Versuch ergäben, die göttliche Vorsehung und Allmacht mit der menschlichen Freiheit zu versöhnen; er beruft sich ausdrücklich auf die wohltätigen Beschränkungen, die damit zusammenhingen, daß »unser Geist endlich« sei und daher gewissen Regeln, etwa dem Axiom der Widerspruchsfreiheit, und den zwingenden »Notwendigkeiten« der evidenten Wahrheit unterworfen[53].

Gerade im Hinblick auf diese »gesetzlose« Freiheit, die der Wille zu genießen scheint, sagte sogar Kant gelegentlich, die Freiheit sei vielleicht nicht mehr als ein »bloßes Gedankending und ein Hirngespinst«[54]. Andere fanden es nicht so schwierig, Freiheit und Notwendigkeit zu versöhnen und so dem Dilemma zu entgehen, das in der einfachen Tatsache liegt, daß der Mensch gleichzeitig ein denkendes und ein wollendes Wesen ist – ein Zusammentreffen, das die schwerwiegendsten Folgen hat; so erklärt Schopenhauer einfach: »Der Mensch tut allezeit nur, was er will, und tut es doch notwendig. Das liegt aber daran, daß er . . . *ist*, was er will . . . Subjektiv . . . fühlt jeder, daß er stets nur tut, was er will. Dies besagt aber bloß, daß sein Wirken die reine Äußerung seines selbsteigenen Wesens ist. Dasselbe würde daher jedes, selbst das niedrigste Naturwesen fühlen, wenn es fühlen könnte.«[55]

Unsere dritte Schwierigkeit hängt mit diesem Dilemma zusammen. In den Augen der Philosophen, die im Namen des denkenden Ichs sprachen, hatte der Fluch der *Kontingenz* das Reich der bloß menschlichen Angelegenheiten stets zu einer ziemlich niedrigen Stellung in der ontologischen Hierarchie verurteilt. Doch vor der Neuzeit hatte es – nicht viele, aber doch etliche – vielbenutzte Auswege gegeben, jedenfalls für die Philosophen. In der Antike gab es den bios theōrētikos: der Denker verweilte im Umkreis notwendiger und unvergänglicher Dinge und nahm so weit an ihrem Sein teil, wie es Sterblichen nur möglich war. Im Zeitalter der christlichen Philosophie gab es die vita contemplativa der Klöster und Universitäten, aber auch den trostreichen Gedanken der göttlichen Vorsehung, verbunden mit der Erwartung eines Lebens nach dem Tode, in welchem das, was in dieser Welt als zufällig und sinnlos erschienen war, völlig klar werden würde; die Seele würde »von Angesicht« sehen und nicht »unklar, wie durch Glas«, sie würde nicht mehr bloß ein »Teilwissen« haben – man würde »erkennen, so wie [man selbst] erkannt ist«. Ohne solche Hoffnung auf ein Jenseits hielt noch Kant das menschliche Leben für unerträglich elend und sinnlos.

Es liegt auf der Hand, daß die fortschreitende Säkularisierung oder vielmehr Entchristlichung der modernen Welt, die ja mit einer völlig neuen Betonung der Zukunft und des Fortschritts, also von weder Notwendigem noch Ewigem, verbunden war, den Denkenden radikaler und unerbittlicher denn je zuvor mit der Kontingenz alles Menschlichen konfrontieren würde. Das, was seit der Antike das »Problem der Freiheit« gewesen war, wurde jetzt gewissermaßen in die Zufälligkeit der Geschichte einbezogen, die da »voll ist von Lärmen und Wüten«, »eine Geschichte, erzählt von einem Irrsinnigen ... die nichts bedeutet«, und dem entsprach die Zufälligkeit persönlicher Entscheidungen, die einem weder von Vernunft noch Begehren geleiteten freien Willen entspringen. Und dieses alte Problem, wieder aufgetaucht im Gewande der neuen Zeit, des Fortschrittszeitalters, das erst in unseren Tagen seinem Ende zugeht (da der Fortschritt sich rasch den Grenzen nähert, die durch die menschlichen Lebensbedingungen auf der Erde gezogen sind), fand eine Scheinlösung in der *Geschichtsphilosophie* des 19. Jahrhunderts, deren größter Vertreter eine kunstvolle Theorie entwickelte, nach der Vernunft und Sinn im Ablauf des Weltgeschehens verborgen waren und den Willen der einzelnen bei all seiner Kontingenz auf ein letztes Ziel hinlenkten, das ihnen nie vorgeschwebt hatte. War diese Geschichte einmal abgeschlossen – und Hegel scheint geglaubt zu haben, der Anfang vom Ende falle mit der französischen Revolution zusammen –, so konnte der Philosoph im Rückblick durch die bloße Anstrengung des denkenden Ichs den Sinn und die Notwendigkeit der sich entfaltenden Bewegung verinnerlichen und er-innern, so daß er sich wiederum in der Sphäre dessen befand, was ist und nicht nicht sein kann. Mit anderen Worten, am Ende fällt der Denkvorgang wieder mit dem eigentlichen Sein zusammen: das Denken hat die Wirklichkeit vom bloß Zufälligen gereinigt.

4 *Das Problem des Neuen*

Betrachten wir noch einmal die Einwände der Philosophen gegen den Willen – gegen die Existenz dieses Vermögens, gegen den damit verbundenen Begriff der menschlichen Freiheit und gegen die Kontingenz des freien Willens, d. h. die Kontingenz einer Handlung, die definitionsgemäß auch unterbleiben kann –, so wird deutlich, daß sie sich viel weniger auf das liberum arbitrium der Tradition beziehen, die Wahlfreiheit zwischen zwei oder mehr wünschenswerten Gegenständen oder Verhaltensweisen, als auf den Willen als Organ für die Zukunft und als die Möglichkeit, etwas Neues zu beginnen. Das liberum arbitrium entscheidet zwischen Dingen, die gleich möglich und gewissermaßen in statu nascendi als bloße Potentialitäten gegeben sind, während der Fähigkeit, etwas wirklich Neues anzufangen, nicht gut irgendeine Potentialität vorausgehen kann, die dann eine der Ursachen der vollendeten Handlung wäre.

Ich erwähnte schon Kants Verlegenheit angesichts »eines Vermögens, eine Reihe von sukzessiven Dingen oder Zuständen *von selbst* anzufangen« – z. B. »wenn ich jetzt . . . von meinem Stuhle aufstehe, so fängt in dieser Begebenheit . . . eine neue Reihe schlechthin an, obgleich der Zeit nach diese Begebenheit nur die Fortsetzung einer vorhergehenden Reihe ist«[56]. Hochproblematisch ist der Begriff eines *absoluten* Anfangs, »da nämlich eine sukzessive Reihe in der Welt nur einen komparativen Anfang haben kann, indem doch immer ein Zustand der Dinge in der Welt vorhergeht«, und das gilt natürlich auch für die Person des Denkenden, der ja stets auch eine Erscheinung unter Erscheinungen ist, wie sehr er sich auch von diesen im Geiste losgelöst haben mag. Zweifellos geht die ganze Hypothese eines absoluten Anfangs auf die biblische Lehre von der Schöpfung zurück, während es nach den östlichen Theorien der »Emanation« vorher schon Kräfte gab, die sich zu einer Welt entwickelten und entfalteten. Doch jene Lehre ist in unserem Zusammenhang nur dann ein hinreichender Grund, wenn man hinzunimmt, daß Gott aus dem Nichts geschaffen habe, und davon weiß das alte Testament nichts; es ist ein Zusatz späterer Spekulationen[57].

Diese Spekulationen kamen auf, als die Kirchenväter bereits damit begonnen hatten, den christlichen Glauben im Rahmen der griechischen Philosophie darzustellen, d. h., als sie mit dem *Sein* konfrontiert waren, wofür die hebräische Sprache kein Wort kennt. Logisch erscheint es als recht naheliegend, daß aus einer Gleichsetzung des Alls mit dem Sein das »Nichts« als dessen Gegensatz folgen sollte; doch der Übergang vom Nichts zum Etwas ist logisch so schwierig, daß man zu der vorläufigen Vermutung berechtigt ist, es sei das wollende Ich gewesen, das, unabhängig von Doktrinen und Glaubenssätzen, die Idee eines absoluten Anfangs als seinem Pläneschmieden kongenial empfunden habe. Denn in dem Beispiel Kants steckt ein grundlegender Fehler. Nur wenn er beim Aufstehen von seinem Stuhl etwas vorhat, nur dann beginnt mit dieser »Begebenheit« eine »neue Reihe«; anderenfalls – wenn er sich gewohnheitsmäßig zu dieser Zeit erhebt, oder wenn er etwas holen möchte, was er für seine augenblickliche Beschäftigung braucht – ist dieses Ereignis selbst »die Fortsetzung einer vorhergehenden Reihe«.

Doch nehmen wir an, das sei ein Versehen, und Kant habe eindeutig das »Vermögen, . . . *von selbst* anzufangen« vorgeschwebt, mithin also die Möglichkeit einer Versöhnung einer »neuen Reihe von Handlungen und Zuständen« mit dem Zeitkontinuum, das von dieser

»neuen Reihe« unterbrochen wird; die herkömmliche Lösung dieses Problems wäre auch damals noch die Aristotelische Unterscheidung zwischen potentiell und aktuell gewesen, die die Einheit des Zeitbegriffs durch die Annahme wahrt, die «neue Reihe« sei potentiell in der »vorhergehenden Reihe« enthalten. Doch die Unzulänglichkeit der Aristotelischen Erklärung liegt auf der Hand: Kann man ernstlich behaupten, die von einem Komponisten geschaffene Symphonie sei »möglich gewesen, ehe sie wirklich wurde« [58]? – man verstünde denn unter »möglich« nichts weiter, als daß die Symphonie jedenfalls nicht unmöglich war, was natürlich etwas ganz anderes ist, als daß sie in einem Zustand der Potentialität schon existiert habe, daß sie auf einen Komponisten gewartet habe, der sich die Mühe machen würde, sie zu verwirklichen.

Doch wie Bergson sehr gut wußte, hat die Sache noch eine andere Seite. Vom Gedächtnis her gesehen, also in der Rückschau, verliert eine frei zustande gekommene Handlung ihren kontingenten Anstrich, weil sie jetzt eine abgeschlossene Tatsache ist, weil sie zum festen Bestandteil der Wirklichkeit geworden ist, in der wir leben. Das Gewicht der Wirklichkeit ist so groß, daß wir sie nicht »wegdenken« können; die Handlung erscheint uns jetzt im Gewande der Notwendigkeit, einer Notwendigkeit, die keineswegs nur eine Bewußtseinstäuschung oder auf unser mangelndes Vermögen zurückzuführen ist, uns andere Möglichkeiten vorzustellen. Am deutlichsten ist das auf dem Gebiet des Handelns, wo man keine Tat wirklich ungeschehen machen kann, doch es gilt auch, vielleicht nicht ganz so zwingend, von den zahllosen neuen Gegenständen, die die menschliche Schaffenskraft ständig der Welt und ihrer Kultur hinzufügt, von Kunstwerken wie auch von Gebrauchsgegenständen; es ist fast ebensowenig möglich, sich die großen Kunstwerke unseres kulturellen Erbes wegzudenken, wie den Ausbruch der zwei Weltkriege oder irgendwelcher anderer Ereignisse, die die Struktur unserer Wirklichkeit überhaupt bestimmt haben. Bergson selbst drückt das so aus: »Allein durch ihren Vollzug projiziert die Wirklichkeit hinter sich ihren Schatten bis in die unbestimmte Weite der Vergangenheit. Sie scheint so unter der Form des bloß Möglichen vor ihrer eigentlichen Verwirklichung existiert zu haben.« (»Par le seul fait de s'accomplir, la réalité projette derrière son ombre dans le passé indéfiniment lointain; elle paraît ainsi avoir préexisté, sous forme de possible, à sa propre réalisation.«) [59]

So, nämlich vom wollenden Ich her, gesehen, erscheint nicht die

Freiheit, sondern die Notwendigkeit als eine Bewußtseinstäuschung. Bergsons Erkenntnis scheint mir gleichzeitig elementar und hochbedeutsam, doch könnte es nicht auch etwas zu bedeuten haben, daß diese Beobachtung, die ja so einfach und einleuchtend ist, doch nie eine Rolle in den endlosen Diskussionen über Notwendigkeit und Freiheit gespielt hat? Meines Wissens wurde der Gedanke vor Bergson nur ein einziges Mal ausgesprochen, und zwar von Duns Scotus, dem einsamen Verteidiger des Vorrangs des Willens vor dem Verstand und – darüber hinaus – der Kontingenz in allem Seienden. Wenn es eine christliche Philosophie gibt, dann müßte Duns Scotus nicht nur als »der bedeutendste Denker des christlichen Mittelalters«[60] anerkannt werden, sondern vielleicht auch als der einzige, der keinen Kompromiß zwischen dem christlichen Glauben und der griechischen Philosophie suchte und daher zu behaupten wagte, es sei ein Kennzeichen des wahren »Christen, [zu sagen,] Gott handle kontingent«. »Wer leugnet, daß einiges Seiende kontingent ist«, sagte Scotus, »der sollte so lange gefoltert werden, bis er zugibt, es sei möglich, daß er nicht gefoltert werde.«[61]

Ob die Kontingenz, für die klassische Philosophie der Ausbund an Sinnlosigkeit, als eine Wirklichkeit über die ersten christlichen Jahrhunderte wegen der biblischen Lehre hereingebrochen ist – die »die Kontingenz der Notwendigkeit entgegensetzte, die Partikularität der Universalität, den Willen dem Verstand«, womit sie »dem ›Kontingenten‹ in der Philosophie entgegen deren ursprünglicher Abneigung einen Platz« verschaffte[62] –, oder ob die politischen Erschütterungen dieser ersten Jahrunderte die Gemeinplätze und Selbstverständlichkeiten des antiken Denkens völlig neu zur Diskussion gestellt hatten, darüber kann man vielleicht streiten. Eines aber läßt sich nicht bezweifeln, nämlich daß die ursprüngliche Abneigung gegen Kontingenz, Partikularität und Willen – und der Vorrang der Notwendigkeit, der Universalität und des Verstandes – dem Angriff bis weit in die Neuzeit hinein standhielt. Die religiöse und mittelalterliche wie auch die säkulare und moderne Philosophie fand viele verschiedene Möglichkeiten, den Willen, das Organ der Freiheit und der Zukunft, in die ältere Ordnung der Dinge einzubauen. Denn wie man diese Fragen auch ansehen mag, die *Tatsachen* beschreibt Bergson völlig richtig, wenn er sagt: »Die meisten Philosophen . . . können . . . das völlig Neue und Unvoraussehbare nicht denken . . . Selbst die ganz wenigen, die an das liberum arbitrium glaubten, reduzierten es auf eine einfache ›Wahl‹ zwischen zwei oder mehr Alternativen, als wären das ›Möglichkeiten‹ . . . und der Wille darauf beschränkt, eine davon zu ›verwirklichen‹. Sie gaben also immer noch zu, . . . daß alles gegeben sei. Nie scheinen sie die geringste Vorstellung von einer völlig neuen Handlung gehabt zu haben . . . Und eine solche ist ja schließlich das freie Handeln.«[63] Zweifellos gilt noch heute, wenn man einer Diskussion zwischen zwei Philosophen zuhört, von denen der eine den Determinismus und der andere die Freiheit verteidigt, »daß immer der Determinist im Recht scheint . . . [Das Publikum] wird sich immer einig sein, daß seine Argumente einfach, klar und richtig seien.«[64]

In theoretischer Hinsicht war die Schwierigkeit immer die, daß der freie Wille – ob man ihn nun als Wahlfreiheit oder als Freiheit zum Beginnen von etwas unvoraussagbar Neuem versteht – völlig unvereinbar nicht nur mit der göttlichen Vorsehung, sondern auch mit dem Kausalgesetz zu sein scheint; für die Willensfreiheit spricht so viel, oder besser, so wenig wie die innere Erfahrung, aber beweisen läßt sie sich nicht. Daß die Annahme oder das Postulat der Freiheit so wenig einleuchtet, liegt an unserer äußeren Erfahrung in der Welt der Erscheinungen, in der wir ja tatsächlich, entgegen Kant, nur selten eine neue Reihe anfangen. Selbst Bergson, dessen ganze Philosophie auf der Überzeugung ruht, wir hätten alle » das unmittelbare Gefühl unserer freien Spontaneität«[65], gibt zu: »Wenn wir auch jedesmal dann frei sind, wo wir in uns selbst zurückgehen wollen, so geschieht es doch nur selten, daß wir dies wollen.« Und: »Die freien Handlungen sind selten.«[66] (Unsere meisten Handlungen werden durch Gewohnheiten bereitgestellt, genau wie viele unserer alltäglichen Urteile durch Vorurteile.)

Der erste, der sich bewußt und in voller Absicht weigerte, sich mit der Implausibilität des freien Willens auseinanderzusetzen, war Descartes: »Es würde ja ungereimt sein, wollten wir, weil wir eines nicht begreifen, das uns nach unserer Natur offenbar unbegreiflich sein muß, deshalb an einem anderen zweifeln, das wir innerlichst begreifen und in uns selbst erfahren.«[67] Denn diese Dinge »sind der Art, daß jeder sie bei sich selbst eher durch Erfahrung finden als sich von ihnen durch Gründe überzeugen lassen muß – und du . . . scheinst auf das, was der Geist in seinem Inneren bewegt, nicht zu achten. Meinetwegen also bist du nicht frei, *wenn es dir nicht paßt*« (Hervorhebung H. A.)[68]. Darauf möchte man antworten, das Cartesische cogito sei gewiß auch nur etwas, »was der Geist in seinem Inneren bewegt«, doch weder Descartes noch einer seiner Gegner kam je auf den

Gedanken, das Denken, cogitare, als etwas ohne Beweis Angenommenes, als bloßes Bewußtseinsdatum hinzustellen. Was verleiht dann dem cogito me cogitare seinen Vorrang vor dem volo me velle – selbst bei dem »Voluntaristen« Descartes? *Könnte es so sein, daß den professionellen Denkern, die ihre Spekulationen auf die Erfahrung des denkenden Ichs aufbauen, die Freiheit weniger »paßte« als die Notwendigkeit?* Dieser Verdacht scheint unabweislich, wenn man das merkwürdige Sammelsurium der vorliegenden Theorien betrachtet, die entweder die Erfahrung der Freiheit »in uns« rundweg zu leugnen versuchen oder der Freiheit dadurch Abbruch tun möchten, daß sie sie mit der Notwendigkeit mittels dialektischer Spekulationen zu versöhnen suchen, die insofern völlig »spekulativ« sind, als sie sich auf keinerlei Erfahrung irgendwelcher Art berufen können. Der Verdacht wird bestärkt, wenn man sich vor Augen hält, wie eng alle Theorien des freien Willens mit dem Problem des Bösen zusammenhängen. So beginnt Augustinus seine Abhandlung »De libero arbitrio voluntatis« (»Über die Entscheidungsfreiheit des Willens«) mit der Frage: »Sag mir, bitte, ob Gott nicht die Ursache des Übels ist?« Diese Frage wurde in ihrer ganzen Komplexität zuerst von Paulus (im Römerbrief) gestellt und dann zu der Frage nach der Ursache des Bösen verallgemeinert, mit vielen Variationen bezüglich der Existenz des von einer widrigen Natur verursachten physischen Übels wie auch der willentlichen Bosheit der Menschen.

Das ganze Problem hat die Philosophen nicht in Ruhe gelassen, doch ihre Lösungsversuche waren nie sehr erfolgreich; in der Regel umgehen ihre Argumente das ganz klare und einfache Problem. Entweder wird dem Bösen die wahre Wirklichkeit abgesprochen (es existiert nur als eine Mangelform des Guten), oder es wird als eine Art optischer Täuschung wegerklärt (der Fehler liegt bei unserem beschränkten Verstande, der manches einzelne nicht richtig in das umfassende Ganze eingliedern kann, durch das es gerechtfertigt würde), und das alles geht von der unbegründeten Voraussetzung aus, daß »nur das Ganze eigentliche Wirklichkeit hat«, wie Hegel sagt. Anscheinend gehört das Böse, ähnlich wie die Freiheit, zu jenen »Dingen, über die auch die gelehrtesten und klügsten Menschen so gut wie nichts wissen können« [69].

5 *Der Zusammenstoß von Denken und Wollen: die Tonalität der Geistestätigkeiten*

Betrachtet man diese Sachlage unbelastet von Theorien und Traditionen, seien es religiöse oder säkulare, so kann man sich gewiß dem Eindruck kaum entziehen, die Philosophen seien erblich unfähig, mit gewissen Erscheinungen des Geistes und seiner Stellung in der Welt zurechtzukommen, und man könne von den Denkern eine angemessene Einschätzung des Willens ebensowenig erwarten wie eine solche des Körpers. Die Leibfeindlichkeit der Philosophen ist bekannt und mindestens seit Platon fester Bestandteil der Literatur. Sie geht nicht in erster Linie von der Unzuverlässigkeit der Sinneserfahrung aus – denn diese Fehler lassen sich berichtigen – oder von der berühmten Ungebärdigkeit der Leidenschaften – denn diese lassen sich durch die Vernunft zähmen –, sondern von der einfachen und unbeeinflußbaren Beschaffenheit unserer körperlichen Bedürfnisse. Der Körper möchte, wie Platon ganz richtig betont, immer »besorgt sein«, und selbst unter den günstigsten Umständen – Gesundheit und freie Zeit auf der einen Seite, eine gut funktionierende Gesellschaft auf der anderen – unterbricht er mit seinen immer wiederkehrenden Ansprüchen die Tätigkeit des denkenden Ichs; im Höhlengleichnis heißt es, er zwinge den Philosophen, aus dem Ideenhimmel in die Höhle der menschlichen Verhältnisse zurückzukehren. (Gewöhnlich wird diese Leibfeindlichkeit dem Christentum angelastet. Doch einmal ist sie viel älter, und zum anderen könnte man sogar sagen, eines der zentralen christlichen Dogmen, die Auferstehung des Fleisches (im Unterschied zu älteren Spekulationen über die Unsterblichkeit der Seele), habe in scharfem Gegensatz nicht nur zu den üblichen Vorstellungen der Gnosis, sondern auch der klassischen Philosophie gestanden.)

Die Feindschaft des denkenden Ichs gegenüber dem Willen ist natürlich von ganz anderer Art. Hier stoßen zwei *geistige* Tätigkeiten aufeinander, die scheinbar nicht zusammen bestehen können. Wenn man etwas will, das heißt, wenn man seine Aufmerksamkeit auf einen Zukunftsplan richtet, so hat man sich nicht weniger von der Erscheinungswelt zurückgezogen, als wenn man einen Gedankengang durchläuft. Denken und Wollen sind aber insoweit einander entgegengesetzt, als sie unsere psychischen Zustände beeinflussen: zwar vergegenwärtigen beide unserem Geist etwas tatsächlich Abwesendes, doch das Denken zieht in seine fortdauernde Gegenwart etwas hinein, was entweder ist oder zumindest gewesen ist, während sich das Wollen in die Zukunft und damit in ein Gebiet erstreckt, auf dem es keine solchen Gewißheiten gibt. Unser psychischer Apparat – die Seele im Unterschied zum Geist – kann mit dem aus diesem Gebiet des Unbekannten Kommenden vermittels der Erwartung umgehen, deren Hauptformen Hoffnung und Furcht sind. Diese zwei Arten des Fühlens hängen insofern eng miteinander zusammen, als jede leicht in ihr scheinbares Gegenteil umschlägt, und wegen der Ungewißheit jenes Gebietes geschieht das beinahe automatisch. Jede Hoffnung führt eine Furcht bei sich, und jede Furcht behebt sich, indem sie sich der entsprechenden Hoffnung zuwendet. Wegen dieser ihrer unsteten und beunruhigenden Beschaffenheit zählten beide in der klassischen Antike zu den schlechten Gaben aus der Büchse der Pandora.

In dieser unbefriedigenden Situation verlangt die Seele vom Geist weniger eine prophetische Gabe, die die Zukunft vorhersagen und damit entweder die Hoffnung oder die Furcht bestätigen könnte; viel beruhigender als die betrügerischen Spiele der Wahrsager – Auguren, Astrologen und ähnlicher Leute – ist die nicht weniger betrügerische Theorie, die da beweisen möchte, daß alles, was ist oder sein wird, »so kommen mußte«, wie es Gilbert Ryle sehr glücklich ausdrückt[70]. Der Fatalismus, den in der Tat »kein Philosoph ersten oder zweiten Ranges verteidigt . . . oder anzugreifen sich besondere Mühe genommen hat«, übte trotzdem durch die Jahrhunderte hindurch einen erstaunlichen Einfluß auf das populäre Denken aus; »wir haben alle auch unsere fatalistischen Momente«, sagt Ryle[71], und der Grund ist der, daß keine andere Theorie jeden Antrieb zum Handeln, zum Plänemachen, kurz, jede Form des Ich-will, so wirksam einschläfern kann. Diese existentiellen Vorteile des Fatalismus werden klar herausgearbeitet in Ciceros Abhandlung »De fato«, der heute noch klassischen Darstellung dieser Position. Für die Behauptung, daß alles vorherbestimmt sei, gebraucht er folgendes Beispiel: Wenn man krank wird, »so ist vorherbestimmt, ob man gesund wird oder nicht, gleichgültig, ob man einen Arzt ruft oder nicht«[72], und ob man einen Arzt ruft, das ist natürlich auch vorherbestimmt. Daher führt das Argument in einen »unendlichen Regreß«[73]. Es wird als »Leerlauf-Argument« zurückgewiesen, weil es offenbar »zur völligen Ausschaltung des Handelns aus dem Leben führen würde«. Seine große Anziehungskraft rührt daher, daß es »den Geist von aller Notwendigkeit, aktiv zu werden, befreit«[74]. In unserem Zusammenhang ist die Auffassung deshalb interessant, weil es ihr gelingt, die Zukunft völlig auszuschalten, indem sie in die Vergangenheit eingebunden wird.

Was sein *wird* oder sein kann, das »*mußte* so kommen«, denn »wenn etwas wirklich *sein wird*, so ist nicht denkbar, daß es nicht sein wird« (»quidquid futurum est, id intellegi non potest, si futurum sit, non futurum esse«), wie Leibniz formuliert[75]. Das Beruhigende der Formel rührt von dem her, was Hegel »die Ruhe der Vergangenheit« nannte[76], und diese Ruhe wird dadurch gewährleistet, daß sich die Vergangenheit nicht aufheben läßt und der Wille »nicht zurückwollen kann«[77].

Nicht die Zukunft als solche, sondern die Zukunft als *Plan* des Willens *negiert* das Gegebene. Bei Hegel und Marx leitet sich die Macht der Negation, die der Motor der Geschichte ist, von der Fähigkeit des Willens zu Verwirklichung eines Planes her: dieser negiert das Jetzt wie auch die Vergangenheit und bedroht damit die fortdauernde Gegenwart des denkenden Ichs. Da der Geist, losgelöst von der Welt der Erscheinungen, das Abwesende – was nicht mehr ist und was noch nicht ist – in seine Gegenwart hereinholt, sieht es so aus, als könnten Vergangenheit und Zukunft auf einen gemeinsamen Nenner gebracht und so gemeinsam vor dem Fluß der Zeit bewahrt werden. Doch das nunc stans, die Lücke zwischen Vergangenheit und Zukunft, die wir als den Ort des denkenden Ichs erkannt haben, kann zwar das nicht mehr Seiende ohne jede Störung aus der Außenwelt aufsaugen, aber es kann nicht ebenso gleichmütig auf Pläne reagieren, die der Wille für die Zukunft geschmiedet hat. Jeder Willensakt ist zwar eine geistige Tätigkeit, aber er bezieht sich auf die Welt der Erscheinungen, in der der Plan verwirklicht werden soll; im lebhaftesten Gegensatz zum Denken geschieht kein Willensakt je um seiner selbst willen oder findet seine Erfüllung in dem Akt als solchem. Jeder Willensakt betrifft nicht nur Einzeldinge, sondern – und das ist von großer Bedeutung – hat sein eigenes Ende vor sich, wenn das Etwas-Wollen in das Es-Tun übergegangen ist. Mit anderen Worten, die gewöhnliche Stimmung des wollenden Ichs ist Ungeduld, Unruhe und Sorge, nicht nur, weil die Seele auf die Zukunft mit Furcht und Hoffnung reagiert, sondern auch, weil der Plan des Willens ein Ich-kann voraussetzt, das keineswegs gewährleistet ist. Die sorgende Unruhe des Willens kann nur gestillt werden durch das Ich-kann-und-ich-tue-es, das heißt, durch ein Aufhören seiner eigenen Tätigkeit und die Aufgabe seiner Vorherrschaft über den Geist.

Kurz, der Wille will immer etwas *tun* und verachtet damit unausgesprochenermaßen das reine Denken, dessen ganze Tätigkeit darauf beruht, daß es »nichts tut«. Bei der Untersuchung der Geschichte des

Willens werden wir sehen, daß kein Theologe oder Philosoph jemals die »Süße« der Erfahrung des wollenden Ichs gepriesen hat, während sie die Philosophen beim denkenden Ich nicht genug preisen konnten. (Es gibt zwei wichtige Ausnahmen: Duns Scotus und Nietzsche, die beide den Willen als eine Art Macht verstanden – »voluntas est potentia quia ipsa aliquid potest«. Das heißt, das wollende Ich hat seine Freude an sich selbst – »condelectari sibi« – in dem Maße, wie das Ich-will das Ich-kann antizipiert; das Ich-will-*und*-ich-kann ist die Wonne des Willens[78].)

In dieser Hinsicht – ich möchte von der »Tonalität« der Geistestätigkeiten sprechen – ist die Fähigkeit des Willens, das Noch-nicht zu vergegenwärtigen, das genaue Gegenteil der Erinnerung. Die Erinnerung hat eine natürliche Affinität zum Denken; alle Gedanken, sagte ich, sind nachträgliche Gedanken. Gedankengänge entstehen ganz natürlich, fast automatisch, völlig bruchlos, aus dem Erinnern. Daher konnte die anamnēsis bei Platon eine so einleuchtende Hypothese für die menschliche Lernfähigkeit werden, und Augustinus konnte äußerst einleuchtend Geist und memoria gleichsetzen. Die Erinnerung kann die Seele mit Sehnsucht nach der Vergangenheit anrühren, doch diese Nostalgie kann zwar kummervoll sein, aber sie erschüttert nicht das Gleichgewicht des Geistes, weil sie Dinge betrifft, die man nicht ändern kann. Demgegenüber beschäftigt sich das wollende Ich, das vorwärts und nicht rückwärts blickt, mit Dingen, die in unserer Macht stehen, bei denen aber der Erfolg keineswegs gewiß ist. Die daher rührende Anspannung führt, im Unterschied zu der recht anregenden Spannung, die mit Problemlösen einhergehen kann, zu einer Art Unruhe der Seele, die leicht an Aufruhr grenzen kann, einer Mischung aus Furcht und Hoffnung, die unerträglich wird, wenn sich herausstellt, daß, nach der Formel des Augustinus, das Wollen und das Können, velle und posse, nicht zusammenfallen. Die Anspannung kann nur durch Handeln überwunden werden, also durch völlige Aufgabe der geistigen Tätigkeit; ein Übergang vom Wollen zum Denken führt lediglich zu einer zeitweisen Lähmung des Willens, genau wie sich ein Übergang vom Denken zum Wollen für das denkende Ich als zeitweise Lähmung des Denkens bemerkbar macht.

Von der Tonalität her gesehen – also von der Art, wie der Geist auf die Seele wirkt und unabhängig von äußeren Ereignissen ihre *Stimmungen* und damit eine Art *Leben* des Geistes erzeugt –, ist die vorherrschende Stimmung des denkenden Ichs die *Heiterkeit*, der reine Genuß einer Tätigkeit, die nie den Widerstand der Materie zu überwinden hat. Soweit diese Tätigkeit eng mit der Erinnerung zusammenhängt, neigt ihre Stimmung zur Melancholie – der nach Kant und Aristoteles für den Philosophen kennzeichnenden Stimmung. Die vorherrschende Stimmung des Willens ist die *Anspannung*, die die »Ruhe des Geistes« zerstört, Leibnizens »animi tranquillitas«, auf der, wie er sagt, alle »ernsthaften Philosophen« bestehen[79] und die er selbst in Gedankengängen fand, die beweisen, daß unsere Welt »die beste aller möglichen Welten« sei. So gesehen, bleibt dem Willen in der Tat nichts anderes mehr übrig, als »das Nicht-wollen zu wollen«, weil jede gewollte Handlung nur die «Universalharmonie« der Welt stören kann, in der »alles, was ist, wenn man die Gesamtheit der Dinge betrachtet, das Beste ist«[80].

So ist Leibniz mit bewundernswerter Konsequenz der Auffassung, daß Judas nicht durch seinen Verrat an Jesus sündigte, sondern durch seinen Selbstmord: indem er sich verdammte, verdammte er indirekt die gesamte Schöpfung Gottes; indem er sich haßte, haßte er den Schöpfer[81]. Der gleiche Gedanke in seiner radikalsten Form findet sich in einem der Sätze Meister Eckharts, die verdammt wurden: »Wenn jemand tausend Todsünden begangen hätte, dürfte er, wäre es recht um ihn bestellt, nicht wollen, sie nicht begangen zu haben.«[82] Vielleicht ist die Vermutung erlaubt, daß diese überraschende Ablehnung der Reue bei zwei christlichen Denkern im einen Fall, bei Eckhart, aus einem überreichen Glauben entsprang, der, wie Jesus, verlangte, daß der Sünder sich selbst vergebe, so wie er anderen vergeben sollte, »siebenmal täglich«, denn sonst würde man ja erklären, es wäre besser gewesen, wenn nicht nur er, sondern die ganze Schöpfung nie geboren wäre («daß ihm ein Mühlstein um den Hals gehängt und er ins Meer geworfen würde«); bei Leibniz dagegen könnte man darin einen letzten Sieg des denkenden Ichs über das wollende Ich erblikken, weil des letzteren vergeblicher Versuch, rückwärts zu wollen, wenn er Erfolg hätte, nur in der Vernichtung alles Seienden enden könnte.

6 *Hegels Lösung: die Geschichtsphilosophie*

Kein Philosoph hat das wollende Ich in seinem Zusammenstoß mit dem denkenden Ich einfühlsamer, einsichtsvoller und für die Geistesgeschichte folgenreicher beschrieben als Hegel. Der Komplex ist etwas schwierig, nicht nur wegen Hegels esoterischer und höchst eigenwilliger Sprache, sondern auch deshalb, weil er das ganze Problem im Zusammenhang mit seinen Zeitspekulationen behandelt und nicht an den wenig umfangreichen, aber keineswegs unbedeutenden Stellen – in der »Phänomenologie des Geistes«, der »Rechtsphilosophie«, der »Enzyklopädie« und der »Philosophie der Geschichte« –, die sich unmittelbar mit dem Willen beschäftigen. Diese Stellen hat Alexandre Koyré in einer wenig bekannten und sehr wichtigen Arbeit gesammelt und interpretiert (die 1934 unter dem irreführenden Titel »Hegel à Iéna« erschien[83]); sie beschäftigt sich mit Hegels entscheidenden Texten über die Zeit – von der frühen »Jenenser Logik« und der »Jenenser Realphilosophie« über die »Phänomenologie« und die »Enzyklopädie« bis zu den verschiedenen Manuskripten, die zur »Philosophie der Geschichte« gehören. Koyrés Übersetzung und Kommentare wurden zur »Quelle und Grundlage« von Alexandre Kojèves höchst einflußreicher Interpretation der »Phänomenologie des Geistes«[84]. Im folgenden lehne ich mich stark an die Argumentation Koyrés an.

Seine Hauptthese lautet, Hegels »größte Originalität« beruhe auf seiner »Betonung der Zukunft, auf dem Vorrang, den er ihr vor der Vergangenheit einräumte«[85]. Das wäre keineswegs überraschend, wenn es nicht gerade von Hegel gesagt würde. Warum sollte nicht ein Denker des 19. Jahrhunderts, der mit seinen Vorgängern aus dem 17. und 18. Jahrhundert und auch mit seinen Zeitgenossen das Vertrauen in den Fortschritt teilt, die entsprechende Konsequenz ziehen und der Zukunft den Vorrang vor der Vergangenheit einräumen? Schließlich sagte Hegel selbst: »Was das Individuum betrifft, so ist ohnehin jedes ein Sohn seiner Zeit; *so ist auch die Philosophie ihre Zeit in Gedanken erfaßt.*« Doch er sagte auch im selben Zusammenhang: »Das, was ist, zu begreifen, ist die Aufgabe der Philosophie, und das, was ist, ist die Vernunft«, oder: »Was gedacht ist, ist; und was ist, ist nur, insofern es Gedanke ist.«[86] Und auf dieser Voraussetzung beruht Hegels wichtigster und einflußreichster Beitrag zu Philosophie. Denn Hegel ist vor allem der erste Denker, der eine Philosophie der Geschichte, also der Vergangenheit, konzipierte: wieder-geholt durch den rückwärts gewandten Blick des denkenden und erinnernden Ichs, wird sie er-innert, wird zum festen Bestandteil des Geistes durch »die Anstrengung des Begriffs«, und auf diese er-innernde Art leistet sie die »*Versöhnung*« von Geist und Welt. Gab es jemals einen größeren Triumph des denkenden Ichs als diesen Vorgang? Bei seiner Loslösung von der Erscheinungswelt muß das denkende Ich nicht mehr den Preis der »Geistesabwesenheit« und Entfremdung von der Welt bezahlen. Nach Hegel kann der Geist durch die bloße Macht der Reflexion zwar natürlich nicht alle Erscheinungen sich an-eignen – gewissermaßen in sich hineinsaugen –, wohl aber alles, was an ihnen sinnvoll ist; und was er sich nicht an-eignen kann, läßt er als bedeutungslosen Zufall beiseite, als ohne Konsequenzen für den Geschichtsverlauf oder für das diskursive Denken.

Doch der Vorrang der Vergangenheit – das entdeckte Koyré – verschwindet völlig, wenn sich Hegel der Diskussion der Zeit zuwendet, die für ihn vor allem »menschliche Zeit«[87] ist, deren Fließen der Mensch zunächst gewissermaßen gedanken-los als reine Bewegung erfährt, bis er einmal über den Sinn der äußeren Ereignisse nachzudenken beginnt. Dann stellt sich heraus, daß sich der Geist hauptsächlich mit der Zukunft beschäftigt, mit der Zeit, die auf einen zukommt (ich sagte schon, daß dies der wörtliche Sinn des deutschen Wortes »Zukunft« wie auch des französischen »avenir« ist), und diese vorweggenommene Zukunft negiert die »fortdauernde Gegenwart« des Geistes, sie macht aus ihr ein vorweggenommenes »Nicht-mehr«. In diesem Zusammenhang ist »die vorherrschende ›Dimension‹ der Zeit die Zukunft, die gewissermaßen vor der Vergangenheit kommt«. »Die Zeit findet ihre Wahrheit in der Zukunft, denn diese wird das Sein beenden und vollenden. Doch das beendete und vollendete Sein gehört als solches zur Vergangenheit.«[88] Diese Umkehrung des normalen Zeitablaufs – Vergangenheit, Gegenwart, Zukunft – entsteht dadurch, daß der Mensch seine Gegenwart negiert: er »sagt *nein* zu seinem Jetzt« und schafft sich so seine eigene Zukunft[89]. Hegel selbst erwähnt den Willen in diesem Zusammenhang nicht, ebensowenig Koyré, doch es dürfte auf der Hand liegen, daß das Vermögen, auf dem die Negation durch den Geist beruht, nicht das Denken, sondern das Wollen ist, und daß Hegels Beschreibung der erfahrenen menschlichen Zeit den Zeitablauf im Auge hat, der zum wollenden Ich paßt.

Er paßt zum wollenden Ich, weil dieses, wenn es seine Pläne macht, in der Tat für die Zukunft lebt. Nach Hegels berühmten Worten ist der Grund dafür, daß »die Gegenwart [das Jetzt] der Zukunft nicht widerstehen kann«, keineswegs die Unerbittlichkeit, mit der jedem Heute ein Morgen folgt (denn dieses Morgen könnte, wenn es nicht vom Willen projektiert und beherrscht wird, ebensogut eine bloße Wiederholung des Vorangegangenen sein – wie es ja auch häufig der Fall ist); das Heute in seinem eigentlichen Wesen wird nur durch das Dazwischentreten des Geistes bedroht, der es negiert und mittels des Willens das abwesende Noch-nicht beschwört und geistig die Gegenwart aufhebt oder vielmehr sie als jene flüchtige Zeitspanne betrachtet, deren Wesen dies ist, nicht zu sein: »Das Jetzt ist leer ... es erfüllt sich in der Zukunft. Die Zukunft ist seine Realität.«[90] Aus der Sicht des wollenden Ichs ist «die Zukunft ... unmittelbar in der Gegenwart; denn sie ist das Moment des Negativen in derselben. Das Jetzt ist ebenso Sein, das verschwindet, als das Nichtsein [,das] ... zum Sein umgeschlagen ist.«[91]

Soweit sich das Selbst mit dem wollenden Ich identifiziert – was, wie wir sehen werden, von einigen Voluntaristen vorgeschlagen wird, die das principium individuationis aus dem Vermögen des Wollens ableiten –, existiert es »in einer ständigen Überführung [seiner] Zukunft in ein Jetzt, und es hört in dem Augenblick auf zu sein, da es keine Zukunft, nichts Kommendes mehr gibt (le jour où il n'y a plus d'avenir, où rien n'est plus à venir), da alles schon angekommen und ›erreicht‹ ist«[92]. Aus der Sicht des Willens besteht das Alter im Zusammenschrumpfen der Zukunftsdimension, und der Tod des Menschen bedeutet weniger sein Verschwinden aus der Welt der Erscheinungen als den endgültigen Verlust jeder Zukunft. Dieser Verlust aber fällt zusammen mit dem endgültigen Abschluß des einzelnen Lebens, das sich an seinem Ende, dem unaufhörlichen Wechsel der Zeit und der Ungewißheit seiner Zukunft entgangen, der »Ruhe der Vergangenheit« eröffnet und damit der Betrachtung, der Reflexion und dem rückwärts gewandten Blick des denkenden Ichs auf seiner Suche nach Sinn. Vom Standpunkt des denkenden Ichs aus ist daher das Alter, mit Heidegger zu reden, die Zeit der Meditation oder, wie Sophokles sagt, die Zeit »des Friedens und der Freiheit«[93] – der Befreiung von Bindungen, nicht nur an die Leidenschaften des Körpers, sondern auch an die alles verzehrende Leidenschaft, die der Geist der Seele auferlegt, die Leidenschaft des Willens, die da Ehrgeiz heißt.

Mit anderen Worten, die Vergangenheit beginnt mit dem Verschwinden der Zukunft, und in dieser Ruhe kommt das denkende Ich zur Geltung. Doch das geschieht erst, wenn alles sein Ende erreicht hat, wenn das Werden, in dessen Verlauf sich das Sein entfaltet und entwickelt, zum Stillstand gekommen ist. Denn »die Unruhe ist der Grund des Seins«[94]; sie ist der Preis des Lebens, so wie der Tod, oder vielmehr das Vorbewußtsein des Todes, der Preis der Ruhe ist. Und die Unruhe des Lebenden rührt nicht von der Betrachtung des Weltalls oder der Geschichte her; sie ist keine Auswirkung einer äußeren

Bewegung – der unaufhörlichen Bewegung der Natur oder des ständigen Auf und Ab der menschlichen Schicksale; sie hat ihren Ort und ihre Ursache im menschlichen Geist. Das, was im späteren existentialistischen Denken zum Begriff der Selbstschaffung des menschlichen Geistes wurde, das findet man bei Hegel als die »Selbstkonstitution der Zeit«[95]: der Mensch ist nicht bloß zeitlich; er *ist* die Zeit.

Ohne ihn könnte es zwar Bewegung und Veränderung geben, aber keine Zeit. Es könnte sie auch nicht geben, wenn der menschliche Geist nur zum Denken ausgerüstet wäre, zur Reflexion auf das Gegebene, auf das, was ist und nicht anders sein könnte; in diesem Fall würde der Mensch geistig in einer immerwährenden Gegenwart leben. Er könnte nicht erkennen, daß er selbst einmal noch nicht war und eines Tages nicht mehr sein wird; das heißt, er könnte nicht verstehen, was die Existenz für ihn bedeutet. (Aufgrund von Hegels Auffassung, daß der Mensch die Zeit schaffe, ergibt sich seine andere, näherliegende Gleichsetzung von Logik und Geschichte, und diese ist in der Tat, wie Léon Brunschvicg vor langer Zeit bemerkte, »einer der Hauptpfeiler seines Systems«[96].)

Doch bei Hegel schafft der Geist die Zeit nur vermittels des Willens, seines Organs für die Zukunft, und die Zukunft ist in dieser Sicht auch die Quelle der Vergangenheit, welche geistig dadurch entsteht, daß der Geist eine zweite Zukunft vor sich hinstellt, in der das unmittelbare Ich-werde-sein zu einem Ich-werde-gewesen-sein geworden ist. Nach diesem Schema wird die Vergangenheit von der Zukunft geschaffen, und das Denken, das die Vergangenheit betrachtet, ist das Ergebnis des Willens. Denn der Wille antizipiert letzten Endes das endgültige Scheitern seiner Pläne, den Tod; auch sie werden eines Tages gewesen sein. (Es dürfte von Interesse sein, daß auch Heidegger sagt: »Die Gewesenheit entspringt in gewisser Weise der Zukunft.«[97])

Bei Hegel unterscheidet sich der Mensch von den Tieren nicht als das animal rationale, sondern dadurch, daß er als einziges Lebewesen um seinen Tod weiß. Und an diesem Endpunkt der Antizipation durch das wollende Ich konstituiert sich das denkende Ich. In der Antizipation des Todes nehmen die Pläne des Willens die Erscheinungsform einer antizipierten Vergangenheit an und werden damit der Reflexion zugänglich; und in diesem Sinne sagt Hegel, nur der Geist, der nicht vom Tode »wegsieht«, ermögliche es dem Menschen, den Tod zu überwinden, »ihn [zu] ertragen und in ihm sich [zu] erhalten«[98]. Koyré formuliert es so: In dem Augenblick, da der Geist seinem eigenen Ende gegenübersteht, »steht die unaufhörliche Bewegung der Zeitdialektik still, und die Zeit hat sich ›erfüllt‹; diese ›erfüllte‹ Zeit fällt natürlicherweise und gänzlich in die Vergangenheit«, womit »die Zukunft ihre Macht über sie verloren hat« und sie für die fortdauernde Gegenwart des denkenden Ichs zubereitet ist. Und so gilt: der Zukunft »wahrhaftes Sein ist, Jetzt zu sein«[99]. Doch bei Hegel ist dieses nunc stans nichts Zeitliches mehr; es ist ein »nunc aeternitatis«, wie ja die Ewigkeit für Hegel auch die Quintessenz der Zeit ist, des Platonischen »Abbildes der Ewigkeit«, gesehen als die »ewige Bewegung des Geistes«[100]. Die Zeit selbst ist ewig in der »Einheit der Gegenwart, Zukunft und Vergangenheit«[101].

Übermäßig vereinfacht, könnte man sagen: Daß es so etwas wie das *Leben* des Geistes gibt, ist dessen Organ für die Zukunft und seiner entsprechenden »Ruhelosigkeit« zu verdanken; daß es so etwas wie das Leben des *Geistes* gibt, liegt am Tode, der, als absolutes Ende vorhergesehen, dem Willen Einhalt gebietet und die Zukunft in eine antizipierte Vergangenheit verwandelt, die Pläne des Willens in Gegenstände des Denkens und die Erwartung der Seele in eine antizipierte Erinnerung. In dieser übermäßig vereinfachenden Zusammenfassung klingt die Hegelsche Lehre so modern, der Vorrang der Zukunft in seinen Zeitspekulationen paßt so gut zu dem dogmatischen Glauben seines Jahrhunderts an den Fortschritt, und der Übergang vom Denken zum Wollen und wieder zurück zum Denken erscheint als eine so geniale Lösung des Problems der modernen Philosophie, auf eine für die Neuzeit annehmbare Art mit der Tradition zurechtzukommen, daß man die Hegelsche Konstruktion gar nicht als eigentlichen Beitrag zu den Problemen des wollenden Ichs gelten lassen möchte. Doch bei seinen Zeitspekulationen hat Hegel einen merkwürdigen Vorgänger, dem nichts ferner gelegen haben könnte als der Begriff des Fortschritts oder irgendein Interesse an der Entdeckung eines Gesetzes, das die historischen Ereignisse beherrschte.

Das ist Plotin. Auch für ihn ist der menschliche Geist, die »Seele« (psychē), der Schöpfer der Zeit. Die Zeit entsteht durch die »Überaktivität« der Seele (»polypragmōn«, so etwas Ähnliches wie »Hans Dampf in allen Gassen«); die Seele strebt nach ihrer zukünftigen Unsterblichkeit, sie »sucht mehr als ihre Gegenwart« und geht immer weiter «zu einem ›Nächsten‹ und einem ›Danach‹ und zu einem anderen und wieder anderen. So bewegten wir uns ein großes Stück [auf die zukünftige Ewigkeit zu] und schufen die Zeit, das Abbild der

Ewigkeit.« So ist »die Zeit das Leben der Seele«; da »die Ausbreitung des Lebens in der Zeit geschieht«, »schafft« die Seele «die [Zeit-]Folge im Zuge ihrer Tätigkeit« in Form des »diskursiven Denkens«, dessen Diskursivität dem entspricht, daß »die Seele von einer Seinsweise zu einer anderen übergeht«; daher ist die Zeit »keine Begleiterscheinung der Seele . . ., sondern etwas . . . in ihr und mit ihr«[102]. Mit anderen Worten, für Plotin wie für Hegel entsteht die Zeit durch die dem Geist innewohnende Ruhelosigkeit, sein Sich-Ausstrecken in die Zukunft, seine Pläne und seine Negation des »gegenwärtigen Zustands«. Und in beiden Fällen ist die eigentliche Erfüllung der Zeit die Ewigkeit oder, säkular und existentiell gesprochen, der Übergang des Geistes vom Wollen zum Denken.

Wie dem auch sei, viele Stellen bei Hegel zeigen, daß seine Philosophie weniger von den Werken seiner Vorgänger ausgeht, weniger eine Reaktion auf deren Auffassungen ist, weniger ein Versuch der «Lösung« der Probleme der Metaphysik, kurz, weniger papieren als die Systeme fast aller nachantiken Philosophen, nicht nur seiner Vorgänger, sondern auch seiner Nachfolger. Das wurde neuerdings des öfteren festgestellt[103]. Hegel hatte mit seiner Geschichte der Philosophie, deren Ablauf der äußeren, politischen Geschichte entsprach – vor ihm etwas völlig Unbekanntes –, in der Tat mit der Tradition gebrochen, denn er war der erste großer Denker, der die Geschichte ernst nahm, nämlich als Quelle der Wahrheit.

Das Reich der menschlichen Verhältnisse, in dem alles Bestehende von Menschen geschaffen worden ist, war noch nie von einem Philosophen so betrachtet worden. Und die Veränderung ging auf ein bestimmtes Ereignis zurück – die französische Revolution. Hegel gesteht zu, es könnte »die Revolution von der Philosophie ihre erste Anregung erhalten haben«, doch ihre »welthistorische Bedeutung« besteht darin, daß der Mensch zum ersten Male wagt, sich umzukehren, »daß der Mensch sich auf den Kopf, das ist auf den Gedanken stellt und die Wirklichkeit [nach] diesem erbaut«. »Solange die Sonne am Firmamente steht und die Planeten um sie herum kreisen, war das nicht gesehen worden, daß des Menschen Dasein den Mittelpunkt in seinem Kopfe, das ist im Denken habe . . . Es war dieses somit ein herrlicher Sonnenaufgang. Alle denkenden Wesen haben diese Epoche mitgefeiert. . . . Ein Enthusiasmus des Geistes hat die Welt durchschauert, als sei es zur Versöhnung des Göttlichen mit der Welt nun erst gekommen.« [104] Das Ereignis hatte geradezu eine neue Menschenwürde aufgezeigt; »mit Verbreitung der Ideen, wie etwas sein *soll*, wird die Indolenz der gesetzten Leute, ewig alles zu nehmen, wie es ist, verschwinden«[105].

Diese frühe Erfahrung hat Hegel nie vergessen. Noch 1829/30 sagte er seinen Studenten: »In solchen Zeiten, wo die politische Existenz sich umkehrt, hat die Philosophie ihre Stelle; . . . dann geht der Gedanke voran und bildet die Wirklichkeit um. Denn wenn eine Gestalt des Geistes nicht mehr befriedigend ist, dann gibt die Philosophie ein scharfes Auge dazu, dieses Unbefriedigende einzusehen.«[106] Kurz, er sagte fast das genaue Gegenteil seines berühmten Satzes über die Eule der Minerva in der Vorrede zur »Rechtsphilosophie«. Der »herrliche Sonnenaufgang« seiner Jugend beflügelte und durchdrang alle seine Werke bis ans Ende. In der französischen Revolution waren Grundsätze und Gedanken *verwirklicht* worden; es hatte eine *Versöhnung* gegeben zwischen dem »Göttlichen«, mit dem sich der Mensch beim Denken beschäftigt, und der »Welt«, den menschlichen Verhältnissen.

Diese Versöhnung steht im Mittelpunkt des gesamten Hegelschen Systems. Wenn man die *Weltgeschichte* – und nicht bloß die Geschichte einzelner Epochen und Nationen – als eine einzige Abfolge von Ereignissen verstehen konnte, an deren Schlußpunkt »das geistige Reich im Dasein . . . sich zur Existenz bringt«, »in der Weltlichkeit sich verkörpert«[107], dann war der Lauf der Geschichte nichts Zufälliges mehr und das Reich der menschlichen Verhältnisse nicht mehr sinnleer. Die französische Revolution hatte bewiesen, daß »die Wahrheit . . . in der Weltlichkeit lebendig« werden kann[108]. Jetzt konnte man wirklich jeden Augenblick im Ablauf der Weltgeschichte als etwas ansehen, das »so kommen mußte«, und der Philosophie die Aufgabe zuweisen, »diesen Plan« von Anfang an »zu erfassen«, von seiner »verborgenen Quelle« oder der »Wahrheit [der] Zeit . . ., die im Inneren bereits vorhanden war«, bis hin zu seinem »gegenwärtigen Dasein«[109]. Für Hegel ist dieses »geistige Reich« das »Reich des Willens«[110], weil die Einzelwillen der Menschen notwendig sind, um das geistige Reich zu schaffen, und daher sagt er: »Die Freiheit des Willens an sich [die Freiheit, die der Wille notwendigerweise will] . . . ist selbst absolut . . . sie ist . . . das, wodurch der Mensch Mensch wird, also das Grundprinzip des Geistes.«[111] Natürlich liegt die einzige Gewähr – wenn es eine ist – dafür, daß das letzte Ziel der Entfaltung des Weltgeistes in der Weltgeschichte die Freiheit sein müsse, in der Freiheit, die im Willen liegt.

»Die Einsicht nun, zu der . . . die Philosophie führen soll, ist, daß die wirkliche Welt ist, wie sie sein soll«[112], und da für Hegel die Philosophie mit dem zu tun hat, »was wahr ist . . . ewig . . . nicht gestern und nicht morgen, sondern schlechthin gegenwärtig, ›itzt‹ im Sinne der absoluten Gegenwart«[113], da der Geist für das denkende Ich das »Jetzt als solches« ist, so muß die Philosophie den Konflikt zwischen dem denkenden und dem wollenden Ich beilegen. Sie muß die Zeitspekulationen, die zur Perspektive des Willens und seiner Konzentration auf die Zukunft gehören, mit dem Denken und seiner Perspektive einer fortdauernden Gegenwart auf einen Nenner bringen.

Der Versuch ist alles andere als erfolgreich. Wie Koyré in den letzten Sätzen seiner Arbeit zeigt, steht der Hegelsche Begriff des »Systems« im Widerstreit mit dem Vorrang der Zukunft bei ihm. Dieser verlangt, daß die Zeit nie abgeschlossen ist, solange es Menschen auf Erden gibt, während die Philosophie im Hegelschen Sinne – die Eule der Minerva, die ihren Flug erst mit der einbrechenden Dämmerung beginnt – ein Stillstehen in der wirklichen Zeit verlangt, nicht nur die Aufhebung der Zeit während der Tätigkeit des denkenden Ichs. Mit anderen Worten, Hegels Philosophie könnte objektive Wahrheit nur dann beanspruchen, wenn die Geschichte faktisch beendet wäre, wenn die Menschheit keine Zukunft mehr hätte, wenn nichts mehr geschehen könnte, das irgend etwas Neues brächte. Und Koyré fügt hinzu: »Es ist möglich, daß Hegel dies glaubte . . . ja, daß er glaubte . . . diese wesentliche Bedingung [einer Geschichtsphilosophie] sei *schon* Wirklichkeit . . . und daß dies der Grund war, warum er selbst sie hatte vollenden können.«[114] (Das ist in der Tat die Überzeugung Kojèves, für den das Hegelsche System *die* Wahrheit ist und damit der endgültige Abschluß der Philosophie wie auch der Geschichte.)

Mir scheint kein Zweifel zu bestehen, daß es Hegel letzten Endes nicht gelungen ist, die beiden geistigen Tätigkeiten des Denkens und des Wollens mit ihren entgegengesetzten Zeitbegriffen untereinander zu versöhnen; doch er selber hätte das nicht gelten lassen: das spekulative Denken ist nichts anderes als die »Einheit des Denkens und der *Zeit*«[115]; es hat nicht mit dem Sein zu tun, sondern mit dem *Werden*, und der Gegenstand des denkenden Geistes ist nicht das Sein, sondern ein »angeschautes Werden«[116]. Die einzige Bewegung, die angeschaut werden kann, ist »der in sich zurückgehende Kreis, der seinen Anfang voraussetzt und ihn nur im Ende erreicht«. Dieser zyklische Zeitbegriff stimmt, wie wir sahen, völlig mit der klassischen griechischen Philosophie überein, während die nachklassische Philosophie nach der Entdeckung des Willens als der geistigen Triebfeder des Handelns eine geradlinige Zeit verlangt, ohne die der Fortschritt undenkbar wäre. Hegel löst dieses Problem der Überführung eines Kreises in eine immer weiterführende Linie durch die Annahme, es existiere etwas hinter all den einzelnen Menschen, und dieses Etwas, Menschheit genannt, sei eigentlich eine Art Jemand, den er den »Weltgeist« nannte, für ihn kein bloßes Gedankending, sondern etwas Gegenwärtiges, das in der Menschheit so verkörpert ist wie der menschliche Geist im menschlichen Körper. Dieser in der Menschheit verkörperte Weltgeist beschreibt im Unterschied zu den einzelnen Menschen und den einzelnen Nationen eine geradlinige Bewegung, wie sie in der Generationenfolge beschlossen liegt. Jede neue Generation ist ein »neues Dasein, eine neue Welt« und muß daher »wieder von vorn anfangen«, aber *»auf einer höheren Stufe«*, weil sie ja aus Menschen besteht, die mit Geist, nämlich mit Erinnerung, begabt sind, die die »frühere Erfahrung« »aufbewahrt hat« (Hervorhebung H. A.)[117].

Eine solche Bewegung, in der der zyklische und der geradlinige Zeitbegriff in Form einer *Spirale* versöhnt oder vereinigt sind, gründet sich weder auf die Erfahrung des denkenden Ichs noch des wollenden Ichs; sie ist die über der Erfahrung stehende Bewegung des Weltgeists und bildet Hegels »Geisterreich, das . . . sich in dem Dasein gebildet, [es] macht eine Aufeinanderfolge aus, worin einer den anderen ablöste und jeder das Reich der Welt von dem Vorhergehenden übernahm«[118]. Das ist zweifellos eine höchst geniale Lösung des Problems des Willens und seiner Versöhnung mit dem reinen Denken, doch sie opfert beides – die Erfahrung einer fortdauernden Gegenwart beim denkenden Ich und den Vorrang der Zukunft für das wollende Ich. Mit anderen Worten, sie ist nicht mehr als eine Hypothese.

Und diese Hypothese leuchtet überhaupt nur dann ein, wenn man die Existenz *eines* Weltgeistes annimmt, der die vielen menschlichen Willen regiert und auf einen »Sinn« hinlenkt, der aus dem Bedürfnis der Vernunft erwächst, also psychologisch gesprochen aus dem sehr menschlichen Wunsch, in einer Welt zu leben, die so *ist*, wie sie sein *sollte*. Eine ähnliche Lösung findet sich bei Heidegger, dessen Einsichten in die Beschaffenheit des Wollens unvergleichlich viel tiefer sind und der sich ausdrücklich von diesem Vermögen distanziert, was eigentlich die »Kehre« des späten Heidegger ausmacht: Nicht »der menschliche Wille [ist] der Ursprung des Willens zum Willen«, sondern »der Mensch [ist] vom Willen zum Willen gewollt, ohne das Wesen dieses Wollens zu erfahren«[119].

Vielleicht sind einige fachliche Bemerkungen am Platze angesichts der Hegelrenaissance der letzten Jahrzehnte, in der einige hochqualifizierte Denker eine Rolle gespielt haben. Die Genialität der dialektischen Dreierbewegung – von der These über die Antithese zur Synthese – ist besonders eindrucksvoll, wenn man sie auf den modernen Fortschrittsbegriff anwendet. Hegel selbst glaubte wohl an einen Stillstand in der Zeit, ein Ende der Geschichte, das es dem Geist ermöglichen würde, den ganzen Zyklus des Werdens anzuschauen und zu begreifen; doch für sich genommen, scheint diese dialektische Bewegung einen *unendlichen* Fortschritt zu gewährleisten, da der erste Übergang von einer These zur Antithese bei einer Synthese endet, die alsbald als neue These auftritt. Ursprünglich ist die Bewegung zwar keineswegs eine fortschreitende, sondern läuft in sich selbst zurück; doch hinter diesen Zyklen kommt es zu einer Bewegung von These zu These, einem geradlinigen Fortschritt. Diese Bewegung wäre folgendermaßen zu veranschaulichen:

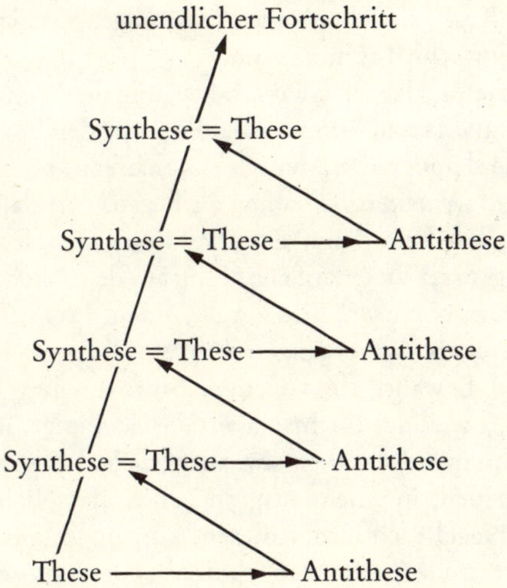

Dieses Schema hat insgesamt den Vorteil, daß es den Fortschritt gewährleistet und ohne Unterbrechung des Zeitkontinuums doch die unbestreitbare historische Tatsache des Aufstiegs und Abstiegs der Kulturen erklären kann. Insbesondere hat das zyklische Element den Vorteil, daß man jedes Ende als neuen Anfang sehen kann: Sein und Nichts »sind dasselbe, Werden . . . Die eine [Richtung] ist Vergehen, Sein geht in Nichts über, aber Nichts ist ebenso sehr das Gegenteil seiner selbst, Übergehen in Sein, Entstehen.«[120] Außerdem stimmt gerade die Unendlichkeit der Bewegung – zwar nicht ganz mit anderen Stellen bei Hegel, aber – völlig mit dem Zeitbegriff des wollenden Ichs und seinem Vorrang der Zukunft vor der Gegenwart und Vergangenheit überein. Der Wille, nicht gezähmt von der Vernunft und ihrem Bedürfnis zum Denken, negiert die Gegenwart (und die Vergangenheit) auch dann, wenn er in der Gegenwart die Verwirklichung seiner eigenen Pläne vor sich hat. Sich selbst überlassen, würde der menschliche Wille »lieber noch das Nichts wollen als nicht wollen«, wie Nietzsche bemerkt[121], und der Begriff eines unendlichen Fortschritts »leugnet« indirekt »jedes Ziel an sich und läßt Ziele nur als Mittel zu, um sich willentlich selbst zu überspielen«[122]. Mit anderen Worten, die berühmte Macht der Negation, die dem Willen innewohnt und als die Triebkraft der Geschichte genommen wird (nicht nur bei Marx, sondern unausgesprochen schon bei Hegel), ist eine zerstörerische Kraft, die ebensogut zu ständiger Vernichtung wie zu unendlichem Fortschritt führen kann.

Der Grund dafür, daß Hegel die Bewegung der Weltgeschichte als *aufsteigende* Linie fassen konnte, die die »List der Vernunft« hinter dem Rücken der handelnden Menschen beschreibt, scheint mir in seiner nie in Frage gestellten Annahme zu liegen, der dialektische Prozeß selbst *beginne* beim Sein, er setze dieses als selbstverständlich voraus (im Gegensatz zu einer Schöpfung aus dem Nichts) und bewege sich dann zum Nichtsein und zum Werden. Das anfängliche Sein verleiht allen weiteren Übergängen ihre Wirklichkeit, ihre Existenzhaftigkeit, und bewahrt sie vor dem Sturz in den Abgrund des Nichtseins. Nur weil des Nichtsein auf das Sein folgt, ist »im Nichtsein die Beziehung auf das Sein enthalten; es ist beides, Sein und die Negation desselben, in einem ausgesprochen, das Nichts, wie es im Werden ist«. Hegel rechtfertigt diesen Ausgangspunkt durch Berufung auf Parmenides und den Anfang der Philosophie (durch »Gleichsetzung von Logik und Geschichte«), womit er stillschweigend die »christliche Metaphysik« ablehnt; doch man braucht nur mit dem Gedanken einer dialektischen Bewegung zu experimentieren, die vom Nichtsein ausgeht, um zu erkennen, daß sich daraus nie ein

Werden ergeben könnte; das am Anfang stehende Nichtsein würde alles Erzeugte vernichten. Darüber ist sich Hegel durchaus im klaren; er weiß, daß seine apodiktische Aussage, »daß es nirgends im Himmel und auf Erden etwas gebe, was nicht beides, Sein und Nichts, in sich enthielte«, auf der festen Voraussetzung des Vorrangs des Seins beruht, die ihrerseits einfach der *Tatsache* entspricht, daß das reine Nichts, das heißt eine Negation, die nicht etwas Bestimmtes negiert, undenkbar ist. Denken kann man nur »ein Nichts, von dem etwas ausgehen soll; das Sein ist also schon im Anfang enthalten« [123].

II

Die Entdeckung des inneren Menschen

7 *Das Wahlvermögen: proairesis, der Vorgänger des Willens*

Bei meiner Erörterung des Denkens sprach ich von »metaphysischen Trugschlüssen«, doch ich versuchte nicht, sie zu widerlegen, als ergäben sie sich einfach aus logischen oder sachwissenschaftlichen Fehlern. Vielmehr versuchte ich ihren Wahrheitsgehalt durch ihre Ableitung aus den wirklichen Erfahrungen des denkenden Ichs in seinem Konflikt mit der Erscheinungswelt aufzuzeigen. Wie wir sahen, zieht sich das denkende Ich zeitweilig von dieser Welt zurück, ohne sie jemals ganz verlassen zu können, weil es in einem körperlichen Selbst wohnt, einer Erscheinung unter Erscheinungen. Für die Schwierigkeiten, mit denen jede Behandlung des Willens zu kämpfen hat, gilt offensichtlich etwas ganz Ähnliches wie für diese Trugschlüsse, nämlich daß sie vorwiegend durch die Beschaffenheit des betreffenden Vermögens selbst entstehen. Doch während die Entdeckung der Vernunft und ihrer Eigenheiten mit der Entdeckung des Geistes am Beginn der Philosophie zusammenfiel, wurde das Vermögen des Willens erst viel später deutlich. Unsere Leitfrage lautet also: Welche Erfahrungen führten den Menschen vor Augen, daß sie zu Willensakten fähig seien?

Verfolgt man die Geschichte eines Vermögens, so kann das leicht als der Versuch mißverstanden werden, die Geschichte einer Idee zu verfolgen – als ginge es uns hier z. B. um die Geschichte des Freiheitsbegriffs, oder als hielten wir den Willen für eine bloße »Idee«, die sich dann in der Tat als ein »künstlicher Begriff« (Ryle) herausstellen könnte, der zur Lösung künstlicher Probleme erfunden wäre [1]. Ideen sind Gedankendinge, geistige Kunstprodukte, die einen bestimmten Produzenten voraussetzen, und wollte man eine Geschichte der Vermögen des Geistes im Unterschied zu seinen Produkten annehmen, so gliche das der Annahme, der Körper des Menschen, der Körper eines Werkzeugmachers und Werkzeuganwenders – das

Hauptwerkzeug ist die menschliche Hand –, sei genauso dem Wandel durch die Erfindung neuer Werkzeuge und Vorrichtungen unterworfen wie die Umwelt, die unsere Hände ständig bearbeiten. Wir wissen, daß dem nicht so ist. Könnte es bei unseren geistigen Vermögen anders sein? Könnte der Geist im Laufe der Geschichte neue Vermögen erwerben?

Der Irrtum, der diesen Fragen zugrunde liegt, beruht auf einer beinahe selbstverständlichen Gleichsetzung des Geistes mit dem Gehirn. Es ist der Geist, der über die Existenz von Gebrauchsgegenständen wie von Gedankendingen entscheidet, und so, wie der Geist des Herstellers von Gebrauchsgegenständen der Geist eines Werkzeugmachers ist, das heißt, der Geist eines Körpers, der mit Händen ausgestattet ist, so ist der Geist, der Gedanken erzeugt und sie zu Gedankendingen oder Ideen reifiziert, der Geist eines Wesens, das mit einem menschlichen Gehirn und dessen Vermögen ausgestattet ist. Das Gehirn, das Werkzeug des Geistes, ist nun ebensowenig dem Wandel durch die Entwicklung neuer geistiger Vermögen unterworfen wie die menschliche Hand durch die Erfindung neuer Geräte oder den ungeheuren greifbaren Wandel, den diese in unserer Umwelt hervorbringen. Doch der menschliche Geist, seine Gegenstände und seine Vermögen, wird sowohl durch Veränderungen in der Welt beeinflußt, deren Sinn er prüft, als auch, und wohl noch einschneidender, durch seine eigenen Tätigkeiten. Diese sind alle reflexiv – am allermeisten, wie wir sehen werden, die Tätigkeiten des wollenden Ichs –, und doch könnten sie niemals richtig arbeiten ohne das unveränderliche Werkzeug der Gehirnfunktion, das kostbarste Geschenk des Körpers an den Menschen.

Unser Problem ist in der Kunstgeschichte wohlbekannt, dort heißt es »das Rätsel des Stils«, nämlich die einfache Tatsache, »daß verschiedene Zeitalter und verschiedene Nationen die sichtbare Welt auf so verschiedene Art dargestellt haben«. Überraschenderweise konnte es dazu ohne irgendwelche physischen Unterschiede kommen, und noch überraschender ist vielleicht, daß wir ohne die geringste Schwierigkeit das dargestellte Wirkliche erkennen, auch wenn wir völlig andere »Darstellungskonventionen« haben [2]. Mit anderen Worten, das, was sich im Laufe der Jahrhunderte ändert, ist der menschliche Geist, und obwohl diese Veränderungen so profiliert sind, daß man die Produkte nach Stil und Herkunftsland sehr genau datieren kann, sind sie auch eindeutig beschränkt durch die unveränderliche Beschaffenheit der Werkzeuge, mit denen der menschliche Körper ausgestattet ist.

Im Zuge dieser Überlegungen wollen wir uns zunächst fragen, wie die griechische Philosophie mit Erscheinungen und Daten der menschlichen Erfahrung umging, die wir aufgrund unserer nachklassischen »Konventionen« dem Willen als der Triebfeder des Handelns zuzuschreiben gewohnt sind. Dazu wenden wir uns Aristoteles zu, und zwar aus zwei Gründen. Da ist einmal die einfache historische Tatsache, daß die Aristotelischen Analysen der Seele einen entscheidenden Einfluß auf alle Philosophen des Willens ausübten – außer auf Paulus, der, wie wir sehen werden, mit bloßen Beschreibungen zufrieden war und nicht über seine Erfahrungen »philosophieren« wollte. Und da ist zweitens die ebenso unbezweifelbare Tatsache, daß kein anderer griechischer Philosoph dem Erkennen jenes schon erwähnten merkwürdigen blinden Flecks in der griechischen Sprache und im griechischen Denken so nahe war, so daß Aristoteles als Musterbeispiel dafür dienen kann, wie bestimmte psychologische Probleme gelöst werden konnten, ehe der Wille als ein selbständiges Vermögen des Geistes entdeckt war.

Aristoteles geht bei seinen Überlegungen zu dieser Sache von der antiplatonischen Erkenntnis aus, daß die Vernunft an sich überhaupt nichts in Bewegung setzt[3]. Daher lautet die Leitfrage seiner Untersuchungen: »Was in der Seele gibt den Anstoß zur Bewegung?«[4] Aristoteles gibt der Platonischen Vorstellung recht, daß die Vernunft Befehle gebe (keleuei), weil sie weiß, was man tun und was man lassen sollte, doch er bestreitet, daß diese Befehle auf jeden Fall befolgt werden. Der haltlose Mensch (ein Musterbeispiel in diesen ganzen Untersuchungen) folgt seinen Begierden ohne Rücksicht auf die Befehle der Vernunft. Doch man kann diesen Begierden auch im Namen der Vernunft widerstehen. Daher besitzen auch sie keine zwingende Kraft: für sich genommen, rufen sie keine Bewegung hervor. Hier beschäftigt sich Aristoteles mit einer Erscheinung, die später, nach der Entdeckung des Willens, als der Unterschied zwischen Wille und Neigung gefaßt wird. Sie wurde zum Eckpfeiler der Kantischen Ethik, tauchte aber zum erstenmal in der mittelalterlichen Philosophie auf – etwa in Form von Meister Eckharts Unterscheidung zwischen »der Neigung zum Sündigen und dem Willen zum Sündigen, wobei die Neigung keine Sünde ist«, womit die Frage der schlechten Tat selbst völlig ausgeklammert wird: »Täte ich nie Böses, hätte aber den Willen zum Bösen . . . so ist es ebenso große Sünde, als hätte ich alle Menschen getötet, obwohl ich gar nichts getan habe.«[5]

Doch bei Aristoteles behält die Begierde einen Vorrang beim Hervorrufen von Bewegung, die durch ein Zusammenspiel von Vernunft und Begierde zustandekommt. Der Wunsch nach einem nicht vorhandenen Gegenstand ruft die Vernunft auf den Plan, auf daß sie die besten Mittel und Wege zu seiner Erlangung ermittle. Diese rechnende Vernunft nennt er »nous praktikos«, die praktische Vernunft, im Unterschied zum »nous theōrētikos«, der spekulativen oder reinen Vernunft; die erste befaßt sich nur mit dem, was ausschließlich von den Menschen abhängt (eph' hēmin), mit dem, was in ihrer Macht steht und somit kontingent ist (sein oder nicht sein kann), die reine Vernunft dagegen nur mit Dingen, die der Mensch nicht verändern kann.

Unter gewissen Bedingungen ist die Begierde auf die Hilfe der praktischen Vernunft angewiesen. »Die Begierde steht unter dem Einfluß des Vorhandenen«, also leicht Erreichbaren – das deutet schon das Wort für Appetit oder Begierde an: »orexis«, das von »oregō« herkommt und ursprünglich soviel bedeutet wie die Hand nach etwas Nahem ausstrecken. Nur wenn die Erfüllung eines Begehrens in der Zukunft liegt und den Zeitfaktor in Betracht ziehen muß, dann wird die praktische Vernunft von ihm gebraucht und aufgerufen. Die Haltlosigkeit entsteht durch die Macht der Begierde nach dem Zuhandenen, und hier schaltet sich die praktische Vernunft um der zukünftigen Folgen willen ein. Doch die Menschen begehren nicht nur das nahe Zuhandene; sie können sich auch Gegenstände des Begehrens vorstellen, zu deren Erreichung sie die geeigneten Mittel erwägen müssen. Dieser zukünftige vorgestellte Gegenstand des Begehrens ruft die praktische Vernunft auf den Plan; für die sich ergebende Bewegung, die Handlung selbst, ist der erstrebte Gegenstand der Anfang, für die Abwägung dagegen ist er das Ende der Bewegung.

Anscheinend fand Aristoteles selbst diese Skizze der Beziehung zwischen Vernunft und Begierde als Erklärung des menschlichen Handelns unbefriedigend. Sie stützt sich, wenn auch mit gewissen Abänderungen, immer noch auf Platons Dichotomie von Vernunft und Begierde. Im frühen »Protreptikos« hatte sie Aristoteles so gedeutet: »Ein Teil der Seele ist die Vernunft. Sie ist der natürliche Herrscher und Richter über das, was uns angeht. Der andere Teil ist so beschaffen, daß er ihr folgt und sich ihrer Herrschaft unterwirft.«[6] Wir werden später sehen, daß es zu den Haupteigenschaften des Willens gehört, Befehle zu geben. Bei Platon konnte die Vernunft diese Aufgabe selbst übernehmen, weil davon ausgegangen wird, daß die Vernunft mit der Wahrheit zu tun habe, und die Wahrheit ist in der

Tat etwas Zwingendes. Doch die Vernunft selbst führt zwar zur Wahrheit, aber sie befiehlt nicht, sondern überzeugt in dem stummen denkenden Zwiegespräch des Menschen mit sich selbst; nur wer nicht denken kann, muß gezwungen werden.

In der menschlichen Seele wird die Vernunft ein »herrschendes« und befehlendes Prinzip nur wegen der Begierden, die blind und vernunftlos sind und daher angeblich auch blind gehorchen. Dieser Gehorsam ist notwendig für die Ruhe des Geistes, für die ungestörte Harmonie zwischen den Zwei-in-einem, die durch das Axiom der Widerspruchsfreiheit gewährleistet ist – widersprich dir nicht selbst, bleibe dein eigener Freund: »Alle freundschaftlichen Gefühle gegenüber anderen sind eine Erweiterung der freundschaftlichen Gefühle gegenüber sich selbst.«[7] Fügen sich die Begierden nicht den Befehlen der Vernunft, so hat man nach Aristoteles den »schlechten Menschen« vor sich, der sich selbst widerspricht und »in sich gespalten« ist (diapherein). Böse Menschen »meiden das Leben und töten sich selbst«, sie können sich selbst nicht ertragen, oder sie »suchen Menschen, mit denen sie zusammenleben können; sich selbst aber fliehen sie. Denn sie erinnern sich an vieles Schreckliche . . ., wenn sie allein sind; wenn sie aber mit anderen sind, vergessen sie es. Sie empfinden auch keine Freundschaft zu sich selbst . . . ihre Seele ist in Aufruhr . . . sie wird hin und her gezogen und wie auseinandergerissen. . . . Die schlechten Menschen sind übervoll von Reue.«[8]

Diese Beschreibung des inneren Konflikts zwischen der Vernunft und den Begierden kann vielleicht das Verhalten erklären – hier das Verhalten oder besser Fehlverhalten des Haltlosen. Sie erklärt aber nicht das Handeln, den Gegenstand der Aristotelischen Ethik, denn das Handeln ist nicht bloß die Ausführung der Befehle der Vernunft; es ist selbst eine vernünftige Tätigkeit, zwar nicht der »theoretischen Vernunft«, sondern dessen, was in der Abhandlung »Über die Seele« als »nous praktikos«, als praktische Vernunft bezeichnet wird. In den ethischen Abhandlungen heißt sie »phronēsis«, eine Art Erkenntnis und Verstehen dessen, was für die Menschen gut oder schlecht ist, eine Art Lebensklugheit – weder Weisheit noch Schlauheit –, die im menschlichen Leben gebraucht wird, die Sophokles nach dem Usus dem Alter zuschreibt[9] und die Aristoteles begrifflich erfaßt hat. Phronēsis ist immer nötig, wenn es um etwas geht, was mit menschlichen Mitteln erreicht oder verfehlt werden kann.

Dieser praktische Sinn leitet auch die Produktion und die Künste. Doch diese sind »nicht Zweck an sich«, während «das Handeln

Zweck an sich ist«[10]. Es gibt die eupraxia, die wohlgetane Handlung, und diese zählt dann, unabhängig von ihren Folgen, zu den aretai, den Aristotelischen Tugenden. Auch solche Handlungen werden nicht von der Vernunft, sondern von der Begierde in Gang gesetzt, aber nicht von der Begierde nach einem Gegenstand, einem »Was«, das man anfassen, an sich nehmen und als Mittel zu einem weiteren Zweck wiederverwenden kann; vielmehr handelt es sich um ein Begehren nach einem »Wie«, einer Art der Ausführung, einer guten Erscheinung in der Gesellschaft – dem Ort, an dem sich das menschliche Leben abspielt. Sehr viel später, aber noch völlig im Aristotelischen Geiste, hatte Plotin folgendes zu sagen (in der Formulierung eines heutigen Interpreten): »Was tatsächlich in der Macht des Menschen steht, in dem Sinne, daß es ausschließlich von ihm abhängt . . . das ist die Qualität seines Verhaltens, to kalōs; muß der Mensch kämpfen, so hat er immer noch die Freiheit, es tapfer oder feige zu tun.«[11]

Das Handeln in dem Sinne, wie der Mensch erscheinen möchte, bedarf einer wohlüberlegten Vorausplanung, wofür Aristoteles einen neuen Ausdruck prägt, »proairesis«, die Wahl im Sinne des Vorziehens einer von mehreren Möglichkeiten. Die archai, die Anfänge und Grundsätze, dieser Wahl sind Begierde *und* logos: der logos liefert uns den Zweck, auf den hin wir handeln; die Wahl wird der Anfangspunkt der Handlungen selbst[12]. Das Wählenkönnen ist eine Zwischenfähigkeit, gewissermaßen in die frühere Dichotomie von Vernunft und Begierde eingefügt, und ihre Hauptfunktion ist die Vermittlung zwischen diesen.

Das Gegenteil der überlegten Wahl oder Präferenz ist pathos, die Leidenschaft oder Emotion, wie wir sagen würden, bei der man von etwas angetrieben ist, was man erleidet. (So kann jemand einen Ehebruch aus Leidenschaft begangen haben und nicht, weil er ihn bewußt der Keuschheit vorgezogen hätte; er »kann gestohlen haben, ohne aber ein Dieb zu sein«[13].) Das Wahlvermögen ist immer notwendig, wenn Menschen auf einen Zweck hin handeln (heneka tinos), da man die Mittel wählen muß, doch der Zweck selbst, das Endziel der Handlung, um dessentwillen sie überhaupt unternommen wurde, unterliegt keiner Wahl. Das Endziel der menschlichen Handlungen ist eudaimonia, das Glück im Sinne des »guten Lebens«, das sich alle Menschen wünschen; alle Handlungen sind bloß verschiedene Mittel, die man erwählt hat, um es zu erreichen. (Die Beziehung zwischen Mitteln und Zwecken, sei es beim Handeln oder beim Produzieren, ist die, daß alle Mittel gleichermaßen durch ihre Zwecke gerechtfertigt werden; das spezifisch moralische Problem des Verhältnisses von Mitteln und Zwecken – ob alle Mittel durch den Zweck gerechtfertigt sind – wird von Aristoteles nicht einmal erwähnt.) Das vernünftige Element bei der Wahl heißt »Überlegung«, und sie richtet sich nie auf Ziele, sondern auf die Mittel zu ihrer Erreichung[14]. »Niemand nimmt sich vor, glückselig zu sein, sondern Geld zu erwerben und Gefahren zu bestehen um der Glückseligkeit willen.«[15]

In der »Eudemischen Ethik« erklärt Aristoteles konkreter, warum er es für nötig hielt, ein neues Vermögen in die alte Dichotomie einzufügen und so den alten Streit zwischen Vernunft und Begierde zu schlichten. Er benutzt als Beispiel die Haltlosigkeit: Alle Menschen stimmen darin überein, daß die Haltlosigkeit schlecht und nichts Begehrenswertes sei; die Mäßigkeit oder sō-phrosynē – das, was die praktische Vernunft (phronēsis) bewahrt (sōzein) – ist das naturgegebene Kriterium aller Handlungen. Folgt der Mensch seinen Begierden, die für die künftigen Folgen blind sind, verfällt er also der Haltlosigkeit, so ist es, als ob »derselbe zugleich freiwillig [d. h. absichtlich] und unfreiwillig [d. h. entgegen seinen Absichten] handelte«, und das, so Aristoteles, »ist unmöglich«[16].

Proairesis ist die Lösung des Widerspruchs. Blieben Vernunft und Begierde unvermittelt, in ihrer nackten natürlichen Entgegensetzung, so müßte man zu dem Ergebnis kommen, daß der Mensch unter dem Druck der beiden widerstreitenden Tendenzen »sich gewaltsam von den Begierden . . . zurückreißt«, wenn er beherrscht bleibt, und »gewaltsam der Überlegung entgegenhandelt«, wenn die Begierde ihn überwältigt. Doch in keinem Falle liegt eine solche Gewaltsamkeit vor; beide Handlungen geschehen absichtlich, und wenn »die Quelle innen liegt, handelt es sich nicht um Gewalt«[17]. In Wirklichkeit geschieht folgendes: Da Vernunft und Begierde im Widerstreit miteinander liegen, ist die Entscheidung zwischen ihnen eine Sache des »Vorziehens«, der bewußten Wahl. Es tritt die Vernunft dazwischen, nicht der nous, der mit Dingen zu tun hat, die ewig sind und nicht anders sein können, als sie sind, sondern dianoia oder phronēsis, die mit Dingen zu tun haben, die in unserer Macht stehen, und nicht mit Wünschen oder Vorstellungen, die sich auf Dinge erstrecken mögen, die wir nie erreichen können, so etwa, wenn wir Götter oder unsterblich sein möchten.

Proairesis, das Wahlvermögen, ist, so möchte man wohl sagen, der Vorläufer des Willens. Es eröffnet einen ersten, eng begrenzten Raum für den menschlichen Geist, der ohne es zwei einander entgegengerichteten zwingenden Kräften ausgeliefert wäre: auf der einen Seite der evidenten Wahrheit, die anzuerkennen oder abzulehnen man nicht die Freiheit hat, und auf der anderen Seite der Macht der Leidenschaften und Begierden, in denen uns gewissermaßen die Natur überwältigt, falls uns nicht die Vernunft »zurückreißt«. Doch der Spielraum für die Freiheit ist sehr eng. Wir stellen Erwägungen nur über *Mittel* zu einem Zweck an, den wir als gegeben hinnehmen, den wir nicht wählen können. Niemand überlegt und wählt dann Gesundheit oder Glück als sein Ziel, wenn er auch vielleicht über Gesundheit oder Glück nachdenkt; die Ziele liegen in der menschlichen Natur und sind für alle die gleichen[18]. Bezüglich der Mittel »muß man manchmal ermitteln, worin sie bestehen, und manchmal, wie sie anzuwenden oder wie sie zu erlangen sind«[19]. Auch die Mittel und nicht bloß die Ziele sind also gegeben, und unsere freie Wahl besteht nur in einer »vernünftigen« Auswahl zwischen ihnen; proairesis ist der Schiedsrichter zwischen verschiedenen Möglichkeiten.

Im Lateinischen heißt das Aristotelische Wahlvermögen liberum arbitrium. Immer, wenn man in mittelalterlichen Diskussionen über den Willen auf diesen Ausdruck stößt, ist nicht ein spontanes Vermögen gemeint, etwas Neues anzufangen, und auch kein selbständiges Vermögen, das seiner eigenen Beschaffenheit und seinen eigenen Gesetzen folgte. Das groteskeste Beispiel ist Buridans Esel: das arme Tier wäre zwischen zwei gleich weit entfernten und gleich anziehend riechenden Heuhaufen verhungert, weil keine Überlegung ihm einen Grund geliefert hätte, einen davon vorzuziehen, und es blieb nur deshalb am Leben, weil es klug genug war, auf die freie Wahl zu verzichten, sich seiner Begierde zu überlassen und zu ergreifen, was erreichbar war.

Das liberum arbitrium ist weder spontan noch autonom. Die letzten Spuren eines Schiedsrichters zwischen Vernunft und Begierde finden sich noch bei Kant, dessen »guter Wille« sich in einem merkwürdigen Dilemma befindet: er ist entweder »gut ohne Einschränkung«, und dann ist er völlig autonom, hat aber keine Wahl; oder er erhält sein Gesetz – den kategorischen Imperativ – von der »praktischen Vernunft«, die dem Willen sagt, was er zu tun hat, und hinzufügt: Mach für dich keine Ausnahme, beachte das Axiom der Widerspruchsfreiheit, das seit Sokrates das stumme Zwiegespräch des Denkens beherrscht. Der Wille ist bei Kant in der Tat »praktische Vernunft«[20] ganz im Sinne des Aristotelischen nous praktikos; er bezieht seine Verbindlichkeit aus dem Zwang, den evidente Wahrheit oder logisches Denken auf den Geist ausüben. Deshalb behauptet Kant immer wieder, jedes »du sollst«, das nicht von außen kommt, sondern im Geiste selbst entsteht, ziehe ein »du kannst« nach sich. Es geht offenbar um die Überzeugung, daß alles, was von uns abhängt und nur uns betrifft, in unserer Macht stehe, und diese Grundüberzeugung haben Aristoteles und Kant gemeinsam, wenn sie auch die Bedeutung des Reiches der menschlichen Verhältnisse sehr verschieden einschätzen. Erst dann wird die Freiheit zum Problem und der Wille als unabhängiges, autonomes Vermögen entdeckt, wenn die Menschen das Zusammenfallen des Du-sollst und des Ich-kann zu bezweifeln beginnen, wenn sich die Frage erhebt: *Steht alles, was nur mich betrifft, auch in meiner Macht?*

8 *Der Apostel Paulus und die Ohnmacht des Willens*

Die erste und grundlegende Antwort auf die Frage, die ich zu Beginn dieses Kapitels stellte – welche Erfahrungen den Menschen vor Augen führen, daß sie zu Willensakten fähig seien –, lautet, daß diese – ursprünglich jüdischen – Erfahrungen keine politischen waren und nichts mit der Welt zu tun hatten, weder mit der Welt der Erscheinungen und der Stellung des Menschen in ihr noch mit dem Reich der menschlichen Angelegenheiten, dessen Existenz auf Taten und Handlungen beruht; sondern daß sie völlig im Inneren des Menschen lagen. Die Erfahrungen, die für den Willen von Bedeutung sind, haben die Menschen nicht nur mit, sondern auch *in* sich selbst.

Derartige Erfahrungen waren in der griechischen Antike keineswegs unbekannt. Im ersten Band behandelte ich ziemlich ausführlich die Sokratische Entdeckung des Zwei-in-einem, die man heute »Bewußtsein« nennen würde und die ursprünglich die Funktion dessen hatte, was wir heute »Gewissen« nennen. Wir sahen, wie dieses Zwei-in-einem als reine Bewußtseinstatsache aktualisiert und artikuliert wurde in dem »stummen Zwiegespräch«, das wir seit Platon »Denken« nennen. Dieses denkende Zwiegespräch des Menschen mit sich selbst findet nur in der Einsamkeit statt, im Rückzug von der Erscheinungswelt, in der man gewöhnlich mit anderen zusammen ist und sich selbst wie auch ihnen als Einer erscheint. Doch die Innerlichkeit des Zwiegesprächs des Denkens, die aus der Philosophie das Hegelsche »einsame Geschäft« macht (obwohl es sich seiner selbst bewußt ist – Descartes' »cogito me cogitare«, Kants »Ich denke«, das stillschweigend alle meine Handlungen begleitet), hat thematisch nicht mit dem Selbst zu tun, sondern im Gegenteil mit den Erfahrungen und Fragen, die dieses Selbst, eine Erscheinung unter Erscheinungen, als der Untersuchung bedürftig empfindet. Diese meditierende Untersuchung alles Gegebenen kann gestört werden durch die Notwendigkeiten des Lebens, durch die Anwesenheit anderer, durch alle möglichen dringenden Geschäfte. Doch nichts von alledem, was die Tätigkeit des Geistes stört, entspringt aus diesem selbst, denn die Zwei-in-einem sind Freunde und Partner, und die Bewahrung dieser »Harmonie« ist die wichtigste Sorge des denkenden Ichs.

Die Entdeckung des Apostels Paulus, die er im Römerbrief (der zwischen 54 und 58 n. Chr. entstand) sehr eingehend beschreibt, betrifft wiederum ein Zwei-in-einem, aber jetzt sind es keine Freunde oder Partner, sondern ständige Kampfhähne. Gerade dann, wenn er »will das Gute (to kalon) tun«, findet er, daß ihm »das Böse anhangt« (7,21), »denn ich wußte nichts von der Lust, wo das Gesetz nicht hätte gesagt: ›Laß dich nicht gelüsten!‹ Da nahm aber die Sünde Ursache am Gebot und erregte in mir allerlei Lust; denn ohne das Gesetz war die Sünde tot« (7,7–8).

Die Funktion des Gesetzes ist zwiespältig: es ist gut, »auf daß [die Sünde] erscheine, wie sie Sünde ist« (7,13), doch da es befiehlt, »erregt« es »allerlei Lust« und läßt »die Sünde wieder lebendig« werden. »Es fand sich, daß das Gebot mir zum Tode gereichte, das mir doch zum Leben geben war« (7,8–10). Das Ergebnis: »Ich weiß nicht, was ich tue. [»Ich bin mir selbst zur Frage geworden.«] Denn ich tue nicht, was ich will; sondern, was ich hasse, das tue ich« (7,15). Und der springende Punkt ist, daß dieser innere Konflikt niemals im Sinne des Gehorsams gegenüber dem Gesetz oder der Hingabe an die Sünde gelöst werden kann; diese innere »Verderbtheit« kann nach Paulus nur durch die Gnade unverdientermaßen behoben werden. Solche Erkenntnis war »blitzartig« dem Mann aus Tarsus namens Saul aufgegangen, der von sich sagt, er »eiferte über die Maßen« (Galater 1,14) und sei »ein Pharisäer gewesen, welches ist die strengste Sekte unseres Gottesdienstes« (Apostelgeschichte 26,5). Er wollte »Gerechtigkeit« (dikaiosynē), doch die Gerechtigkeit, nämlich zu »bleiben in alledem, das geschrieben steht in dem Buch des Gesetzes, daß er's tue« (Galater 3,10), ist unmöglich; das ist der »Fluch des Gesetzes«, und »so durch das Gesetz die Gerechtigkeit kommt, so ist Christus vergeblich gestorben« (Galater 2,21).

Doch das ist nur eine Seite der Sache, Paulus wurde nicht nur deshalb der Gründer der christlichen Religion, weil ihm, wie er selbst sagt, »[an]vertraut war das Evangelium an die Heiden« (Galater 2,7), sondern auch, weil er überall die »Auferstehung der Toten« predigte (Apostelgeschichte 24,21). Für ihn steht – in scharfem und nicht zu übersehendem Unterschied zu den Evangelien – nicht Jesus von Nazareth mit seiner Lehre und seinen Taten im Mittelpunkt, sondern Christus, der Gekreuzigte und Auferstandene. Dem entspringt seine neue Lehre, die «den Juden ein Ärgernis und den Griechen eine Torheit« wurde (1.Korinther 1,23).

Die Sorge um das ewige Leben, die damals im römischen Reiche allgemein verbreitet war, trennt das neue Zeitalter scharf von der Antike und wird zu dem Band, das die vielen neuen östlichen Kulte synkretistisch verbindet. Nicht, daß des Paulus Sorge um die individuelle Auferstehung jüdischen Ursprungs gewesen wäre; die Juden empfanden die Unsterblichkeit nur für das ganze Volk als notwendig und schrieben sie nur ihm zu. Der einzelne war damit zufrieden, in seinen Nachkommen weiterzuleben, und er war es auch zufrieden, alt und «lebenssatt« zu sterben. Und in der antiken Welt, der römischen wie der griechischen, strebte man nur nach *einer* Unsterblichkeit, der Unvergessenheit des großen Namens und der großen Tat und somit der Institutionen – der polis oder civitas –, die ein ununterbrochenes Gedächtnis gewährleisten konnten. (Wenn Paulus sagt: »Der Tod ist der Sünde Sold« (Römer 6,23), so dachte er vielleicht an die Worte Ciceros, daß die Menschen zwar sterben müßten, daß aber die Gesellschaften (civitates) als ewig angelegt seien und nur infolge ihrer Sünden untergingen.) Hinter den vielen neuen Glaubensformen stand zweifellos die gemeinsame Erfahrung einer absteigenden, womöglich einer sterbenden Welt; und die »frohe Botschaft« des Christentums sagte mit ihren eschatologischen Seiten ganz klar: Ihr, die ihr glaubtet, die Menschen stürben, die Welt aber sei ewig, braucht nur umzukehren zu dem Glauben, daß die Welt endet, ihr selbst aber das ewige Leben haben werdet. Dann freilich gewinnt die Frage der »Gerechtigkeit«, nämlich ob man dieses ewigen Lebens würdig sei, eine völlig neue, persönliche Bedeutung.

Die Beschäftigung mit der persönlichen, individuellen Unsterblichkeit erscheint auch in den Evangelien, die alle im letzten Drittel des 1. Jahrhunderts entstanden. Jesus wird häufig gefragt: »Was muß ich tun, damit ich das ewige Leben ererbe?« (z. B. Lukas 10,25), doch Jesus scheint nicht die Auferstehung gepredigt zu haben. Vielmehr sagte er, wenn die Menschen täten, was er sie heiße – »Gehet hin und tuet desgleichen« oder »Folget mir nach« –, dann »ist das Reich Gottes inwendig in euch« (Lukas 17,21) oder »ist zu euch gekommen« (Matthäus 12,28). Wenn die Menschen weiter in ihn drangen, so war seine Antwort immer dieselbe: Erfülle das Gesetz, wie du es kennst, *und* »verkaufe alles, was du hast, und gib's den Armen« (Lukas 18,22). Der Stachel der Lehre Jesu liegt in diesem »und«, das das bekannte und anerkannte Gesetz auf die in ihm liegende Spitze trieb. Das muß er gemeint haben, wenn er sagte: »Ich bin nicht gekommen, [das Gesetz] aufzulösen, sondern [es] zu erfüllen« (Matthäus 5,17). Also nicht »Liebe deinen Nächsten«, sondern »Liebet eure Feinde«; »Wer dich schlägt auf einen Backen, dem biete den anderen auch dar«; »Wer dir den Mantel nimmt, dem wehre nicht auch den Rock«. Kurz, nicht »Was du nicht willst, das man dir tu, das füg auch keinem andern zu«, sondern »Wie ihr wollt, daß euch die Leute tun sollen, also tut ihnen gleich auch ihr« (Lukas 6,27–31) – gewiß die radikalste mögliche Form des »Liebe deinen Nächsten *wie dich selbst*«.

Paulus war sich gewiß der radikalen Wendung bewußt, die das alte Gebot der Gesetzeserfüllung in der Lehre Jesu von Nazareth genommen hatte. Und vielleicht ging ihm plötzlich auf, daß darin die einzige wahre Erfüllung des Gesetzes lag, worauf er erkannte, daß diese Erfüllung menschliche Kraft überstieg: sie führte zu einem Ich-will-aber-kann-*nicht*, obwohl Jesus selbst keinem seiner Jünger jemals gesagt zu haben scheint, er könne nicht tun, was er tun wolle. Doch schon bei Jesus gibt es ein neues Gewicht des inneren Lebens. Er wäre zwar nicht so weit gegangen wie Eckhart mehr als tausend Jahre später, der da sagte, der Wille zum Handeln genüge, um »das ewige Leben zu erwerben«, denn »vor Gott ist der Wille, nach meiner Fähigkeit zu handeln, und das Handeln dasselbe«. Doch wenn Jesus betont: »Du sollst dich nicht lassen gelüsten« – das einzige der zehn Gebote, das mit einem inneren Leben zu tun hat – so weist das in jene Richtung: »Wer ein Weib ansieht, ihrer zu begehren, der hat schon . . . die Ehe gebrochen in seinem Herzen« (Matthäus 5, 28). Ähnlich Eckhart: Wer den Willen zum Töten hat, ohne jemals einen Menschen zu töten, der hat keine geringere Sünde begangen, als wenn er die gesamte Menschheit getötet hätte[21].

Noch größere Bedeutung hat vielleicht Jesu Predigt gegen die Scheinheiligkeit als die Sünde der Pharisäer, und seine Skepsis gegenüber der Erscheinung: »Was siehest du aber einen Splitter in deines Bruders Auge, und des Balkens in deinem Auge wirst du nicht gewahr?« (Lukas 6, 41). Und die Schriftgelehrten »wollen einhertreten in langen Kleidern und lassen sich gerne grüßen auf dem Markte« (Lukas 20,46), ein Problem, das den Gesetzestreuen nicht unbekannt gewesen sein muß. Die Schwierigkeit ist die: was man auch Gutes tut, allein indem es anderen oder einem selbst erscheint, löst es Selbstzweifel aus[22]. Jesus wußte das: »Laß deine linke Hand nicht wissen, was die rechte tut« (Matthäus 6,3), das heißt: lebe in der Verborgenheit, auch vor dir selbst, und bemühe dich nicht, gut zu *sein* – »Niemand ist gut denn der einige Gott« (Lukas 18,19). Doch diese liebenswerte Sorglosigkeit ließ sich nicht mehr durchhalten, als Gutes tun *und gut sein* die Voraussetzung für die Überwindung des Todes und die Gewinnung des ewigen Lebens geworden waren.

Wenn man also zu Paulus übergeht, so verlagert sich der Schwerpunkt völlig vom Tun zum Glauben, vom äußeren Menschen, der in einer Welt der Erscheinungen lebt (selbst eine Erscheinung unter Erscheinungen und daher dem Schein und der Täuschung unterworfen), auf eine Innerlichkeit, die sich definitionsgemäß nie eindeutig zeigt und nur von einem Gott geprüft werden kann, der ebenfalls nie eindeutig erscheint. Die Wege dieses Gottes sind verborgen. Für die Heiden war seine Haupteigenschaft die Unsichtbarkeit; für Paulus selbst aber war das Unergründlichste dies: »Die Sünde war wohl in der Welt [vor dem] Gesetz; aber wo kein Gesetz ist, da achtet man der Sünde nicht« (Römer 5,13), und so ist dies durchaus möglich: »Die Heiden, die nicht haben nach der Gerechtigkeit getrachtet, haben die Gerechtigkeit erlangt . . . Israel aber hat dem Gesetz der Gerechtigkeit nachgetrachtet, und hat das Gesetz der Gerechtigkeit nicht erreicht« (Römer 9,30–31). Daß das Gesetz unerfüllbar sei, daß der Wille zu seiner Erfüllung einen anderen Willen wachrufe, den Willen zur Sünde, und daß der eine Wille nie ohne den anderen sei – davon handelt Paulus im Römerbrief.

Paulus spricht freilich nicht von zwei Willen, sondern von zwei Gesetzen – dem Gesetz des Geistes, das ihn Wohlgefallen haben läßt am Gesetz Gottes im »inwendigen Menschen«, und dem Gesetz seiner »Glieder«, das ihn tun heißt, was er in seinem Innersten selbst haßt (Römer 7,22f.). Das Gesetz selbst wird verstanden als die Stimme eines Herrn, die Gehorsam fordert; das Du-sollst des Gesetzes verlangt und erwartet eine freiwillige Unterwerfung, ein zustimmendes Ich-will. Das alte Gesetz sagt: du sollst das und das tun; das neue Gesetz sagt: du sollst *wollen*. Der Wille wurde entdeckt aufgrund der Erfahrung eines Imperativs, der *freiwillige* Unterwerfung forderte, und in dieser Erfahrung lag eine wundersame Freiheit beschlossen, die keinem der antiken Völker – Griechen, Römern oder Juden – bewußt gewesen war, nämlich daß es im Menschen ein Vermögen gibt, durch das er, unabhängig von Notwendigkeit und Zwang, ja oder nein sagen kann, das tatsächlich Gegebene anerkennen oder ablehnen kann, auch sein eigenes Selbst und seine Existenz; und daß dieses Vermögen bestimmen kann, was er tun wird.

Doch dieses Vermögen ist etwas merkwürdig Paradoxes. Es wird durch einen Imperativ wachgerufen, der nicht nur sagt »Du sollst« – wie wenn der Geist zum Körper spricht und, wie Augustinus es später ausdrückte, der Körper sofort und gewissermaßen geist-los gehorcht –, sondern der sagt: »Du *sollst wollen*«, und das bedeutet bereits, daß ich, was immer ich letzten Endes tue, antworten kann: ich will, oder: ich will nicht. Das Gebot selbst, das Du-sollst, stellt mich vor die Wahl zwischen einem Ich-will und einem Ich-will-nicht, d. h., theologisch gesprochen, zwischen Gehorsam und Ungehorsam. (Der Ungehorsam wurde bekanntlich später zur Todsünde par excellence und der Gehorsam, der Grundkern der christlichen Ethik, zur »Tugend aller Tugenden« (Eckhart), die sich übrigens im Unterschied zur Armut und Keuschheit schwerlich aus der Lehre und Predigt Jesu von Nazareth herleiten läßt.) Hätte der Wille nicht die Möglichkeit, nein zu sagen, so wäre er kein Wille mehr; und gäbe es nicht einen *Gegenwillen* in mir, der gerade durch das Gebot des Du-sollst wachgerufen wird, würde nicht, mit Paulus zu reden, »die Sünde in mir wohnen« (Römer 7,20), so brauchte ich überhaupt keinen Willen.

Ich sprach oben von der Reflexivität der Geistestätigkeiten: dem cogito me cogitare, dem volo me velle (und selbst das Urteilen, das wenigst reflexive der drei, wirkt auf sich selbst zurück). Später werden wir erkennen, daß diese Reflexivität nirgends stärker ist als beim wollenden Ich; es geht darum, daß jedes Ich-will aus einer natürlichen Neigung zur Freiheit enspringt, aus der natürlichen Abneigung des freien Menschen, jemandem untertan zu sein. Der Wille wendet sich stets an sich selbst; wenn das Gebot sagt: du sollst, so antwortet der Wille: du sollst *wollen*, was das Gebot sagt – und nicht gedankenlos Befehle ausführen. In diesem Augenblick beginnt der innere Kampf, denn der wachgerufene Gegenwille hat gleiche Befehlsgewalt. Wenn es also heißt: »Die mit des Gesetzes Werken umgehen, die sind unter dem Fluch« (Galater 3,10), so ist der Grund dafür nicht nur das Ich-will-und-kann-*nicht*, sondern auch die Tatsache, daß dem Ich-will sofort ein Ich-will-nicht entgegentritt, so daß selbst im Falle des Gehorsams und der Erfüllung des Gesetzes dieser innere Widerstand bleibt.

In dem Kampf zwischen dem Ich-will und dem Ich-will-nicht kann der Ausgang nur von einer Handlung abhängen – wenn die Werke nicht mehr zählen, ist der Wille hilflos. Und da der Konflikt zwischen dem Wollen und dem Nichtwollen besteht, kommt nirgends irgendeine Überzeugungskraft ins Spiel wie bei dem alten Konflikt zwischen der Vernunft und den Begierden. Denn das Phänomen selbst – »Das Gute, das ich will, das tue ich nicht, sondern das Böse, das ich nicht will, das tue ich« (Römer 7,19) – ist natürlich nicht neu. Fast die gleichen Worte finden sich bei Ovid: »Ich sehe, was besser ist, und billige es; ich folge aber dem Schlechteren«[23], und das ist wahrscheinlich eine Übersetzung der berühmten Stelle in der »Medea« des Euripides (Zeilen 1078–1080): »Ich weiß wohl, welches Übel ich zu tun vorhabe; aber stärker als meine Überlegungen (bouleumata) ist mein thymos (was mich antreibt), diese Ursache der größten Übel unter den Sterblichen.« Euripides und Ovid hätten vielleicht die Schwäche der Vernunft angesichts des leidenschaftlichen Antriebs der Begierden beklagt, und Aristoteles wäre vielleicht noch einen Schritt weiter gegangen und hätte einen Widerspruch in der Wahl des Schlechteren erkannt, welcher Akt ihm seine Definition des »schlechten Menschen« lieferte, doch keiner von ihnen hätte das Phänomen einer freien Entscheidung des Willens zugeschrieben.

Der Wille, der da gespalten ist und auf der Stelle seinen eigenen Gegenwillen hervorbringt, bedarf der Versöhnung, muß wieder eins werden. Wie das Denken hat auch das Wollen das Eine in ein Zwei-in-einem gespalten, doch für das denkende Ich wäre eine »Versöhnung« der Spaltung das Schlimmste, was geschehen könnte; es würde dem Denken überhaupt ein Ende setzen. Nun, man möchte nur allzu gerne zu dem Schluß kommen, die göttliche Gnade, bei Paulus die Lösung für die Verderbtheit des Willens, setze den Willen faktisch außer Kraft, indem sie ihm durch ein Wunder seinen Gegenwillen nehme. Doch das ist nicht mehr eine Frage von Willensakten, denn um die Gnade kann man sich nicht bemühen; das Heil »liegt nicht an jemandes Wollen oder Laufen, sondern an Gottes Erbarmen«, und »so erbarmt er sich nun, welches er will, und verstockt, welchen er will« (Römer 9,16 u. 18). Und genau wie »das Gebot kam« und die Sünde nicht nur erkennbar werden ließ, sondern »wieder lebendig« machte (Römer 7,9), so ist die Gnade »viel mächtiger geworden«,

»wo . . . die Sünde mächtig geworden ist« (Römer 5,20) – felix culpa in der Tat, denn wie könnten die Menschen die Herrlichkeit kennen, wenn sie die Verderbtheit nicht kennten, wie wüßten sie, was der Tag ist, wenn es keine Nacht gäbe?

Kurz, der Wille ist nicht deshalb ohnmächtig, weil ihm etwas Äußeres Hindernisse in den Weg legen würde, sondern weil der Wille sich selbst behindert. Und wo er sich, wie in Jesus, nicht selbst behindert, da ist er noch nicht vorhanden. Für Paulus ist die Erklärung ziemlich einfach: der Konflikt besteht zwischen Fleisch und Geist, und der Übelstand ist der, daß der Mensch fleischlich wie auch geistig ist. Das Fleisch wird sterben, und so bedeutet das Leben nach dem Fleische sicheren Tod. Die Hauptaufgabe des Geistes ist nicht bloß, die Begierden zu beherrschen und das Fleisch zum Gehorsam zu bringen, sondern es absterben zu lassen – es zu »kreuzigen samt den Lüsten und Begierden« (Galater 5,24), und das nun übersteigt die menschlichen Kräfte. Wir sahen, daß aus der Sicht des denkenden Ichs eine gewisse Skepsis gegenüber dem Körper nur natürlich war. Die Fleischlichkeit des Menschen ist zwar nicht unbedingt die Quelle der Sünde, aber sie unterbricht die Denktätigkeit des Geistes und behindert sein stummes, geschwindes Zwiegespräch mit sich selbst, dessen »Süßigkeit« gerade in einer Spiritualität besteht, in die nichts Materielles hineinwirkt. Das ist weit entfernt von der aggressiven Leibfeindlichkeit des Paulus, die auch gar nichts mit Vorurteilen gegen das Fleisch zu tun hat, sondern aus dem Wesen des Willens selbst entspringt. Trotz seines geistigen Ursprungs wird sich der Wille seiner selbst nur dadurch bewußt, daß er Widerstand überwindet, und das »Fleisch« bei Paulus (später tritt es in Form der »Neigung« auf) wird zur Metapher für einen inneren Widerstand. So hat bereits in diesem stark vereinfachenden Rahmen die Entdeckung des Willens eine wahre Büchse der Pandora voll unbeantwortbarer Fragen geöffnet, die Paulus selbst keineswegs verkannte und die von da an jede streng christliche Philosophie in Absurditäten verwickeln sollte.

Paulus wußte, wie leicht man aus seiner Darstellung den Schluß ziehen konnte, man solle »in der Sünde beharren, auf daß die Gnade um so mächtiger werde« (Römer 6,1) (»Wie wir gelästert werden, und wie etliche sprechen, daß wir sagen: ›Lasset uns Übles tun, auf daß Gutes daraus komme‹« – Römer 3,8), wenn er auch schwerlich voraussah, welches Maß an Disziplin und Dogmenstrenge nötig sein würde, um die Kirche vor dem pecca fortiter zu bewahren. Er erkannte auch deutlich das größte Hindernis für eine christliche *Phi-*

losophie: den offensichtlichen Widerspruch zwischen einem allwissenden, allmächtigen Gott und dem, was Augustinus später die »Monstrosität« des Willens nannte. Wie kann Gott diese menschliche Verderbtheit zulassen? Vor allem: wie kann er »beschuldigen«, wo doch keiner »seinem Willen widerstehen kann« (Römer 9,19)? Paulus war römischer Bürger, er sprach und schrieb Koine-Griechisch und wußte offenbar über das römische Gesetz und das griechische Denken gut Bescheid. Doch der Gründer der christlichen Religion (wenn nicht der Kirche) blieb Jude, und dafür gibt es vielleicht keinen zwingenderen Beweis als seine Antwort auf die unbeantwortbaren Fragen, die sein neuer Glaube und die neuen Entdeckungen seiner eigenen Innerlichkeit aufgeworfen hatten.

Es ist fast Wort für Wort die Antwort Hiobs, der sich Gedanken über die unerforschlichen Wege des jüdischen Gottes machen mußte. Auch die Antwort des Paulus ist ganz einfach und völlig unphilosophisch: »Ja, lieber Mensch, wer bist du denn, daß du mit Gott rechten willst? Spricht auch ein Werk zu seinem Meister: warum machst du mich also? Hat nicht ein Töpfer Macht, aus *einem* Klumpen zu machen ein Gefäß zu Ehren und das andere zu Unehren? Derhalben, da Gott wollte . . . kund tun seine Macht, hat er . . . getragen die Gefäße des Zorns, die da zugerichtet sind zur Verdammnis; auf daß er kund täte den Reichtum seiner Herrlichkeit an den Gefäßen der Barmherzigkeit, die er bereitet hat zur Herrlichkeit« (Römer 9,20–23; Hiob 10). Im gleichen Sinne hatte Gott alle Fragen, die Hiob an *Ihn* zu richten wagte, abgeschnitten und zu Hiob gesprochen: »Ich will dich fragen, lehre mich! Wo warest du, da ich die Erde gründete? . . . Will mit dem Allmächtigen rechten der Haderer?« (Hiob 38, 2–3; 40,2). Und darauf gibt es in der Tat nur die Antwort Hiobs: »Darum bekenne ich, daß ich habe unweise geredet, was mir zu hoch ist, und ich nicht verstehe« (Hiob 42,3).

Des Paulus argumentum ad hominem, wie man es nennen könnte, das alle Fragen mit einem »Wer bist du eigentlich?« abschneidet, hat – anders als seine Lehre von der Auferstehung der Toten – das Anfangsstadium des christlichen Glaubens nicht überdauert. Das gilt unter historischen Gesichtspunkten, denn wir können natürlich nicht wissen, wie viele Christen in den langen Jahrhunderten einer imitatio Christi unberührt blieben von den ständig wiederholten Versuchen, den absoluten jüdischen Glauben an den Schöpfergott mit der griechischen Philosophie in Einklang zu bringen. Die jüdischen Gemeinden jedenfalls waren gegen jede Art von Spekulation gewarnt; der

Talmud, gegen die Gnosis gewandt, sagte ihnen: »Besser wäre nie geboren, wer über vier Dinge nachdenkt: was darüber ist und was darunter ist, was vorher war und was nachher sein wird.«[24]

Wie ein fernes Echo dieser gläubigen Ehrfurcht vor dem Mysterium alles Seins klingt es, wenn Augustinus Jahrhunderte später etwas wiederholt, was damals ein bekannter Scherz gewesen sein muß: »Wenn jemand fragt: Was tat Gott, ehe er Himmel und Erde schuf? . . . so antworte ich ihm: Er bereitete die Hölle für diejenigen, die ihre Nase in solche tiefliegenden Fragen hineinstecken.« Doch dabei ließ Augustinus die Sache nicht bewenden. Einige Kapitel weiter (in den »Bekenntnissen«), nachdem er jetzt ganz im Ernst solche Frager als Menschen »mit einer sträflichen Krankheit« gebrandmarkt hat, »die sie nach mehr dürsten läßt, als sie vertragen können«, gibt er die logisch richtige und existentiell unbefriedigende Antwort, da der Schöpfergott ewig sei, müsse er die Zeit geschaffen haben, als er Himmel und Erde schuf, so daß es vor der Schöpfung gar kein »Vorher« gab. »Man möge erkennen, daß es keine Zeit ohne ein geschaffenes Wesen geben konnte.«[25]

9 *Epiktet und die Allmacht des Willens*

Im Römerbrief beschreibt Paulus eine innere Erfahrung, die des Ich-will-und-ich-kann-*nicht*. Diese Erfahrung, der die Erfahrung der göttlichen Gnade folgt, ist überwältigend. Er erklärt, was ihm geschah, und wie und warum die beiden Ereignisse miteinander zusammenhängen. Im Zuge dieser Erklärung entwickelt er die erste umfassende Theorie der Geschichte, davon, worauf die Geschichte letzten Endes hinausläuft, und er legt den Grund zur christlichen Lehre. Doch das geschieht anhand von Tatsachen; er *argumentiert* nicht, und das unterscheidet ihn am deutlichsten von Epiktet, mit dem ihn im übrigen vieles verband.

Sie waren ziemlich genau Zeitgenossen, kamen ungefähr aus der gleichen Gegend des nahen Ostens, lebten in dem hellenisierten römischen Reich und sprachen die gleiche Sprache (die Koine); doch der eine war römischer Bürger und der andere ein freigelassener Sklave, der eine war Jude und der andere Stoiker. Gemeinsam war ihnen auch eine gewisse moralische Strenge, die sie von ihrer Umwelt unterschied. Beide erklärten sie, wer seines Nächsten Weib lüstern anschaue, der habe bereits Ehebruch begangen. Sie kritisieren mit fast den gleichen Worten das geistige Establishment ihrer Zeit – Paulus die Pharisäer, Epiktet die Philosophen (Stoiker und Akademiker) – als Heuchler, die nicht nach ihrer Lehre leben. »Zeig mir einen Stoiker, wenn du kannst!« ruft Epiktet aus. »Zeig mir einen, der krank ist und doch glücklich, in Gefahr und doch glücklich, am Sterben und doch glücklich, in der Verbannung und doch glücklich, in Schande und doch glücklich . . . Bei den Göttern, ich möchte gern einmal einen Stoiker sehen.«[26] Diese Verachtung ist bei Epiktet noch deutlicher und spielt eine noch größere Rolle als bei Paulus. Und schließlich haben beide eine beinahe instinktive Verachtung für den Körper – diesen »Sack«, wie ihn Epiktet nennt, den man Tag für Tag vollstopft und wieder entleert: »Was könnte lästiger sein?«[27] –, und beide legen Wert auf die Unterscheidung zwischen einem »inwendigen Menschen« (Paulus: Römer 7,22) und den »äußeren Dingen«[28].

Beide beschreiben den eigentlichen Inhalt der Innerlichkeit ausschließlich anhand der Impulse des Willens, den Paulus für ohnmächtig und Epiktet für allmächtig hielt: » Wo liegt das Gute? Im Willen. Wo liegt das Böse? Im Willen. Wo liegt beides nicht? In dem, was nicht in der Macht des Willens steht.«[29] Auf den ersten Blick ist das die alte stoische Lehre, aber ohne irgendeine der alten stoischen philosophischen Begründungen; bei Epiktet hört man nichts davon, daß die Natur ihrem Wesen nach gut sei und die Menschen nach ihr (kata physin) leben und denken sollten – das heißt, daß sie alles scheinbare Übel als notwendigen Bestandteil eines allumfassenden Guten wegzudenken hätten. In unserem Zusammenhang ist Epiktet gerade deshalb interessant, weil seine Lehre von solchen metaphysischen Theorien frei ist.

Er war in erster Linie Lehrer, und da er lehrte und nicht schrieb[30], hielt er sich anscheinend für einen Nachfolger des Sokrates, wobei er, wie die meisten von dessen sogenannten Nachfolgern, vergaß, daß Sokrates nichts zu lehren hatte. Auf jeden Fall betrachtete sich Epiktet als einen Philosophen, und er definierte den Gegenstand der Philosophie als »die Kunst, sein Leben zu leben«[31]. Diese Kunst bestand im wesentlichen darin, für jeden Wechselfall, für jedes einschneidende Unglück ein Argument bereit zu haben. Sein Ausgangspunkt war der antike Satz, daß alle Menschen glücklich sein möchten, und die Philosophie hatte nur zu klären, wie man dieses selbstverständliche Ziel erreichen könne. Freilich war Epiktet im Sinne seiner Zeit und im Gegensatz zur vorchristlichen Epoche der Überzeugung, das irdische Leben, das unausweichlich im Tode endet und somit von Furcht und Zittern heimgesucht sei, könne ohne besondere Anstrengung des menschlichen Willens nicht zum wirklichen Glück führen. Unter dem Glück verstand man jetzt also etwas anderes: nicht mehr eudaimonia, die *Tätigkeit* des eu zēn, des guten Lebens, sondern euroia biou, eine stoische Metapher für ein frei dahinfließendes Leben, das keinen Ungewittern oder sonstigen Hindernissen ausgesetzt ist. Seine Eigenschaften waren Ruhe und Heiterkeit, galēnē, die Stille nach dem Sturm, und eudia, das schöne Wetter [32] – Metaphern, die der klassischen Antike unbekannt waren. Sie beziehen sich alle auf einen Seelenzustand, der sich am besten negativ beschreiben läßt (wie ataraxia) und in der Tat in etwas völlig Negativem besteht: glücklich sein hieß jetzt in erster Linie nicht elend sein. Die Philosophie konnte die »Verfahren der Vernunft«, die Argumente, lehren »wie blanke Waffen, fertig zum Gebrauch« [33] gegen das Elend des wirklichen Lebens.

Die Vernunft erkennt, daß nicht der von außen drohende Tod elend macht, sondern die Todesfurcht im eigenen Inneren, nicht der Schmerz, sondern die Furcht vor dem Schmerz – »Nicht der Tod oder der Schmerz ist zu fürchten, sondern die Furcht vor dem Schmerz oder dem Tode« [34]. Das einzige, wovor man sich wirklich zu fürchten hat, ist also die Furcht selbst; die Menschen können zwar dem Tod oder dem Schmerz nicht entgehen, aber sie können der Furcht in ihrem Inneren mit Argumenten entgegentreten, die die Eindrücke der furchterregenden Gegenstände auf ihren Geist beseitigen: »Wenn man seine Furcht nicht auf den Tod oder die Verbannung richtet, sondern für die Furcht selbst aufspart, dann müßte es gelingen, dem zu entgehen, was man für etwas Übles hält.« [35] (Man braucht sich nur die vielen Belege dafür vor Augen zu halten, welche Rolle im Seelenhaushalt eine überwältigende Angst vor dem Angsthaben spielen kann, oder wie rücksichtslos der Mut beim Menschen wäre, wenn erfahrener Schmerz keine Erinnerung zurückließe – Epiktets »Eindruck« –, und man wird erkennen, welchen konkreten psychologischen Wert diese scheinbar weit hergeholten Theorien haben.)

Hat die Vernunft einmal diese inneren Gefilde entdeckt, in denen der Mensch nur den »Eindrücken« der äußeren Dinge auf seinen Geist gegenübersteht und nicht deren tatsächlicher Existenz, so hat die Vernunft ihre Aufgabe erfüllt. Der Philosoph ist nicht mehr der Denker, der alles untersucht, was ihm begegnet, sondern der Mensch, der sich darin geübt hat, sich niemals »um äußere Dinge zu kümmern«, wo immer er sich befinden mag. Epiktet gibt zu dieser

Haltung ein aufschlußreiches Beispiel. Er läßt seinen Philosophen wie jeden anderen Menschen zu den öffentlichen Spielen gehen; aber im Unterschied zu der »gemeinen« Menge der übrigen Zuschauer »geht es ihm« dort nur um sich selbst und sein eigenes »Glück«; er zwingt sich also, »nur das zu wünschen, was tatsächlich geschieht, und nur dem den Sieg zu wünschen, der tatsächlich siegt«[36]. Diese Abwendung von der Wirklichkeit, während man noch mitten in ihr steht – im Unterschied zu dem Rückzug des denkenden Ichs in die Einsamkeit des stummen Zwiegesprächs des Menschen mit sich selbst, bei dem jeder Gedanke definitionsgemäß ein nachträglicher ist – hat die weitreichendsten Konsequenzen. Sie bedeutet z. B.: geht man irgendwo hin, so achtet man *nicht* auf das Ziel, sondern nur auf «seine Tätigkeit« des Gehens, »oder wenn man überlegt, so interessiert man sich [nur] für das Überlegen und nicht für die Erreichung dessen, worauf die Überlegung abzielt«[37]. Im Sinne der Parabel von den öffentlichen Spielen ausgedrückt, ist es, als wären diese Zuschauer blind und bloße Geistererscheinungen in der Erscheinungswelt.

Es dürfte nützlich sein, diese Haltung mit der des Philosophen in der alten Pythagoreischen Parabel von den olympischen Spielen zu vergleichen; die Besten waren die, die sich nicht an dem Kampf um Ruhm oder Gewinn beteiligten, sondern nur zuschauten, sich für die Spiele nur um ihrer selbst willen interessierten. Doch von einem solchen interesselosen Interesse ist hier keine Spur mehr übrig. Nur das Selbst ist von Interesse, und dessen unumschränkter Beherrscher ist die argumentierende Vernunft, nicht der alte nous, das innere Organ für die Wahrheit, das unsichtbare Auge des Geistes, das sich auf das Unsichtbare in der sichtbaren Welt richtet, sondern eine dynamis logikē, die sich vor allem dadurch auszeichnet, daß sie »sich selbst und alles andere zur Kenntnis nimmt« und »ihre eigene Tätigkeit anerkennen oder ablehnen kann«[38]. Auf den ersten Blick könnte dies wie das im Denken aktualisierte Sokratische Zwei-in-einem aussehen, aber in Wirlichkeit steht es dem viel näher, was wir heute Bewußtsein nennen würden.

Epiktets Entdeckung bestand darin, daß der Geist, weil er äußere »Eindrücke« (phantasiai) aufbewahren kann, alle »äußeren Dinge« als bloße »Bewußtseinsdaten«, wie wir heute sagen würden, behandeln kann. Die dynamis logikē untersucht sowohl sich selbst als auch die in den Geist eingegangenen »Eindrücke«. Die Philosophie lehrt, wie man »mit den Eindrücken richtig umgeht«; sie prüft sie und »unterscheidet sie und verwendet keinen ungeprüft«. Wenn man einen

Tisch anschaut, so kann man nicht entscheiden, ob er gut oder schlecht ist; das sagt einem der Gesichtssinn ebensowenig wie jeder andere Sinn. Nur der Geist kann es, der nicht mit wirklichen Tischen, sondern mit Eindrücken von Tischen zu tun hat. («Was sagt uns, daß Gold etwas Wertvolles ist? Das Gold sagt es uns nicht. Offenbar ist es das Vermögen, das mit den Eindrücken umgeht.«[39]) Der springende Punkt ist, das man nicht aus seinem Selbst herauszutreten braucht, wenn es einem nur um dieses Selbst geht. Nur sofern der Geist etwas in sich hineinziehen kann, ist es von irgendwelchem Wert.

Hat sich der Geist einmal von den äußeren Dingen in die Innerlichkeit seiner Eindrücke zurückgezogen, so entdeckt er, daß er in einer Beziehung von allen äußeren Einflüssen völlig unabhängig ist: »Kann dich irgend jemand hindern, das Wahre anzuerkennen? Niemand. Kann dich irgend jemand zwingen, das Falsche anzuerkennen? Niemand. Siehst du nun, daß auf diesem Gebiet dein Vermögen völlig unabhängig ist von Beschränkung und Zwang?«[40] Daß es in der Natur der Wahrheit liegt, den Geist zu »nötigen«, ist eine alte Erkenntnis: »hōsper hyp' autēs tēs alētheias anagkasthentes«, »genötigt wie von der Wahrheit selbst«, sagte Aristoteles im Zusammenhang mit evidenten Theorien, die keiner besonderen Begründung bedürfen[41]. Doch bei Epiktet hat diese Wahrheit und ihre dynamis logikē nicht das geringste mit Wissen oder Erkenntnis zu tun, für diese sind »die Verfahren der Logik unfruchtbar«[42] – wörtlich: zu nichts gut (akarpa). Wissen und Erkenntnis betreffen »die äußeren Dinge«, die vom Menschen unabhängig sind und nicht in seiner Macht stehen; daher sind sie für ihn ohne Interesse, oder sollten es sein.

Der Anfang der Philosophie ist »ein Gewahrwerden (synaisthēsis) der eigenen Schwäche gegenüber dem Notwendigen«. Wir haben keine »angeborene Vorstellung« von dem, was wir wissen sollten, etwa vom »rechtwinkligen Dreieck«, aber man kann sich von Leuten belehren lassen, die es wissen, und wer es selbst noch nicht weiß, der weiß, daß er es nicht weiß. Ganz anders verhält es sich mit dem, was tatsächlich einen selbst angeht und wovon es abhängt, was für ein Leben man führt. Auf diesem Gebiet ist jeder mit einem Es-scheint-mir, dokei moi, mit einer Meinung geboren, und da beginnt die Schwierigkeit: »mit der Entdeckung, daß die Menschen im Geist miteinander im Widerstreit liegen« und mit dem »Versuch, einen Maßstab zu finden, genau wie wir die Waage erfinden, um mit Gewichten umzugehen, und das Lineal, um mit Geradem und Krummem umzugehen. Das ist der Anfang der Philosophie.«[43]

Die Philosophie setzt also Maßstäbe und Normen und lehrt den Menschen seine Sinne *gebrauchen*, »mit den Eindrücken recht umgehen« und »sie prüfen und jeden bewerten«. Das Kriterium jeder Philosophie ist also ihr Nutzen für ein schmerzfreies Leben. Genauer, sie lehrt bestimmte Gedankengänge, die die angeborene Ohnmacht des Menschen überwinden können. In diesem allgemeinen philosophischen Rahmen müßte der argumentierenden Vernunft die höchste Stellung unter allen geistigen Vermögen zukommen; doch dem ist nicht so. In seinen heftigen Vorwürfen gegen die Menschen, die »Philosophen nur mit dem Munde« seien, verweist Epiktet auf die erschreckende Kluft zwischen Lehre und tatsächlichem Verhalten, und indirekt verweist er damit auf die alte Erkenntnis, daß die Vernunft an sich nichts in Bewegung setzt und nichts erreicht. Die große Kraft, die etwas erreicht, ist nicht die Vernunft, sondern der Wille. »Bedenke, wer du bist«, das scheint eine Mahnung an die Vernunft zu sein, aber dann folgt die Entdeckung, daß »der Mensch . . . nichts Souveräneres (kyriōteros) hat als den Willen (proairesis) . . . alles andere [ist] ihm untertan, und der Wille selbst ist frei von Sklaventum und Unterordnung«. Wohl unterscheidet die Vernunft (logos) den Menschen von den Tieren, die daher »zum Dienen da sind«, der Mensch aber »zum Befehlen«[44]; doch das Organ, das befehlen kann, ist nicht die Vernunft, sondern der Wille. Wenn sich die Philosophie mit der »Kunst, das eigene Leben zu leben« beschäftigt und ihr höchstes Kriterium ihr Nutzen in dieser Beziehung ist, dann »bedeutet Philosophie wohl kaum etwas anderes als dies – herauszufinden, wie man den Willen, etwas zu erlangen, und den Willen, etwas zu vermeiden, ungehindert in die Tat umsetzen kann«[45].

Das erste, was die Vernunft den Willen lehren kann, ist der Unterschied zwischen Dingen, die vom Menschen abhängen, die in seiner Macht stehen (bei Aristoteles: eph' hēmin), und Dingen, bei denen das nicht der Fall ist. Die Macht des Willens beruht auf seiner souveränen Entscheidung, sich nur mit Dingen zu befassen, die in der Macht des Menschen stehen, und diese gehören ausschließlich zur menschlichen Innerlichkeit[46]. Daher ist die erste Entscheidung des Willens, nicht zu wollen, was er nicht erreichen kann, und sich nicht mehr gegen das zu stemmen, was er nicht vermeiden kann – kurz, sich auf nichts einzulassen, was nicht in seiner Macht steht. (»Was macht es, ob die Welt aus Atomen besteht oder aus Feuer und Erde oder unendlich teilbar ist? Genügt es nicht, zu wissen, was man nicht erlangen und was man nicht vermeiden kann, . . . und alles auf sich beruhen zu lassen, was uns nicht zugänglich ist?«[47]) Und da »es unmöglich ist, daß das, was geschieht, anders wäre, als es ist«[48], da also der Mensch in der wirklichen Welt völlig machtlos ist, so sind ihm die wunderbaren Vermögen der Vernunft und des Willlens verliehen worden, mit deren Hilfe er das Äußere – vollständig, nur ohne seine Wirklichkeit – in seinem Geiste wiedergeben kann, wo er unbestrittener Herr und Meister ist. Da herrscht er über sich selbst und die ihn interessierenden Gegenstände, denn der Wille kann nur durch sich selbst behindert werden. Alles, was wirklich zu sein scheint, die Welt der Erscheinungen, bedarf in Wirklichkeit meiner Zustimmung, um *für mich* wirklich zu sein. Und diese Zustimmung kann man mir nicht abzwingen: verweigere ich sie, so verschwindet die Wirklichkeit der Welt, als wäre sie eine bloße Geistererscheinung.

Dieses Vermögen, sich vom Äußeren abzuwenden und einem unerschütterlichen Inneren zuzuwenden, bedarf offensichtlich der »Übung« (gymnazein) und der ständigen Stützung durch Argumente, denn der Mensch lebt nicht nur sein normales Leben in der Welt, wie sie ist, sondern sein Inneres liegt selbst, solange er lebt, in einem Äußeren, einem Körper, über den er keine Macht hat, sondern der zu den »äußeren Dingen« gehört. Die ständige Frage ist, ob der Wille stark genug ist, nicht nur die Aufmerksamkeit von den äußeren, bedrohlichen Dingen abzulenken, sondern auch im Falle wirklichen Schmerzes und Unglücks die Vorstellungskraft auf andere »Eindrükke« zu konzentrieren. Die Verweigerung der Zustimmung, die Ausklammerung der Wirklichkeit, ist keineswegs eine reine Denkübung; sie muß sich im Ernstfall bewähren. »Ich muß sterben. Ich muß mich einsperren lassen. Ich muß mich in die Verbannung schicken lassen. Aber: muß ich stöhnend sterben? Muß ich auch jammern? Kann mich irgend jemand hindern, lächelnd in die Verbannung zu gehen?« Der Herr droht, mich in Ketten zu legen: »Was sagst du? Mich in Ketten legen? Meine Füße kannst du fesseln – ja, aber meinen Willen – nein, das gelingt nicht einmal Zeus.«[49]

Epiktet führt viele Beispiele an, die wir hier nicht alle durchzusehen brauchen; sie sind eine mühsame Lektüre, wie Übungen in einem Schulbuch. Der Effekt ist immer derselbe. Was die Menschen in Mitleidenschaft zieht, ist nicht das, was ihnen wirklich widerfährt, sondern ihr eigenes »Urteil« (dogma, im Sinne von Glauben oder Meinung): »Dir geschieht nur Schaden, wenn du glaubst, dir geschehe Schaden. Niemand kann dir Schaden antun ohne deine Zustimmung.«[50] »Was bedeutet es z. B. schon, wenn man verleumdet wird?

Stell dich neben einen Stein und verleumde ihn: was wird die Wirkung sein?«[51] Sei wie ein Stein, und du bist unverwundbar. Ataraxia, Unverwundbarkeit, ist alles, was man braucht, um sich frei zu *fühlen*, wenn man einmal endeckt hat, daß die Wirklichkeit selbst davon abhängt, daß man sie als solche anerkennt.

Wie fast alle Stoiker erkannte Epiktet, daß die Verletzlichkeit des Körpers dieser inneren Freiheit gewisse Grenzen setzt. Sie konnten nicht leugnen, daß man nicht durch bloße Wünsche oder Begierden unfrei wird, sondern durch die »Fesseln, die uns in Gestalt des Körpers angelegt sind«[52], und so mußten sie beweisen, daß diese Fesseln nicht unüberwindlich waren. Man mußte sich mit der Frage auseinandersetzen, was eigentlich vom Selbstmord abhalte. Epiktet jedenfalls scheint ganz klar erkannt zu haben, daß diese unbeschränkte innere Freiheit eines voraussetzt: »Man muß daran denken und sich fest daran halten: *die Tür steht offen.*«[53] Für eine Philosophie der völligen Loslösung von der Welt hat jener bemerkenswerte Satz viel Wahres, mit dem Camus sein erstes Buch begann: »Es gibt nur ein einziges wirklich ernsthaftes philosophisches Problem: den Selbstmord.«[54]

Auf den ersten Blick scheint diese Lehre von der Unverwundbarkeit und Apathie (apatheia) – wie man sich gegen die Wirklichkeit abschirmt, wie man die Fähigkeit ablegt, sich von ihr beeinflussen zu lassen, zum Guten oder zum Schlechten, zur Freude oder zum Schmerz – so klar widerlegbar zu sein, daß der ungeheure rationale wie auch emotionale Einfluß der Stoa auf einige der besten Geister des Abendlands so gut wie unbegreiflich scheint. Bei Augustinus findet sich eine solche Widerlegung in ihrer kürzesten und einleuchtendsten Form. Die Stoiker, so sagt er, haben den Trick herausgefunden, wie man behaupten kann, glücklich zu sein: »Da man nicht bekommen kann, was man sich wünscht, so wünscht man sich, was man bekommen kann« (»Ideo igitur id vult quod potest, quoniam quod vult non potest«)[55]. Außerdem, so fährt er fort, gehen die Stoiker davon aus, daß »alle Menschen von Natur aus glücklich sein möchten«, aber sie glauben nicht an die Unsterblichkeit, zumindest nicht an die Auferstehung des Leibes, also nicht an ein zukünftiges *Leben* ohne Tod, und das sei ein Widerspruch in sich. Denn »wenn alle Menschen wirklich glücklich sein wollen, dann müssen sie notwendigerweise auch unsterblich sein wollen . . . Um glücklich zu *leben*, muß man jedenfalls lebendig sein« («Cum ergo beati esse omnes homines velint, si vere volunt, profecto et esse immortales volunt . . . Ut enim homo beate vivat, oportet ut vivat«)[56]. Mit anderen Worten, sterbliche

Menschen können nicht glücklich sein, und das wird dadurch bestätigt, daß die Stoiker in der Todesfurcht so nachdrücklich die Hauptursache dessen erblicken, daß man sich unglücklich fühlt; man kann bestenfalls erreichen, daß man »apathisch« wird, daß einem Leben oder Tod nichts bedeuten.

Doch diese Widerlegung, so einleuchtend sie auf ihrer Argumentationsebene ist, läßt eine Anzahl recht wichtiger Gesichtspunkte außer acht. Da ist zunächst die Frage, warum ein Wille nötig sein soll, um *nicht* zu wollen, warum es nicht möglich sein soll, das Vermögen unter dem Eindruck der höheren Erkenntnisse des rechten Denkens einfach zu verlieren. Wissen wir denn nicht alle, wie verhältnismäßig leicht es immer war, mindestens die Gewohnheit, wenn nicht das Vermögen des Denkens zu verlieren? Es ist nicht mehr nötig, als daß man in ständiger Zerstreuung lebt und nie die Gesellschaft anderer Menschen verläßt. Man könnte sagen, es sei schwieriger, Menschen von der Gewohnheit abzubringen, in ihrer Macht Stehendes sich zu wünschen, als von der Gewohnheit des Denkens, aber für einen hinreichend »Geübten« sollte es nicht nötig sein, das Nichtwollen ständig zu wiederholen – denn das »mē thele«, das Nicht-Wollen, wo man nichts ändern kann, ist für diese Übung mindestens ebenso wichtig wie der bloße Appell an die Willenskraft.

In engem Zusammenhang damit steht die – noch verwirrendere – Tatsache, daß Epiktet keinesweges mit dem Vermögen des Willens, *nicht* zu wollen, zufrieden ist. Er predigt nicht nur die Gleichgültigkeit gegenüber allem, was nicht in unserer Macht steht; er verlangt auch nachdrücklich, man solle wollen, was ohnehin geschieht. Ich zitierte schon die Parabel von den öffentlichen Spielen, in der der Mensch, dem es nur um das Wohlergehen des Selbst geht, ermahnt wird, »nur das zu wünschen, was tatsächlich geschieht, und nur dem den Sieg zu wünschen, der tatsächlich siegt«. An anderer Stelle geht Epiktet wesentlich weiter und preist (nicht näher bezeichnete) »Philosophen«, die sagten: »Wenn der gute Mensch die Ereignisse voraussehen könnte, so würde er die Natur unterstützen, auch wenn es Krankheit, Tod und Verstümmelung bedeuten würde.«[57] Dieses Argument greift natürlich auf die alte stoische Vorstellung der heimarmenē zurück, die Schicksalslehre, nach der alles im Einklang mit dem Wesen des Alls geschieht und jedes einzelne, Mensch oder Tier, Pflanze oder Stein, seine ihm vom Ganzen zugewiesene und gerechtfertigte Aufgabe hat. Doch nicht nur distanziert sich Epiktet sehr deutlich von jedem Interesse an der Natur oder dem All; es gibt auch in der alten Lehre keinen Hinweis darauf, daß der Wille des Menschen, der ja definitionsgemäß völlig wirkungslos ist, für die »Ordnung des Alls« etwas austragen würde. Epiktet interessiert sich für das, was ihm zustößt: »Ich will etwas, und es geschieht nicht; was gäbe es Elenderes als mich? Ich will es nicht, und es geschieht; was wäre elender ich ich?«[58] Kurz, um »gut zu leben«, genügt es nicht, »*nicht* zu wollen, daß das geschehe, was man möchte«; man muß »das wollen, was geschieht«[59].

Erst wenn die Macht des Willens diesen Höhepunkt erreicht hat, auf dem sie wollen kann, *was ist*, so daß sie niemals »im Gegensatz zu den äußeren Dingen steht«, erst dann kann man sie allmächtig nennen. Allen Argumenten für eine solche Allmacht liegt die als selbstverständlich betrachtete Annahme zugrunde, die Wirklichkeit *für mich* gewinne ihren Wirklichkeitscharakter durch meine Zustimmung; und dieser Annahme liegt als Gewähr ihrer praktischen Wirksamkeit die einfache Tatsache zugrunde, daß man Selbstmord begehen kann, wenn man das Leben wirklich unerträglich findet – »die Tür steht immer offen«. Und hier bedeutet diese Lösung nicht, wie zum Beispiel bei Camus, eine Art kosmische Auflehnung gegen die Grundbedingungen menschlicher Existenz; für Epiktet wäre eine solche Auflehnung völlig sinnlos gewesen, denn »es ist unmöglich, daß das, was geschieht, anders wäre, als es ist«[60]. Sie ist undenkbar, weil auch eine absolute Verneinung auf das nackte, unerklärliche Da-sein alles Seienden angewiesen ist, auch der eigenen Person, und Epiktet fordert nirgends eine Erklärung oder Begründung des Unerklärlichen. Daher gilt, was Augustinus später behaupten wird[61]: Wer da glaubt, mit dem Selbstmord das Nichtsein wählen zu können, der irrt sich; er wählt eine Seinsform, die sich eines Tages ohnehin einstellt, und er wählt den Frieden, der natürlich nur eine Form des Seins ist.

Die einzige Macht, die diese grundlegende, aktive Zustimmung des Willens verhindern kann, ist der Wille selbst. Daher lautet das Kriterium für das rechte Verhalten: »Strebe danach, mit dir selbst zufrieden zu sein« (»thelēson aresai autos seautō«). Und Epiktet fügt hinzu: »Strebe danach, vor dem Gott bestehen zu können« (»thelesōn kalos phanēnai tō theō«)[62], aber das ist eigentlich überflüssig, denn Epiktet glaubt nicht an einen transzendenten Gott, sondern hält die Seele für gottähnlich und meint, der Gott ist »in dir, du bist ein Teil von ihm«[63]. Das wollende Ich, so stellt sich heraus, ist nicht weniger zwiegespalten als das Sokratische Zwei-in-einem des Platonischen Zwiegesprächs des Denkens. Doch wie wir bei Paulus sahen, pflegen die beiden Teile des wollenden Ichs keineswegs einen friedlichen, harmonischen Verkehr miteinander, wenn auch bei Epiktet ihr offener Gegensatz das Selbst nicht in die äußerste Verzweiflung stürzt, über die wir Paulus so viel klagen hören. Epiktet kennzeichnet ihre Beziehung als einen ständigen »Kampf« (agōn), einen olympischen Wettkampf, der eine ständig wache Skepsis gegenüber der eigenen Person verlangt: »Mit einem Wort, [der Philosoph, der Wohl oder Wehe stets bei sich selbst sucht] beobachtet sich *als seinen eigenen Feind* (hōs echthron heautou), der auf ihn lauert«[64]. Man braucht sich nur an die Erkenntnis des Aristoteles zu erinnern (»Alle freundschaftlichen Gefühle gegenüber anderen sind eine Erweiterung der freundschaftlichen Gefühle gegen sich selbst«), um zu ermessen, welchen Weg der menschliche Geist seit der Antike zurückgelegt hat.

Das Selbst des Philosophen, regiert vom wollenden Ich, das ihm sagt, daß nichts es hindern oder beschränken könne als der Wille selbst, steht in einem nie endenden Kampf mit dem Gegenwillen, der gerade durch den Willen wachgerufen wird. Der Preis für die Allmacht des Willens ist sehr hoch; das Schlimmste, was aus der Sicht des denkenden Ichs dem Zwei-in-einem geschehen kann, nämlich »im Zwiespalt mit sich selbst zu liegen«, ist zum festen Bestandteil der menschlichen Existenzbedingungen geworden. Und daß dieses Schicksal nicht mehr dem »schlechten Menschen« des Aristoteles zufällt, sondern im Gegenteil dem guten und weisen Menschen, der gelernt hat, sein Leben unabhängig von allen äußeren Umständen zu führen, das legt die Frage nahe, ob diese »Heilung« des menschlichen Elends nicht schlimmer sei als die Krankheit.

Doch bei diesem ganzen Trauerspiel gibt es doch eine entscheidende Entdeckung, die kein Argument aus der Welt schaffen kann und die zumindest erklärt, warum das Gefühl der Allmacht wie auch das der menschlichen Freiheit aus den Erfahrungen des wollenden Ichs entstehen konnte. Ein Gesichtspunkt, den wir bei Paulus nur streiften, nämlich daß aller Gehorsam die Fähigkeit zum Ungehorsam voraussetzt, steht ganz im Mittelpunkt der Überlegungen Epiktets: das Vermögen des Willens, zuzustimmen oder abzulehnen, ja oder nein zu sagen, jedenfalls sofern es um die eigene Person geht. Deshalb stehen Dinge, die in ihrer reinen Existenz nur von mir abhängen – nämlich die »Eindrücke« der äußeren Dinge –, auch in meiner Macht; ich kann nicht nur die Welt verändern wollen (was freilich von zweifelhaftem Interesse für jemanden ist, der von der Welt, in der er sich befindet, völlig losgelöst ist), ich kann auch allem und jedem die

Wirklichkeit in Form eines Ich-will-nicht entziehen. Diese Macht muß für den menschlichen Geist etwas Schreckenerregendes, wahrhaft Überwältigendes gehabt haben, denn es hat nie einen Philosophen oder Theologen gegeben, der nach gebührender Beachtung des in jedem Ja steckenden Nein keine volle Kehrtwendung gemacht und nachdrückliche Zustimmung verlangt hätte, wie etwa Seneca in einem von Meister Eckhart mit großem Beifall zitierten Satz dem Menschen rät, »alle Ereignisse so hinzunehmen, als hätte man sie selbst herbeigewünscht«. Sieht man freilich in dieser umfassenden Zustimmung nichts weiter als das letzte und tiefste Ressentiment des wollenden Ichs gegenüber seiner existentiellen Ohnmacht in der Welt, wie sie wirklich ist, so wird man hier auch nur ein weiteres Argument dafür sehen, daß dieses Vermögen fiktiv sei, eine letzte Bestätigung dessen, daß es ein »künstlicher Begriff« sei. In diesem Falle wäre der Mensch mit einem wahrhaft »monströsen« Vermögen (Augustinus) begabt, das seinem Wesen nach gezwungen wäre, eine Macht zu beanspruchen, die es nur in dem fiktiven Reich reiner Phantasie ausüben kann – der Innerlichkeit eines Geistes, der sich in seinem unermüdlichen Streben nach absoluter Ruhe erfolgreich von allen äußeren Erscheinungen losgelöst hat. Und als letzter makabrer Lohn für diese große Anstrengung wird ihm eine nur allzu enge Bekanntschaft mit Demokrits »buntgefüllter und leidenvoller Vorrats- und Schatzkammer von Übeln« zuteil, oder mit dem »Abgrund«, der nach Augustinus »im guten Herzen und im bösen Herzen« verborgen liegt[65].

10 *Augustinus, der erste Philosoph des Willens*

> Wenn es der Heiligen Schrift
> zu verdanken ist, daß es eine
> Philosophie gibt, die christlich
> ist, so ist es der griechischen
> Tradition zu verdanken, daß das
> Christentum eine Philosophie hat.
>
> Etienne Gilson[65a]

Augustinus, der erste christliche Philosoph und, so ist man versucht zu sagen, der einzige Philosoph, den die Römer je hatten[66], war auch der erste Denker, der sich wegen philosophischer Wirrungen der Religion zuwandte. Wie viele Gebildete seiner Zeit war er christlich erzogen worden; doch was er selbst schließlich als eine Bekehrung beschrieb – der Gegenstand seiner »Bekenntnisse« –, war etwas völlig anderes als das Erlebnis, das den über die Maßen eifernden Pharisäer Saulus zu Paulus machte, den christlichen Apostel und Nachfolger Jesu von Nazareth.

In den «Bekenntnissen« erzählt Augustinus, wie sein Herz zum erstenmal »entflammt« wurde durch Ciceros »Hortensius«, ein (heute verlorenes) Buch, das eine Ermahnung zur Philosophie enthielt. Aus ihm zitierte Augustinus bis ans Ende seines Lebens. Er wurde der erste christliche Philosoph, weil er sein ganzes Leben lang an der Philosophie festhielt. Seine Abhandlung »Über die Dreieinigkeit«, eine Verteidigung des Hauptdogmas der christlichen Kirche, ist gleichzeitig die tiefste und deutlichste Darstellung seiner höchst eigenständigen philosophischen Position. Doch ihr Ausgangspunkt blieb das römische und stoische Streben nach Glück – »Es ist gewiß, sagte Cicero, daß wir alle glücklich sein möchten«[67]. In seiner Jugend hatte er sich aus innerer Zerrissenheit heraus der Philosophie zugewandt, und als Mann wandte er sich der Religion zu, weil die Philosophie ihm nichts gegeben hatte. Diese pragmatische Einstellung, nach der die Philosophie »Lebensweiser« (Cicero)[68] sein soll, ist typisch römisch; sie hatte einen dauerhafteren Einfluß auf die Herausbildung des Augustinischen Denkens als Plotin und die Neuplatonisten, denen er alle seine Kenntnisse der griechischen Philosophie verdankte. Nicht, daß der allgemein menschliche Wunsch nach Glück den Griechen verborgen geblieben wäre – das römische Sprichwort scheint eine Übersetzung aus dem Griechischen gewesen zu sein –, aber nicht dieser Wunsch veranlaßte sie zum Philosphieren. Erst die Römer waren der Überzeugung, es gebe »für den Menschen keinen Grund zum Philosophieren als den Wunsch, glücklich zu sein«[69].

Diese pragmatische Sorge um das private Glück findet sich im ganzen Mittelalter; sie liegt der Hoffnung auf ewige Erlösung und der Furcht vor ewiger Verdammnis zugrunde und erklärt viele sonst recht abstruse Spekulationen, deren römische Ursprünge schwer auszumachen sind. Daß die römisch-katholische Kirche trotz des entscheidenden Einflusses der griechischen Philosophie so durch und durch römisch blieb, das ist in erheblichem Maße dem merkwürdigen Umstand zu verdanken, daß ihr erster und einflußreichster Philosoph auch der erste Denker war, der seine tiefsten Anstöße aus lateinischen Quellen und Erfahrungen erhielt. Bei Augustinus erreichte das Streben nach dem ewigen Leben als dem summum bonum und die Deutung des ewigen Todes als des summum malum ihre höchste Ausprägung, weil er sie mit der Entdeckung eines *inneren* Lebens in dem neuen Zeitalter verband. Er sah, daß das ausschließliche Interesse für dieses innere Selbst bedeutete, daß »ich mir zur Frage geworden bin« (»quaestio mihi factus sum«) – eine Frage, die die Philosophie, wie sie damals gelehrt und gelernt wurde, weder stellte noch beantwortete[70]. Die berühmten Analysen des Zeitbegriffs im 11. Buch der »Bekenntnisse« sind ein Musterbeispiel für die Herausforderung des Neuen und Problematischen. Die Zeit ist etwas völlig Vertrautes und Gewöhnliches, solange man nicht fragt: Was ist die Zeit? – dann aber verwandelt sie sich in ein »vertracktes Rätsel«, das einen deshalb nicht losläßt, weil es gleichzeitig etwas völlig Alltägliches und völlig »Verborgenes« ist[71].

Es besteht kein Zweifel, daß Augustinus zu den großen und originellen Denkern gehört, doch er war kein »systematischer Denker«, und es ist richtig, daß sein Hauptwerk »voller nicht zu Ende geführter Denkansätze und voll aufgegebener literarischer Projekte ist«[72] – außerdem enthält es viele Wiederholungen. Bemerkenswert unter diesen Umständen ist die Kontinuität der Hauptthemen, die er schließlich, am Ende seines Lebens, einer eindringlichen Prüfung unter dem Titel »Retractationes« (»Widerrufe«) unterzog, als wäre der Bischof und Kirchenfürst sein eigener Inquisitor. Das entscheidendste dieser immer wiederkehrenden Themen war vielleicht die »Wahlfreiheit des Willens« (liberum arbitrium voluntatis), ein eigenes Vermögen neben Begierde und Vernunft, dem er freilich nur *eine* selbständige Abhandlung unter diesem Titel widmete. Es war dies ein Frühwerk, dessen erster Teil noch völlig auf der Linie anderer philosophischer Frühschriften liegt, obwohl er nach seiner dramatischen Bekehrung und seiner Taufe entstand.

In meinen Augen spricht es für die Qualität des Menschen und des Denkers, daß er zehn Jahre brauchte, um in allen Einzelheiten aufzuschreiben, was für ihn das gewichtigste Ereignis seines Lebens war – und das nicht einfach um der Erinnerung oder Pietät willen, sondern wegen seiner geistigen Konsequenzen. Sein neuester Biograph Peter Brown sagt es ein wenig vereinfachend: »Er war ganz bestimmt kein gläubiger Typ, wie er unter den Gebildeten in der lateinischen Welt vor ihm so verbreitet war«[73]; für Augustinus ging es nicht darum, die Ungewißheiten der Philosophie gegen die geoffenbarte Wahrheit einzutauschen, sondern die philosophischen Konsequenzen seines neuen

Glaubens zu ermitteln. Bei diesem gewaltigen Vorhaben stützte er sich am allermeisten auf die Briefe des Apostels Paulus, und das Ausmaß seines Erfolges läßt sich vielleicht am besten daran ermessen, daß seine Autorität in den folgenden Jahrhunderten christlicher Philosophie der des Aristoteles gleichkam – der für das Mittelalter »der Philosoph« war.

Beginnen wir mit dem frühen Interesse des Augustinus für den Willen, wie es sich im ersten Teil jener frühen Abhandlung niederschlägt (die beiden abschließenden Teile entstanden fast zehn Jahre später, ungefähr zur gleichen Zeit wie die »Bekenntnisse«). Die Leitfrage ist die nach der Ursache des Bösen: »Denn das Böse konnte nicht ohne eine Ursache entstehen«, und Gott kann nicht die Ursache des Bösen sein, denn »Gott ist gut«. Diese – schon damals gängige – Frage hatte ihn »seit seiner Jugend ungeheuer umgetrieben . . . und sogar zur Ketzerei getrieben«, nämlich zur Lehre Manis[74]. Es folgen streng diskursive Überlegungen (wenn auch in Gesprächsform), wie wir sie bei Epiktet fanden, und die wichtigsten Stellen hier klingen wie eine pädagogische Zusammenfassung, bis am Schluß der Schüler sagt: »Ich frage mich, ob der Schöpfer uns . . . den freien Willen hätte verleihen sollen. Denn es scheint, wenn wir keinen freien Willen hätten, so hätten wir nicht sündigen können. Und man muß fürchten, daß Gott in diesem Sinne als die Ursache unserer bösen Taten erscheinen könnte.« An diesem Punkt beruhigt Augustinus den Frager und vertagt die Erörterung[75]. Dreißig Jahre später, im »Gottesstaat«, nimmt er die Frage des »Zieles des Willens« als des »Zieles des Menschen« in anderer Form wieder auf.

Die Frage, deren Antwort so viele Jahre aufgeschoben wurde, ist der Ausgangspunkt für Augustins eigene Philosophie des Willens. Doch den ersten Anlaß gab eine genaue Interpretation des Römerbriefs. In den »Bekenntnissen« wie auch in den letzten beiden Abschnitten der Abhandlung »Über die Willensfreiheit« entwickelt er die philosophischen Konsequenzen jener merkwürdigen Erscheinung (daß es möglich ist, daß man etwas will und trotz Fehlens äußerer Hindernisse doch nicht ausführen kann), die Paulus mit Hilfe einander entgegengerichteter Gesetze beschrieben hatte. Doch Augustinus spricht nicht von zwei Gesetzen, sondern von »*zwei Willen*, einer neu, der andere alt, einer fleischlich, der andere geistlich«, und wie Paulus beschreibt er eingehend, wie diese beiden Willen »in« ihm miteinander stritten und dadurch seine »Seele zugrunde richteten«[76]. Mit anderen Worten, er ist darauf bedacht, seine frühere manichäische Ketzerei zu vermeiden, nach der zwei entgegengesetzte Prinzipien die Welt regieren, ein gutes und ein böses, ein fleischliches und ein geistiges. Jetzt gibt es für ihn nur ein Gesetz, und die erste Erkenntnis ist daher die naheliegendste, aber auch die bestürzendste: »Non hoc est velle quod posse«, »Wollen und können sind nicht dasselbe«[77].

Sie ist bestürzend, weil die beiden Vermögen des Wollens und des Ausführens so eng zusammenhängen: »Der Wille muß da sein, damit die Energie tätig wird«; und natürlich muß Energie da sein, derer sich der Wille bedienen kann. »Wenn man handelt . . . so kann es nie ohne Wollen geschehen«, auch wenn »man etwas unwillentlich, unter Zwang tut«. »Wenn man nicht handelt«, so kann es daran liegen, daß »der Wille fehlt«, oder daß »die Energie fehlt«[78]. Das ist um so erstaunlicher, als Augustinus mit dem Hauptargument der Stoiker für die Vorherrschaft des Willens übereinstimmt, nämlich daß »nichts so sehr in unserer Macht steht wie der Wille selbst, denn es gibt keine Verzögerung; in dem Augenblick, da wir etwas wollen, ist es schon geschehen«[79]; nur hält er den Willen nicht für ausreichend. »Das Gesetz würde nicht gebieten, wenn es keinen Willen gäbe, und die Gnade hülfe nichts, wenn der Wille ausreichte.« Wesentlich ist hier, daß sich das Gesetz nicht an den Geist wendet, dann würde es nämlich nur offenbaren und nicht gebieten; es wendet sich an den Willen, weil »der Geist nicht in Bewegung gesetzt wird, ohne daß er es will«. Und deshalb steht nur der Wille und nicht die Vernunft oder die Begierden »in unserer Macht; er ist frei«[80].

Dieser Beweis der Willensfreiheit stützt sich ausschließlich auf das innere Vermögen der Zustimmung oder Ablehnung, das nichts mit irgendeinem wirklichen Können zu tun hat – welches zur Ausführung der Befehle des Willens nötig ist. Die Überzeugungskraft des Beweises ergibt sich aus einem Vergleich des Wollens mit der Vernunft einerseits und den Begierden andererseits, die man beide nicht als frei ansehen kann. (Wie wir sahen, führte Aristoteles seine proairesis ein, um nicht entweder sagen zu müssen, der »gute Mensch« widerstehe *gewaltsam* seinen Begierden, oder der »schlechte Mensch« widerstehe *gewaltsam* seiner Vernunft.) Alles, was mir die Vernunft sagt, ist zwingend, soweit es um die Vernunft geht. Ich kann vielleicht zu einer vor mir stehenden Wahrheit nein sagen, aber jedenfalls nicht mit vernünftigen Gründen. Die Begierden entstehen in meinem Körper von selbst, und mein Verlangen wird von Gegenständen außerhalb von mir erweckt; ich kann zu ihnen nein sagen aufgrund der

Belehrung durch die Vernunft oder das Gesetz Gottes, doch die Vernunft selbst bringt mich nicht zum Widerstehen. (Duns Scotus, der sehr stark von Augustinus beeinflußt war, führt später das Argument weiter. Natürlich kann der fleischliche Mensch, wie ihn Paulus verstand, nicht frei sein; doch der geistliche Mensch ist auch nicht frei. Soweit der Verstand auf den Geist einen Einfluß hat, ist es ein zwingender; er kann dem Geist aber nie beweisen, daß er sich ihm nicht nur unterwerfen, sondern das auch wollen solle[81].)

Das Wahlvermögen, das für das liberum arbitrium so entscheidend ist, bezieht sich hier nicht auf die abwägende Auswahl von Mitteln zu einem Zweck, sondern in erster Linie – und bei Augustinus ausschließlich – auf die Wahl zwischen dem Wollen und dem Nichtwollen, velle und nolle. Dieses nolle hat nichts zu tun mit dem Willen, nicht zu wollen, und man kann es nicht mit Ich-will-nicht übersetzen, weil das an eine Abwesenheit des Willens denken läßt. Nolle ist etwas ebenso Aktives wie velle, ebenso ein Vermögen des Willens: wenn ich will, was ich nicht begehre, dann will ich meinen Begierden entgegen; und ebenso kann ich dem entgegenwollen, was die Vernunft mir als das Rechte zeigt. In jedem Willensakt liegt ein Ich-will-*und-ich-will-nicht*. Das sind die beiden Willen, deren »Streit«, wie Augustinus sagt, seine »Seele zugrunde richtete«. Gewiß, »wer will, der will etwas«, und dieses Etwas stellt sich ihm dar »entweder von außen durch die Sinne des Körpers, oder es gelangt auf verborgenen Wegen in den Geist«, doch wesentlich ist, daß alle diese Gegenstände den Willen nicht bestimmen[82].

Was veranlaßt dann den Willen zum Wollen? Was setzt den Willen in Bewegung? Die Frage ist unumgänglich, doch die Antwort, so stellt sich heraus, führt in einen unendlichen Regreß. Denn wenn die Frage beantwortet werden soll, »wirst du dann nicht wiederum nach der Ursache dieser Ursache fragen, falls du sie findest?« Möchtest du nicht »die Ursache des dem Willen vorgeschalteten Willens« wissen? Könnte es nicht zum Willen gehören, daß er in diesem Sinne keine Ursache hat? »Denn entweder ist der Wille seine eigene Ursache, oder er ist kein Wille.«[83] Der Wille ist eine Tatsache, die in ihrer schieren kontingenten Tatsächlichkeit nicht kausal erklärbar ist. Oder – um einen späten Gedanken Heideggers vorwegzunehmen –: Der Wille erfährt sich ja so, daß er Ereignisse *verursacht*, die sonst nicht stattgefunden hätten; könnte es da nicht so sein, daß weder der Verstand noch unser Wissensdurst (der durch simple Informationen zu stillen wäre) hinter unserem Fragen nach Ursachen steht, sondern nichts anderes als der Wille – als stünde hinter jedem Warum ein verborgener Wunsch, nicht bloß das Jeweilige zu erfahren, sondern zu lernen, wie alles zusammenhängt?

Schließlich gelangt Augustinus, immer noch den Schwierigkeiten auf der Spur, die im Römerbrief beschrieben, aber nicht erklärt werden, zur Interpretation der anstößigen Seite der Paulinischen Gnadenlehre: »Das Gesetz aber ist neben eingekommen, auf daß die Sünde mächtiger würde. Wo aber die Sünde mächtig geworden ist, da ist doch die Gnade viel mächtiger geworden« (Römer 5,20). Daraus kann man in der Tat nur schwer einen anderen Schluß ziehen als: »›Lasset uns Übles tun, auf daß Gutes daraus komme‹« (Römer 3,8). Oder, gemäßigter ausgedrückt, es ist ganz gut, daß man nicht fähig war, Gutes zu tun, wegen der überwältigenden Wonne der Gnade – wie Augustinus selbst einmal sagte[84]. Seine Antwort in den »Bekenntnissen« verweist auf die seltsamen Wege der Seele auch ohne spezifisch religiöse Erfahrungen. Die Seele »freut sich mehr, wenn sie das von ihr Geliebte findet oder wiedergewinnt, als wenn sie es immer gehabt hätte . . . Der siegreiche Feldherr triumphiert . . . und je gefährlicher die Situation in der Schlacht war, desto größer die Freude beim Triumph . . . Ein Freund ist krank . . . er genest, und obwohl er seine alte Kraft nicht wiedergefunden hat, ist mehr Freude, als da er gesund und stark war.« Und so verhält es sich mit allem; das menschliche Leben ist »voller Zeugnisse« dafür. »Die größte Freude wird durch den größten Schmerz eingeleitet« – das ist die allen Lebewesen »bestimmte Seinsweise, vom Engel bis zum Wurm«. Selbst Gott, der ja ein lebendiger Gott ist, »freut sich mehr über einen reuigen Sünder als über neunundneunzig Menschen, die nichts zu bereuen haben«[85]. Diese Seinsweise (modus) kommt gleichermaßen Niedrigem und Hohem, Sterblichem und Göttlichem zu.

Das ist gewiß die Quintessenz dessen, was Paulus zu sagen hatte, aber auf unanschauliche, theoretische Art ausgedrückt: Ohne sich auf irgendeine rein theologische Deutung zu stützen, nimmt es den Klagen und versteckten Anklagen des Paulus den Stachel, vor dem ihn nur das argumentum ad hominem retten konnte, die Frage wie bei Hiob: »Wer bist *du*, daß du solche Fragen stellst und solche Einwände erhebst?«

In der Widerlegung des Stoizismus durch Augustinus erkennt man eine ähnliche Wandlung und Festigung vermittels des theoretischen Denkens. Das eigentlich Anstößige an dieser Lehre war nicht, daß sich der Mensch entschließen konnte, zur Wirklichkeit nein zu sagen, sondern daß dieses Nein nicht genügte; um Ruhe zu finden, mußte er, so sagte man ihm, seinen Willen darin üben, ja zu sagen und »das zu wollen, was tatsächlich geschieht«. Augustinus ist der Auffassung, diese willentliche Unterwürfigkeit setze eine schwerwiegende Beschränkung des Wollensvermögens selbst voraus. Seiner Ansicht nach ist zwar jedes velle von einem nolle begleitet, doch die Freiheit des Wollens ist begrenzt, weil kein geschaffenes Wesen gegen die Schöpfung wollen kann, denn das wäre – auch im Falle des Selbstmords – ein Wille, der nicht gegen einen Gegenwillen gerichtet wäre, sondern gegen die Existenz des wollenden oder gegenwollenden Subjekts überhaupt. Der Wille, Vermögen eines lebendigen Wesens, kann nicht sagen, »ich möchte lieber nicht *sein*« oder »ich hätte lieber das Nichts als solches«. Wenn jemand sagt: »Ich möchte lieber nicht existieren als unglücklich sein«, so ist darauf in keinem Fall etwas zu geben, denn während er das sagt, lebt er noch.

Doch das ist vielleicht nur deshalb so, weil mit dem Leben immer der Wunsch zum Weiterexistieren verbunden ist; deshalb wollen die meisten Menschen »lieber unglücklich als gar nicht sein«. Was ist aber mit denen, die sagen: »Hätte man mich gefragt, ehe ich existierte, so hätte ich lieber nicht existieren als unglücklich sein wollen«? Diese haben nicht bedacht, daß selbst diese Aussage auf dem festen Grund des Seins erfolgt; würden sie die Sache recht betrachten, so würden sie erkennen, daß sie eben wegen ihres Unglücklichseins gewissermaßen weniger existieren, als sie möchten; es nimmt ihnen ein Stück Existenz. »Der Grad ihres Unglücklichseins entspricht der Entfernung von dem, was im höchsten Maße *ist* (quod summe est)«, und liegt daher außerhalb der Zeitordnung, die von Nichtexistenz durchsetzt ist – »denn zeitliche Dinge haben keine Existenz, bevor sie existieren; während sie existieren, schwinden sie dahin; und wenn sie verschwunden sind, existieren sie nie wieder«. Alle Menschen fürchten den Tod, und dieses Gefühl ist »wahrer« als jede Meinung, die einen »auf den Gedanken bringen könnte, man sollte nicht existieren wollen«, denn es ist ja so, daß »zu existieren anfangen das gleiche ist wie auf die Nichtexistenz zugehen«. Kurz, »alles ist allein deshalb, weil es *ist*, gut«, auch das Übel und die Sünde; und das nicht nur wegen seines göttlichen Ursprungs und wegen des Glaubens an einen Schöpfergott, sondern auch, weil dich deine eigene Existenz daran hindert, die absolute Nichtexistenz zu denken oder zu wollen. In diesem Zusammenhang ist festzuhalten, daß Augustinus (wenn auch die meisten hier angeführten Zitate aus dem letzten Teil von »De libero arbitrio voluntatis« stammen) nirgends, wie später Eckhart, fordert: »Ein guter Mensch sollte seinen Willen mit dem göttlichen Willen in Einklang bringen, er sollte wollen, was Gott will; wenn also Gott gewollt hat, daß ich sündige, so sollte ich nicht wollen, daß ich meine Sünde nicht begangen hätte; das ist meine wahre Reue.«[86]

Augustinus folgert aus dieser Theorie des Seins nicht den Willen, sondern das Lob: »Danke, daß du bist«; »Lobe alle Dinge, nur weil sie sind«. Sage nicht nur nicht »›Es wäre besser, wenn [die Sünder] nicht existiert hätten‹, sondern auch nicht, ›sie hätten anders geschaffen werden sollen‹«. Und das gilt überhaupt für alles, denn »alles ist in seiner rechten Ordnung geschaffen«, und wenn du dich »erkühnst, gegen eine Wüste etwas zu haben«, so kannst du das nur, weil du sie »mit Besserem« vergleichen kannst. Es ist, »als wollte jemand, der mit seiner Vernunft die vollkommene Rundheit erfaßt hat, davon angewidert sein«, daß er sie in der Natur nicht finden kann. Er sollte dankbar für die Idee der Rundheit sein[87].

Im ersten Band sprach ich von der antiken griechischen Vorstellung, daß alle Erscheinungen, sofern sie *erscheinen*, nicht nur empfindende Wesen voraussetzen, die sie wahrnehmen können, sondern auch Anerkennung und *Lob* verlangen. Diese Vorstellung war eine Art philosophische Rechtfertigung der Dichtung und der bildenden Künste; die Weltentfremdung, die dem Aufstieg des stoischen und des christlichen Denkens vorausging, konnte sie zwar aus unserer philosophischen Tradition verbannen – aber nie völlig aus den Gedanken der Dichter. (Sie findet sich noch, mit emphatischem Ausdruck, bei W. H. Auden, bei dem es heißt: »Dies seltsame Gebot / versteh ich nicht: / *Preise, was da ist, weil es ist*, / Man muß ihm gehorchen, denn / Wozu sonst bin ich geschaffen, / Zum Ja oder zum Nein?«[88], bei dem russischen Dichter Ossip Mandelstam und natürlich in den Dichtungen Rainer Maria Rilkes.) Wo sie in einem rein christlichen Kontext auftritt, hat sie bereits einen unangenehm argumentierenden Anstrich, als wäre sie einfach eine notwendige Folgerung aus dem unbezweifelten Glauben an einen Schöpfergott, als wären die Christen verpflichtet, Gottes Worte nach der Schöpfung zu wiederholen – »Und Gott sah an alles . . . und . . . es war sehr gut« (1. Mose 1,31). Jedenfalls sind die Beobachtungen Augustins über die Unmöglichkeit des absoluten negativen Wollens (weil man während*dessen* nicht seine eigene Existenz nicht-wollen kann – man kann also nicht einmal in Form des Selbstmords absolut negativ wollen) eine gültige Widerlegung der geistigen Tricks der stoischen Philosophen, die dem Menschen den Rückzug von der Welt ermöglichen sollten, während er noch in ihr lebte.

. . .

Kommen wir auf die Frage des Willens in den »Bekenntnissen« zurück, wo kaum mit Argumenten, aber viel mit, wie wir heute sagen würden, »phänomenologischen« Beschreibungen gearbeitet wird. Denn Augustinus beginnt zwar mit einer theoretischen Fassung der Paulinischen Position, geht aber weit darüber und auch über seine eigenen ersten theoretischen Ergebnisse hinaus – daß »Wollen und Ausführenkönnen nicht dasselbe sind«, daß »das Gesetz nicht gebieten würde, wenn es keinen Willen gäbe, und die Gnade nichts hülfe, wenn der Wille ausreichte«, daß unserem Geist die Seinsweise bestimmt sei, nur mittels der Aufeinanderfolge von Gegensätzen wahrzunehmen, nur dadurch, daß der Tag in die Nacht und die Nacht in den Tag übergeht; daß man etwas über die Gerechtigkeit nur durch Erfahrung von Ungerechtigkeit lernt, über den Mut nur anhand von Feigheit, und so weiter. Beim Nachdenken darüber, was eigentlich geschehen war, während er vor seiner Bekehrung »in hartem Kampfe mit sich selber lag«, entdeckte er, daß die Paulinische Deutung eines Kampfes zwischen Fleisch und Geist falsch sei. Denn »leichter gehorchte mein Körper dem schwächsten Willensakt meiner Seele, er bewegte seine Glieder auf den leisesten Wink, als daß meine Seele sich selbst gehorcht und dieses große Wollen ausgeführt hätte, das nur im Willen vollbracht werden konnte.«[89] Das Übel lag also nicht in der halb fleischlichen, halb geistigen Zwienatur des Menschen; es lag im Willen selbst.

»Woher kommt diese Ungeheuerlichkeit? Und warum besteht sie? . . . Der Geist befiehlt dem Körper und findet sofort Gehorsam; der Geist befiehlt sich selbst und stößt auf Widerstand?« (»Unde hoc monstrum, et quare istud? Imperat animus corpori, et paretur statim; imperat animus sibi et resistitur?«) Der Körper hat keinen eigenen Willen und gehorcht dem Geist, obwohl dieser vom Körper verschieden ist. Doch in dem Augenblick, »da der Geist dem Geist zu wollen befiehlt und der Geist doch nichts Andersartiges ist, so [will] er doch nicht. Woher kommt diese Ungeheuerlichkeit, und warum besteht sie? Man höre: er befiehlt sich selber, etwas zu wollen, und er würde es nicht befehlen, wenn er es nicht wollte, aber dem Befehl gehorcht er nicht.« Vielleicht, so fährt er fort, läßt sich das mit einer Willensschwäche, einem Mangel an Engagement erklären: vielleicht ist es so, daß der Geist »nicht uneingeschränkt will, und daher nicht uneingeschränkt befiehlt ... und deshalb das Befohlene nicht zustandekommt.« Doch wer befiehlt hier, der Geist oder der Wille? Befiehlt der Geist (animus) dem Willen, und zögert er dabei, so daß der Wille keinen eindeutigen Befehl erhält? Die Antwort lautet nein, denn »der *Wille* befiehlt, daß es einen Willen geben soll, und zwar nicht einen anderen Willen [wie es der Fall wäre, wenn der *Geist* zwischen einander entgegengesetzten Willen zerteilt wäre], sondern diesen selben Willen.«[90]

Die Spaltung ereignet sich im Willen selbst; der Konflikt entsteht weder aus einer Spaltung zwischen Geist und Willen noch aus einer Spaltung zwischen Fleisch und Geist. Das zeigt sich schon daran, daß der Wille stets in Imperativen spricht: »Du sollst wollen«, sagt der Wille zu sich selbst. Nur der Wille selber kann solche Befehle geben, und »wäre der Wille ›ganz‹, so würde er sich nicht befehlen, zu sein«. Es ist dem Willen eigen, daß er sich verdoppelt, und in diesem Sinne gilt: wo immer ein Wille ist, da sind stets »zwei Willen, von denen keiner ganz (tota) ist, und was dem einen gegenwärtig ist, ist es dem anderen nicht«. Deshalb braucht man immer zwei einander entgegengesetzte Willen, um überhaupt zu wollen; es ist »somit keine Absurdität, teils zu wollen und teils das Gegenteil zu wollen« (»Et ideo sunt duae voluntates, quia una eorum tota non est. ... Non igitur monstrum partim velle, partim nolle«). Der Übelstand ist, daß dasselbe wollende Ich gleichzeitig will und das Gegenteil will: »Ich war es, der wollte, und ich war es, der das Gegenteil wollte, ich und kein anderer; weder wollte ich ganz noch wollte ich ganz das Gegenteil« – und das bedeutet nicht, daß »mein Geist zwei gewesen wäre, ein guter und ein böser«, sondern daß der Zusammenprall zweier Willen in ein und demselben Geist »mich auseinanderriß«[91].

Die Manichäer erklärten den Konflikt mit der Annahme zweier entgegengesetzter Naturen, einer guten und einer bösen. Doch »wenn es so viele gegensätzliche Naturen gäbe wie Willen, die einander entgegentreten, dann gäbe es nicht zwei Naturen, sondern viele«. Denn der gleiche Willenskonflikt tritt auch auf, wenn es nicht um eine Entscheidung zwischen Gut und Böse geht, sondern wenn beide Willen gut oder beide böse genannt werden müssen. Immer, wenn man in solchen Dingen zu einer Entscheidung zu kommen versucht, »findet man eine Seele, die zwischen verschiedenen Willen hin und her schwankt«. Angenommen, jemand versuche sich zu entscheiden, »ob er in den Zirkus oder ins Theater gehen soll, wenn beide am selben Tag spielen; oder drittens in ein Haus einzubrechen ... oder viertens Ehebruch zu begehen . . . das alles trifft sich zur selben Zeit, und alles ist gleich erwünscht, kann aber nicht gleichzeitig ausgeführt werden.« Hier haben wir vier Willen, alle schlecht, und alle im Gegensatz zueinander, so daß sie das wollende Ich »zerreißen«. Und das gleiche gilt für »gute Willen«[92].

Augustinus sagt hier nicht, wie diese Konflikte gelöst werden, nur gibt er zu, in einem bestimmten Augenblick werde ein Ziel gewählt, »auf das sich der eine, ganze Wille richten kann, der vorher in viele zerteilt war«. Doch die Versöhnung des Willens, und das ist entscheidend, kommt nicht durch die göttliche Gnade zustande. Am Ende der »Bekenntnisse« wendet er sich noch einmal dem Problem zu, und gestützt auf gewisse ganz andersartige Betrachtungen, die in der Abhandlung »Über die Dreieinigkeit« eingehend begründet werden (an ihr sollte er fünfzehn Jahre schreiben, von 400 bis 416), bestimmt er den abschließend einigenden Willen, der letztlich über das Verhalten des Menschen entscheidet, als die *Liebe*.

Die Liebe ist die »Schwere der Seele«, ihr Schwerkraftgesetz, das ihre Bewegung zur Ruhe bringt. Nicht unbeeinflußt von der Aristotelischen Physik meint er, das Ziel aller Bewegung sei die Ruhe, und jetzt versteht er die Emotionen – die Bewegungen der Seele – analog zu den Bewegungen in der physikalischen Welt. Denn »nichts anderes erstreben die Körper durch ihre Schwere, als was die Seele mit ihrer Liebe erstrebt«. Daher, in den »Bekenntnissen«: »Meine Schwere ist meine Liebe; sie führt mich, wohin es mich auch verschlägt.«[93] Die Schwerkraft der Seele, das Wesen eines Menschen, das dem menschlichen Auge verborgen ist, wird sichtbar in dieser Liebe.

Halten wir folgendes fest. Erstens: Die Spaltung im Willen ist ein Konflikt und kein Zwiegespräch, und sie ist unabhängig vom Inhalt des Gewollten. Ein böser Wille ist nicht weniger gespalten als ein guter, und umgekehrt. Zweitens: Der Wille als Befehlshaber des Körpers ist nichts weiter als ein ausführendes Organ des Geistes und als solches völlig unproblematisch. Der Körper gehorcht dem Geist, weil er kein Organ besitzt, das ihm Ungehorsam möglich machen würde. Der Wille, der sich an sich selbst wendet, ruft den Gegenwillen wach, weil sich alles auf der Ebene des Geistes abspielt; ein Kampf ist nur zwischen Gleichen möglich. Ein Wille, der »ganz« wäre, ohne Gegenwillen, könnte gar kein Wille im eigentlichen Sinne mehr sein. Drittens: Da es im Wesen des Willens liegt, zu befehlen und Gehorsam zu verlangen, so liegt es auch in seinem Wesen, daß er Widerstand erfährt. Letztens: Im Rahmen der »Bekenntnisse« wird das

Rätsel dieses »monströsen« Vermögens nicht gelöst; wie der Wille, gegen sich selbst entzweit, schließlich »ganz« wird, bleibt unbegreiflich. Wenn der Wille so beschaffen ist, wie gelingt es ihm dann jemals, mich zum Handeln zu bewegen – etwa den Einbruch dem Ehebruch vorzuziehen? Denn das »Schwanken der Seele« zwischen vielen gleich wünschenswerten Zielen bei Augustinus ist etwas ganz anderes als das Abwägen bei Aristoteles, das keine Ziele betrifft, sondern Mittel zu einem Ziel, das durch die menschliche Natur gegeben ist. In den wesentlichen Analysen Augustins tritt kein solcher letzter Schiedsrichter auf, außer ganz am Schluß der »Bekenntnisse«, wenn er plötzlich vom Willen als einer Art Liebe zu sprechen beginnt, »dem Gewicht unserer Seele«, ohne freilich diese seltsame Gleichsetzung irgendwie zu begründen.

Irgendeine Lösung dieser Art ist offenbar vonnöten, denn wir wissen ja, daß sich diese Konflikte des wollenden Ichs schließlich lösen. Wie ich später zeigen werde, leitet sich der scheinbare deus ex machina in den »Bekenntnissen« von einer anderen Theorie des Willens her. Doch ehe wir uns der Abhandlung »Über die Dreieinigkeit« zuwenden, sollten wir vielleicht innehalten und sehen, wie dasselbe Problem von einem modernen Denker mit Hilfe des Bewußtseinsbegriffs behandelt wird.

John Stuart Mill meint bei der Untersuchung der Frage des freien Willens, die auf diesem philosophischen Gebiet herrschende »Gedankenverwirrung« müsse »dem menschlichen Geist sehr naheliegen«, und er beschreibt – weniger lebendig und auch weniger genau, aber mit merkwürdig ähnlichen Worten wie den soeben gehörten – die Konflikte, denen das wollende Ich ausgesetzt ist. Er betont, sie »finden nicht statt zwischen mir und einer fremden Macht, die ich überwinde oder von der ich überwältigt werde. [Denn] es liegt auf der Hand, daß ›ich‹ beide Seiten im Konflikt bin; der Konflikt findet zwischen mir und mir statt . . . Wenn ich, oder, wenn man so will, mein Wille mit der einen der beiden Seiten gleichgesetzt wird, so deshalb, weil das eine der beiden Iche eine *dauerhaftere* Seite meiner Gefühle darstellt als das andere.«

Mill braucht diese »Dauerhaftigkeit«, weil er »grundsätzlich bestreitet, daß wir uns der Möglichkeit bewußt wären, im Gegensatz zur stärksten Neigung oder Abneigung zu handeln«; daher mußte er das Phänomen der Reue erklären. Dabei entdeckte er dies: »Nachdem man der Versuchung nachgegeben hat [d. h. der im Augenblick stärksten Neigung], findet dieses Ich sein Ende, doch das vom Gewissen heimgesuchte Ich *besteht* vielleicht *fort* bis ans Ende des Lebens.« Dieses fortdauernde, vom Gewissen heimgesuchte Ich spielt zwar in Mills späteren Überlegungen keine Rolle, doch hier deutet es das Eingreifen von etwas an – man spricht vom »Gewissen« oder »Charakter« –, das alle einzelnen, zeitlich begrenzten Willensakte oder Neigungen überdauert. Nach Mill müßte das »fortdauernde Ich«, das sich erst nach dem Ende eines Willensaktes zeigt, dem ähneln, was den Buridanschen Esel davor bewahrte, zwischen zwei gleich anziehend riechenden Heuhaufen zu verhungern: »Aus reiner Erschöpfung . . . in Verbindung mit dem Hungergefühl« wird das Tier »gar nicht mehr an die konkurrierenden Gegenstände denken«. Doch das konnte Mill nicht gut zugeben, denn das »fortdauernde Ich« ist natürlich eine der »Konfliktparteien«, und wenn er sagt, »das Ziel der moralischen Erziehung ist die Erziehung des Willens«, so geht er davon aus, daß man eine der Parteien lehren könne, die Oberhand zu gewinnen. Hier kommt die Erziehung als der deus ex machina herein: Mills Behauptung beruht auf einer ungeprüften Voraussetzung – wie sie die Moralphilosophen oft sehr zuversichtlich heranziehen, ohne daß sie freilich beweisbar oder widerlegbar wäre[94].

Diese seltsame Zuversicht kann man von Augustinus nicht erwarten; sie kam erst viel später auf, um wenigstens auf dem Gebiet der Ethik gewissermaßen durch fiat den umfassenden Zweifel zu neutralisieren, der die Neuzeit kennzeichnet – die Nietzsche, meiner Ansicht nach mit Recht, das Zeitalter des Argwohns nannte. Als die Menschen nicht mehr *loben* konnten, verwendeten sie ihre geistige Hauptenergie auf die *Rechtfertigung* Gottes und seiner Schöpfung in Theodizeen. Doch natürlich braucht auch Augustinus irgendein Mittel zur Erlösung des Willens. Die göttliche Gnade konnte nicht helfen, nachdem er entdeckt hatte, daß der böse und der gute Wille gleichermaßen gespalten waren; man kann sich nicht gut vorstellen, daß Gottes unverdiente Gnade entscheidet, ob ich das Theater besuche oder einen Ehebruch begehe. Augustinus findet die Lösung in einem völlig neuen Ansatz. Er untersucht jetzt den Willen nicht mehr isoliert, sondern im Zusammenhang mit den anderen geistigen Vermögen; die Leitfrage lautet jetzt: Welche Rolle spielt der Wille im Leben des Geistes als ganzen? Doch das phänomenale Datum, das die Antwort andeutet, noch ehe sie gefunden und recht ausgearbeitet ist, ähnelt seltsam Mills »fortdauerndem Ich«. Bei Augustinus heißt es: »Es gibt in mir Einen, der mehr ich selbst ist als ich selber.«[95]

Die Haupterkenntnis der Abhandlung »Über die Dreieinigkeit« ergibt sich aus dem Mysterium der christlichen Dreieinigkeit. Vater, Sohn und Heiliger Geist, die drei Substanzen sind, wenn sie je für sich gesehen werden, können gleichzeitig eine Einheit bilden, womit gesichert ist, daß das Dogma keinen Verstoß gegen den Monotheismus bedeutet. Die Einheit ist möglich, weil alle drei Substanzen »wechselseitig prädiziert werden relativ« aufeinander, ohne dadurch die Existenz »in ihrer eigenen Substanz« zu verlieren. (Das ist zum Beispiel nicht der Fall, wenn Farbe und farbiger Gegenstand »wechselseitig prädiziert werden« in ihrer Beziehung aufeinander, denn die Farbe hat »keine eigene Substanz, denn ein farbiger Körper ist eine Substanz, doch die Farbe ist *an* einer Substanz«[96].)

Das Musterbeispiel für eine wechselseitig prädizierte Beziehung unabhängiger »Substanzen« ist die *Freundschaft*: zwei befreundete Menschen kann man »unabhängige Substanzen« nennen, sofern sie zu sich selbst in Beziehung stehen; Freunde sind sie nur bezüglich des jeweils anderen. Ein Freundespaar bildet eine Einheit, sofern und solange die beiden Freunde sind; wenn die Freundschaft aufhört, sind sie wieder zwei voneinander unabhängige »Substanzen«. Das zeigt, daß jemand oder etwas Eines sein kann, wenn nur auf sich selbst bezogen, und doch so auf ein anderes bezogen, so eng mit ihm *verbunden*, daß die zwei als eines erscheinen können, ohne ihre »Substanz« zu verändern, ohne ihre substanzhafte Unabhängigkeit und Identität zu verlieren. So verhält es sich mit der heiligen Dreieinigkeit: Gott bleibt Einer, wenn er nur auf sich selbst bezogen wird, aber er ist drei in der Einheit mit dem Sohn und dem Heiligen Geist.

Wesentlich ist hier, daß eine solche wechselseitig prädizierte Beziehung nur zwischen »Gleichen« bestehen kann; man kann also nicht von ihr sprechen bei der Beziehung zwischen Körper und Seele, zwischen fleischlichem und geistigem Menschen, obwohl beide immer zusammen erscheinen, denn hier ist die Seele offenbar das herrschende Prinzip. Doch für Augustinus steht fest, daß sich das geheimnisvolle Drei-in-einem irgendwo in der menschlichen Natur finden muß, weil Gott den Menschen sich zum Bilde geschaffen hat; und da sich der Mensch eben durch seinen Geist von allen anderen Geschöpfen unterscheidet, müßte sich das Drei-in-einem in der Struktur des Geistes finden lassen.

Die ersten Andeutungen dieses neuen Ansatzes finden sich am Schluß der »Bekenntnisse«, des Werkes, das unmittelbar der Abhandlung »Über die Dreieinigkeit« vorausgeht. Da nun kommt Augustinus zum erstenmal auf den Gedanken, das theologische Dogma des Drei-in-einem als allgemeines philosophisches Prinzip zu verwenden. Er fordert den Leser auf, »drei Dinge zu betrachten, die an sich selbst sind . . . [und] etwas völlig anderes sind als die Dreieinigkeit . . . ich spreche vom Sein, vom Wissen und vom Wollen. [Die drei hängen miteinander zusammen.] Denn ich bin, und ich weiß, und ich will; ich bin Wissen und Wollen; und ich weiß von mir, daß ich bin und daß ich will; und ich will sein und wissen. In diesen drei möge erkennen, wer da kann, wie untrennbar sie ein Leben, ein Geist, ein Wesen sind; und schließlich, so untrennbar sie auch sind, es gibt einen Unterschied.«[97] Natürlich ist nicht daran gedacht, daß das Sein ein Analogon zum Vater wäre, das Wissen zum Sohn und das Wollen zum Heiligen Geist. Augustinus geht es lediglich darum, daß das geistige Ich drei völlig verschiedene Dinge enthält, die untrennbar und doch unterscheidbar sind.

Die Dreiheit von Sein, Wollen und Wissen kommt nur in der ziemlich vorläufigen Formel in den »Bekenntnissen« vor; das Sein paßt ja offensichtlich nicht dazu, da es kein Vermögen des Geistes ist. In der Abhandlung »Über die Dreieinigkeit« ist die wichtigste geistige Dreiheit die von Gedächtnis, Verstand und Willen. Diese drei Vermögen sind »nicht drei Geister, sondern ein Geist . . . Sie beziehen sich wechselseitig aufeinander . . . und jede ist enthalten in« den anderen beiden und bezieht sich auf sich selbst zurück: »Ich erinnere mich, daß ich Gedächtnis, Verstand und Willen habe; und ich verstehe, daß ich verstehe, will und erinnere; und ich will, daß ich will, erinnere und verstehe.«[98] Diese drei Vermögen sind ranggleich, doch ihre Einheit kommt durch den Willen zustande.

Der Wille sagt dem Gedächtnis, was es behalten und was es vergessen soll; er sagt dem Verstand, womit er sich befassen soll. Gedächtnis und Verstand sind beide betrachtend und damit passiv; es ist der Wille, der sie tätig werden läßt und letzten Endes »zusammenbindet«. Und erst, wenn die drei durch eines von ihnen, nämlich den Willen, »zu einem zusammengezwungen werden, erst dann sprechen wir vom *Denken*«, cogitatio, was Augustinus in spielerischer Etymologie von cogere, zusammenzwingen, ableitet. (»Atque ita fit illa trinitas ex memoria, et interna visione, et quae utrumque copulat voluntate. Quia tria [in unum] coguntur, ab ipso coactu cogitatio dicitur.«[99])

Die Bindekraft des Willens erweist sich nicht nur bei rein geistiger Tätigkeit, sondern auch bei der Sinneswahrnehmung, die durch sie sinnvoll wird: bei jedem Sehen muß man nach Augustinus »folgende drei Dinge unterscheiden: . . . den gesehenen Gegenstand . . . und der kann ohne weiteres existieren, ehe er gesehen wird; zweitens die Gesichtswahrnehmung, die nicht vorhanden war, ehe wir den Gegenstand wahrnahmen . . . und drittens die Kraft, die den Gesichtssinn auf den Gegenstand lenkt . . . nämlich die Aufmerksamkeit des Geistes.« Ohne diese, eine Willensfunktion, haben wir bloß sinnliche »Eindrücke«, ohne sie eigentlich wahrzunehmen; man *sieht* einen Gegenstand nur, wenn man seinen Geist auf die Wahrnehmung konzentriert. Man kann sehen, ohne wahrzunehmen, man kann hören, ohne zuzuhören, was häufig geschieht, wenn man geistesabwesend ist. Die »Aufmerksamkeit des Geistes« ist notwendig, um aus der Empfindung eine Wahrnehmung zu machen; der Wille, der »den Sinn auf den gesehenen Gegenstand fixiert und beide zusammenbindet«, ist etwas wesentlich anderes als das sehende Auge und der sichtbare Gegenstand; er ist Geist und nicht Körper[100].

Und indem wir unseren Geist auf das Gesehene oder Gehörte fixieren, sagen wir unserem Gedächtnis, was es behalten soll, und unserem Verstand, was er verstehen soll, mit welchen Gegenständen er sich bei der Erkenntnissuche beschäftigen soll. Gedächtnis und Verstand haben sich von den äußeren Erscheinungen zurückgezogen und beschäftigen sich nicht mit diesen selbst (dem wirklichen Baum), sondern mit Abbildern (dem gesehenen Baum), und diese sind eindeutig in unserem Inneren. Mit anderen Worten, der Wille führt zunächst vermittels der *Aufmerksamkeit* unsere Sinnesorgane mit der wirklichen Welt sinnvoll zusammen, und dann zieht er gewissermaßen diese äußere Welt in uns hinein und bereitet sie für die weitere geistige Bearbeitung zu: für die Erinnerung, das Verstehen, das Behaupten oder Bestreiten. Denn die inneren Bilder sind keineswegs bloße Täuschungen. »Konzentriert man sich nur auf die inneren Phantasien und wendet das geistige Auge völlig von den Körpern ab, die unsere Sinne umgeben«, so ergibt sich »eine so überraschende Ähnlichkeit mit den Erinnerungsbildern«, daß man nur schwer sagen kann, ob man gerade sieht oder nur sich erinnert. »So groß ist die Macht des Geistes über seinen Körper«, daß die bloße Vorstellung »die Genitalien erregen kann«[101]. Und diese *Macht* des Geistes ist nicht dem Verstand oder dem Gedächtnis zu verdanken, sondern allein dem Willen, der die Innerlichkeit des Geistes mit der äußeren Welt verknüpft. Der Mensch verdankt seine Vorzugsstellung in der Schöpfung, in der äußeren Welt, dem Geiste, der »innen vorstellt, aber Äußeres. Denn niemand könnte mit diesen Dingen [der Außenwelt] umgehen . . .

wenn nicht Abbilder der wahrnehmbaren Gegenstände im Gedächtnis aufbewahrt wären, und wenn nicht . . . derselbe Wille mit den Körpern draußen und mit ihren Abbildern drinnen umgehen könnte.«[102]

Dieser Wille als die einigende Kraft, die den menschlichen Sinnesapparat auf die Außenwelt bezieht und dann die verschiedenen geistigen Vermögen des Menschen zusammenführt, hat zwei Eigenschaften, die in den verschiedenen bisherigen Beschreibungen des Willens völlig fehlten. Man kann ihn tatsächlich als »Triebfeder des Handelns« verstehen; er lenkt die Aufmerksamkeit der Sinne, verwaltet die Erinnerungsbilder und liefert dem Verstand Material zur Betätigung, und dadurch bereitet er dem Handeln den Boden. Dieser Wille, so möchte man sagen, ist so mit der Vorbereitung des Handelns beschäftigt, daß er kaum Zeit hat, sich auf den Streit mit seinem Gegenwillen einzulassen. »Und genau wie Mann und Weib eines Fleisches sind, so umfaßt die einheitliche Natur des Geistes [der Wille] unseren Verstand und unser Handeln, die Überlegung und die Ausführung . . . und wie es von jenen heißt: ›Sie werden sein *ein* Fleisch‹, so kann man von diesen [dem inneren und dem äußeren Menschen] sagen: ›Sie sind *ein* Geist‹.«[103]

Hier haben wir eine erste Andeutung bestimmter Konsequenzen, die viel später Duns Scotus aus dem Augustinischen Voluntarismus ziehen sollte: die Erlösung des Willens kann keine geistige sein und ergibt sich auch nicht durch göttlichen Eingriff; sie kommt durch das Handeln zustande, das – oft wie ein »Staatsstreich«, so Bergsons glücklicher Ausdruck – den Konflikt zwischen Wollen und Anderswollen abbricht. Duns Scotus drückt es (in der Zusammenfassung eines modernen Kommentators) so aus: »Ich kann in diesem Augenblick schreiben oder ebensogut nicht schreiben.« Ich bin noch völlig frei, und diese Freiheit bezahle ich mit der merkwürdigen Tatsache, daß der Wille immer gleichzeitig etwas will und das Gegenteil will: bei ihm schließt die geistige Tätigkeit ihr Gegenteil nicht aus. »Doch wenn ich *tatsächlich* schreibe, so ist das Gegenteil ausgeschlossen. Mit einem Willensakt kann ich mich entschließen, zu schreiben, und mit einem anderen kann ich mich entschließen, nicht zu schreiben, aber ich kann nicht beides gleichzeitig ausführen.«[104] Mit anderen Worten, der Wille wird dadurch erlöst, daß er aufhört zu wollen und anfängt zu handeln, und dieses Aufhören kann nicht aus einem Akt des Willens-zum-Nichtwollen hervorgehen, denn das wäre ja nur ein weiterer Willensakt.

Bei Augustinus ebenso wie später bei Duns Scotus löst sich der innere Konflikt des Willens durch eine Verwandlung des Willens selbst, nämlich in *Liebe*. Der Wille – in seiner funktionalen Wirksamkeit gesehen als etwas Verbindendes – läßt sich auch als Liebe definieren (»voluntas: amor seu dilectio«[105]), denn die Liebe ist ja offenbar die erfolgreichste Bindekraft. Bei der Liebe gibt es wiederum »dreierlei: den Liebenden, das Geliebte und die Liebe ... [Sie] ist ein gewisses Leben, das ... zwei Dinge verbindet, nämlich den Liebenden und das Geliebte«[106]. Im gleichen Sinne war der Wille als Aufmerksamkeit nötig für die Wahrnehmung, indem er den Menschen mit Augen zum Sehen und das Sichtbare zusammenführte; nur ist die vereinigende Macht der Liebe stärker. Denn was die Liebe vereint, das ist »wunderbar fest zusammengefügt«, derart, daß es einen Zusammenhalt zwischen dem Liebenden und dem Geliebten gibt – »cohaerunt enim mirabiliter glutino amoris«[107]. Die Verwandlung hat nicht nur den großen Vorzug, daß die Liebe mit größerer Macht getrennt Bleibendes zusammenfügt – wenn der Wille beim Vereinigen »der Form des gesehenen Körpers und seines im Sinne entstehenden Abbilds, also der Gesichtswahrnehmung ... so heftig ist, daß [er den Sinn auf die Gesichtswahrnehmung *fixiert* hält, sobald sie einmal zustandegekommen ist], so kann man ihn Liebe oder Begehren oder Leidenschaft nennen«[108] –; sie hat auch den Vorzug, daß die Liebe im Unterschied zum Willen und zum Begehren nicht verlöscht, wenn sie ihr Ziel erreicht hat, sondern den Geist in den Stand setzt, »*stetig* zu bleiben und es zu *genießen*«.

Dieses stetige Genießen kann der Wille nicht zuwege bringen; der Wille ist als geistiges Vermögen gegeben, weil der Geist »sich nicht genug ist« und »wegen seines Mangels sich ungebührlich auf seine eigene Tätigkeit konzentriert«[109]. Der Wille entscheidet, wie Gedächtnis und Verstand *einzusetzen* sind, d.h. er »verweist sie auf etwas anderes«, aber darauf versteht er sich nicht »im Hinblick auf die Freude, die nicht von der Hoffnung kommt, sondern von der Sache selbst«[110]. Aus diesem Grunde ist der Wille nie befriedigt, denn »Befriedigung bedeutet, daß der Wille still geworden ist«[111], und nichts – gewiß nicht die Hoffnung – kann seine Unruhe stillen, nur »ungefährdete Dauerhaftigkeit«, der stille und dauernde Genuß von etwas Gegenwärtigem; nur »die Macht der Liebe ist so groß, daß der Geist das in sich hineinzieht, womit er schon lange in Liebe umgegangen ist«[112]. Der ganze Geist »ist in den Dingen, an die er mit Liebe denkt«, und das sind die Dinge, »ohne die er sich selbst nicht denken kann«[113].

Der Nachdruck liegt hier darauf, daß der Geist sich selbst *denkt*, und die Liebe, die das rastlose Getriebe des Willens zur Ruhe bringt, richtet sich nicht auf »sinnlich wahrnehmbare Dinge«, sondern auf deren »Fußspuren« in der Innerlichkeit des Geistes. (In der ganzen Abhandlung unterscheidet Augustinus sorgfältig zwischen Denken und Wissen, zwischen Weisheit und Sacherkenntnis. »Es ist eine Sache, sich nicht zu kennen, und eine andere, nicht über sich nachzudenken.«[114]) Im Falle der Liebe ist der bleibende »Fußabdruck«, den der Geist in einen intelligiblen Gegenstand verwandelt hat, weder der Liebende noch das Geliebte, sondern das Dritte, die Liebe selbst, mit der die Liebenden einander lieben.

Die Schwierigkeit bei solchen »intelligiblen Gegenständen« ist die, daß sie zwar »dem Blick des Geistes so gegenwärtig sind . . . wie greifbare Gegenstände . . . den Sinnen des Körpers«, doch »wer [zu ihnen] gelangt, bleibt nicht bei ihnen . . . es bildet sich also ein flüchtiger Gedanke von etwas nicht Flüchtigem. Und er wird dem Gedächtnis übermittelt . . . so daß es einen Ort geben mag, an den das Denken wieder zurückkehren kann.« (Sein Beispiel für Dauerhaftigkeit inmitten der menschlichen Vergänglichkeit handelt von der Musik. Es ist, als »erfaßte man [eine Melodie], die sich durch Zeitabschnitte hindurchzieht, während sie außerhalb der Zeit in einer Art geheimer und erhabener Stille dasteht«; ohne das Gedächtnis, das die Tonfolge festhält, könnte man sich nie auch nur »die Melodie vorstellen, während sie hörbar ist«[115].) Die Liebe schafft Dauerhaftigkeit, die dem Geist sonst unerreichbar zu sein schiene. Augustinus hat die Worte des Paulus aus dem Korintherbrief theoretisch gefaßt: »Die Liebe höret nimmer auf«, und von den drei Dingen, die »bleiben« – Glaube, Hoffnung, Liebe – »ist die Liebe die größte [gewissermaßen dauerhafteste]« (1. Korinther 13,8 u. 13).

Fassen wir zusammen: Dieser Augustinische Wille, der nicht als selbständiges Vermögen verstanden wird, sondern in seiner Funktion innerhalb des Geistes als ganzen, in welchem alle einzelnen Vermögen – Gedächtnis, Verstand und Wille – »wechselseitig aufeinander bezogen« sind[116], findet seine Erlösung durch die Verwandlung in Liebe. Die Liebe als eine Art fortdauernden und konfliktfreien Willens hat eine unverkennbare Ähnlichkeit mit Mills »fortdauerndem Ich«, das schließlich bei den Entscheidungen des Willens die Oberhand behält. Die Augustinische Liebe wirkt durch die »Schwere« – »der Wille gleicht einem Gewicht«[117] –, die sie der Seele verleiht, wodurch deren Schwanken zur Ruhe kommt. Die Menschen werden nicht dadurch gerecht, daß sie wissen, was gerecht ist, sondern indem sie die Gerechtigkeit lieben. Die Liebe ist die Schwerkraft der Seele, oder umgekehrt: »Das spezifische Gewicht der Körper ist gewissermaßen ihre Liebe«[118]. Außerdem wird bei dieser Verwandlung Augustins ältere Vorstellung von der Macht des Willens zum Bejahen und Verneinen bewahrt; man kann etwas oder jemandem nicht stärker bejahen, als indem man ihn liebt, nämlich ihm sagt: ich will, daß du bist – amo: volo ut sis.

Bisher haben wir alle rein theologischen Fragen beiseite gelassen und damit das zentrale Problem, das der freie Wille für jede streng christliche Philosophie aufwirft. In den ersten Jahrhunderten nach Christus konnte man die Existenz des Weltalls als Ausfluß göttlicher und widergöttlicher Kräfte ohne eine göttliche Person erklären. Oder man konnte es im Sinne der jüdischen Tradition als die Schöpfung eines persönlichen Gottes erklären, der die Welt aus seinem freien Willen und aus dem Nichts geschaffen hatte. Und er schuf den Menschen sich zum Bilde, das heißt, er begabte auch ihn mit einem freien Willen. Von da an entsprachen die Emanationstheorien den fatalistischen oder deterministischen Theorien der Notwendigkeit; die Schöpfungstheorien mußten sich theologisch mit dem freien Willen Gottes auseinandersetzen, der sich zur Schaffung der Welt entschlossen hatte, und diese Freiheit mit der Freiheit der Kreatur, des Menschen, in Einklang bringen. Gott ist allmächtig (er kann sich über den Willen des Menschen hinwegsetzen), und er weiß alles voraus; so scheint die menschliche Freiheit doppelt ausgeschaltet. Gewöhnlich heißt es dann: Gott weiß nur voraus; er zwingt nicht. Dieses Argument findet sich auch bei Augustinus, doch sein Bestes gibt er in Form eines ganz anderen Denkansatzes.

Weiter oben betrachteten wir die grundlegenden Argumente für den Determinismus und Fatalismus wegen ihrer großen Bedeutung für die Denkart der Antike, vor allem der römischen. Und wir sahen mit Cicero, wie diese Denkweise stets in Widersprüchen und Paradoxien endete. Man erinnert sich an das sogenannte Leerlaufargument – wenn man krank ist, so ist vorherbestimmt, ob man gesund wird oder nicht, warum soll man also einen Arzt rufen; doch ob man den Arzt ruft oder nicht, das ist auch vorherbestimmt, usw. Mit anderen Worten, alle Vermögen sind zum *Leerlauf* verurteilt, wenn man diesen Denkansatz einmal konsequent durchführt. Er arbeitet mit vorausgehenden Ursachen, also mit der Vergangenheit. Das eigentliche Interesse aber richtet sich natürlich auf die Zukunft. Sie soll voraussagbar sein – »es mußte so kommen« –, doch dann stößt man auf eine andere Paradoxie: »Wenn ich voraussehen kann, daß ich morgen bei einem Flugzeugunglück umkommen werde, dann bleibe ich morgen im Bett. Dann aber komme ich nicht auf diese Art um. Und dann habe ich die Zukunft nicht richtig vorausgesehen.«[119] In beiden Argumenten, dem bezüglich der Vergangenheit und dem bezüglich der Zukunft, steckt derselbe Fehler: das eine extrapoliert die Gegenwart in die Vergangenheit, das andere in die Zukunft, und für beide steht der Extrapolierende außerhalb der Sphäre, in der das wirkliche Ereignis stattfindet, und hat als außenstehender Beobachter überhaupt keine Handlungsfähigkeit – er selbst ist keine Ursache. Mit anderen Worten, da der Mensch selbst unlöslich in den Zeitverlauf hineingehört, ein Wesen mit einer Vergangenheit und einem besonderen Vermögen für die Vergangenheit, Gedächtnis genannt, und da er in der Gegenwart lebt und auf die Zukunft blickt, kann er nicht aus der Zeitordnung herausspringen.

Ich wies schon darauf hin, daß das deterministische Argument erst dann richtig zieht, wenn man einen Vorauswisser einführt, der außerhalb der Zeitordnung steht und das Geschehen aus dem Blickwinkel der Ewigkeit betrachtet. Augustinus führte einen solchen Vorauswisser ein und gelangte so zu der dubiosesten und auch erschreckendsten seiner Lehren, der Prädestinationslehre. Sie soll uns hier nicht interessieren – eine zutiefst abwegige Radikalisierung der Paulinischen Lehre, das Heil liege nicht in den Werken, sondern im Glauben und werde durch Gottes Gnade gespendet, so daß nicht einmal der Glaube in der Macht des Menschen steht. Sie findet sich in einer der letzten Abhandlungen, »Über Gnade und freien Willen«, die sich gegen die Pelagianer richtet, welche sich gerade auf Augustins ältere Willenslehre beriefen, wenn sie »die Bedeutung des vorausgehenden guten Willens« für die Erlangung der Gnade betonten, die gänzlich unverdient und nur als Vergebung der Sünden gewährt wurde[120].

Die philosophischen Argumente nicht für die Prädestination, sondern für die Möglichkeit des Nebeneinanderbestehens von göttlicher Allwissenheit und menschlichem freien Willen stehen in einer Erörterung von Platons »Timaios«. Das menschliche Wissen ist von »verschiedener Art«; die Menschen wissen

> »auf verschiedene Art Dinge, die noch nicht sind, die sind, und die gewesen sind. [Doch] nicht auf unsere Art schaut Er auf die Zukunft, auf die Gegenwart oder auf die Vergangenheit, sondern auf

ganz und gar andere. Denn Er geht nicht über von diesem zu jenem [Er folgt nicht in Gedanken dem Übergang von Zukunft über Gegenwart in Vergangenheit], sondern Er sieht völlig unveränderlich; alles, was [für uns] in der Zeit erscheint – die Zukunft, die noch nicht ist, wie auch die Gegenwart, die bereits ist, und die Vergangenheit, die nicht mehr ist –, faßt Er in einer feststehenden und ewigdauernden Gegenwart; Er sieht auch nicht verschieden mit den Augen des Körpers und des Geistes, denn Er besteht nicht aus Geist und Körper; auch [sieht Er] nicht auf verschiedene Weise das Jetzt, das Vorher und das Nachher; denn sein Wissen ist nicht, wie unseres, ein Wissen dreier Zeitformen, der Gegenwart, der Vergangenheit und der Zukunft, deren Unterschiede für unser Wissen von Bedeutung sind . . . Auch gibt es keinen Übergang von einem Gedanken zum nächsten bei Ihm, in Dessen körperloser Schau alles von Ihm Gewußte gleichzeitig gegenwärtig ist. Denn Er kennt alle Zeiten ohne ihre Zeitlichkeit, genau wie Er alle zeitlichen Dinge von außerhalb der Zeit bewegt.« [121]

In diesem Zusammenhang kann man nicht mehr von Gottes *Voraussicht* sprechen; für ihn gibt es keine Vergangenheit und Zukunft. Die Ewigkeit, menschlich verstanden, ist eine immerwährende Gegenwart. »Wäre die Gegenwart immer gegenwärtig . . . so wäre sie nicht mehr Zeit, sondern Ewigkeit.«[122]

Ich habe diese Argumentation aus folgendem Grunde ausführlicher zitiert: Wenn man annehmen kann, daß es eine *Person* gibt, für die die Zeitordnung nicht existiert, dann ist das Nebeneinanderbestehen der göttlichen Allwissenheit und des menschlichen freien Willens kein unlösbares Problem mehr. Zum allermindesten kann man es im Rahmen des Problems der Zeitlichkeit des Menschen angehen, also durch eine Betrachtung aller unserer Vermögen in ihrem Verhältnis zur Zeit. Diese neue Sicht, im »Gottesstaat« ausgeführt, wird in dem berühmten elften Buch der »Bekenntnisse« vorbereitet, dem wir uns jetzt kurz zuwenden wollen.

In zeitlichen Kategorien gesehen, »ist die Gegenwart von Vergangenem im Gedächtnis, die von Gegenwärtigem in einer geistigen Schau [contuitus – eine Schau, die die Dinge zusammenholt und ihnen ›Aufmerksamkeit‹ schenkt], und die Gegenwart von Zukünftigem ist in der Erwartung«[123]. Doch diese drei Gegenwartsformen des Geistes machen an sich noch nicht die Zeit aus; das nur insofern, als sie ineinander übergehen »von der Zukunft über die Gegenwart, durch die es hindurchgeht, in die Vergangenheit«; und die Gegenwart ist die am wenigsten dauernde von ihnen, weil sie keinen eigenen »Raum« hat. Die Zeit fließt also »von dem, was noch nicht ist, über das, was keinen Raum hat, in das, was nicht mehr ist«[124]. Die Zeit läßt sich also auf keinen Fall als »die Bewegung der Himmelskörper« fassen; die Bewegungen von Körpern sind nur insofern »in der Zeit«, als sie einen Anfang und ein Ende haben; und meßbare Zeit ist im Geiste selbst, nämlich »von der Zeit, da ich zu sehen begann, bis daß ich nicht mehr sehe«. Denn »wir messen in der Tat die Zeitspanne von irgendeinem Anfang bis zu irgendeinem Ende«, und das ist nur möglich, weil der Geist in seiner Gegenwart die Erwartung dessen bewahrt, was noch nicht ist, welchem er sodann »Aufmerksamkeit schenkt und das er nach seinem Vorbeigehen erinnert«.

Diese Verzeitlichung führt der Geist bei jedem alltäglichen Akt aus: »Ich will einen Psalm singen ... Das Leben dieser meiner Handlung ist auseinandergezogen in das Gedächtnis, soweit es den schon gesungenen Teil anlangt, und in die Erwartung, soweit es den noch zu singenden Teil anlangt. Die Aufmerksamkeit ist in der Gegenwart, durch die hindurch das, was Zukunft war, übergeführt wird (traicitur) in Vergangenheit.« Die Aufmerksamkeit ist, wie wir sahen, eine der Hauptfunktionen des Willens, des großen Einigers, der bei dem, was Augustinus hier das »Auseinandergezogensein des Geistes« nennt, die Zeitformen zur Gegenwart des Geistes zusammenbindet. »Die Aufmerksamkeit verweilt, und durch sie hindurch wird das, was Gegenwart wird, anschließend etwas Abwesendes«, nämlich Vergangenheit. Und »das gleiche gilt für das ganze menschliche Leben«, das ohne das Auseinandergezogensein des Geistes nie ein Ganzes wäre; »das gleiche gilt [auch] für die gesamte Geschichte der Menschheit, von der das Leben der einzelnen Menschen Teil ist«, insofern nämlich, als sie als eine zusammenhängende Geschichte erzählt werden kann[125].

Aus diesem Blickwinkel der Zeitlichkeit der menschlichen Vermögen wendet sich nun Augustinus in der letzten seiner großen Abhandlungen, dem »Gottesstaat«, noch einmal dem Problem des Willens zu[126]. Er formuliert die Hauptschwierigkeit: Gott, »obwohl selbst ewig und *ohne Anfang*, ließ die Zeit einen Anfang haben; und den Menschen schuf er nicht vorher, sondern in der Zeit«[127]. Die Schaffung der Welt und der Zeit fallen zusammen – »die Welt ist *nicht* in der Zeit geschaffen worden, sondern gleichzeitig mit der Zeit« –, nicht nur deshalb, weil die Schöpfung selbst einen Anfang bedeutet, sondern auch, weil Lebewesen vor dem Menschen geschaffen wurden. »Wo es kein Lebewesen gibt, dessen wechselnde Bewegung eine Aufeinanderfolge bilden kann, da kann es überhaupt keine Zeit geben . . . die Zeit ist unmöglich ohne die Kreatur.«[128] Aber zu welchem Zweck schuf dann Gott den Menschen, fragt Augustinus; warum hat es ihm »gefallen, ihn in der Zeit zu erschaffen«, »den er vorher nicht geschaffen hatte«? Er nennt diese Frage »wahrlich tief« und spricht von der »unergründlichen Tiefe dieses Zweckes« der Schaffung des »*zeitlichen Menschen* (homo temporalis), der vorher nie gewesen war«, also eines Wesens, das nicht bloß »in der Zeit« lebt, sondern wesentlich zeitlich ist, gewissermaßen das Wesen der Zeit ist[129].

Um »diese sehr schwierige Frage des ewigen Gottes, der etwas Neues schafft«, zu beantworten, hält es Augustinus zunächst für notwendig, die zyklischen Zeitbegriffe der Philosophen zu widerlegen, da ja das Neue nicht zyklisch auftreten kann. Dann gibt er eine höchst überraschende Antwort auf die Frage, warum es notwendig war, den Menschen neben und über allen anderen Lebewesen zu schaffen. Damit es etwas Neues geben kann, so sagt er, muß es einen *Anfang* geben; »und diesen Anfang gab es vorher nicht«, d. h., nicht vor der Erschaffung des Menschen. Damit es also einen solchen Anfang »geben möchte, wurde der Mensch geschaffen, vor dem es niemanden gab« (»quod initium eo modo antea numquam fuit. Hoc ergo ut esset, creatus est homo, ante quem nullus fuit«)[130]. Und Augustinus unterscheidet diese Schaffung des Menschen durch das Wort »initium« von der Schaffung von Himmel und Erde, die er »principium« nennt[131]. Die vor den Menschen geschaffenen Lebewesen entstanden »in Mengen«, als Gattungswesen, während der Mensch in der Einzahl geschaffen wurde und sich weiter »individuell fortpflanzte«[132].

Die Individualität des Menschen erklärt, warum Augustinus sagt, es habe vor ihm »niemanden« gegeben, niemanden nämlich, den man eine »Person« nennen könnte; diese Individualität äußert sich im Willen. Augustinus führt als Beispiel eineiige Zwillinge an, »von gleichem Temperament an Körper und Seele«. Wie kann man sie unterscheiden? Nur anhand ihres Willens – »wenn beide der gleichen Versuchung ausgesetzt werden und der eine ihr nachgibt und einverstanden ist, während der andere fest bleibt . . . woran kann das liegen als an ihrem Willen, wenn . . . das Temperament gleichartig ist?«[133]

Das heißt also, wenn wir diese Spekulationen noch etwas weiterführen: Der Mensch ist in eine Welt der Veränderung und Bewegung als ein neuer Anfang hineingestellt, weil er weiß, daß er einen Anfang hat und ein Ende haben wird; er weiß sogar, daß sein Anfang der Anfang seines Endes ist – »unser ganzes Leben ist nichts als ein Laufen auf den Tod zu«[134]. In diesem Sinne hat kein Tier, kein Gattungswesen einen Anfang oder ein Ende. Mit dem Menschen, Gott zum Bilde geschaffen, kam ein Wesen in die Welt, das, weil es ein Anfang war, der auf ein Ende zulief, mit dem Vermögen des Wollens und Gegenwollens ausgestattet werden konnte.

In dieser Beziehung war der Mensch das Bild eines Schöpfergottes; doch weil er zeitlich und nicht ewig war, richtete sich jenes Vermögen ausschließlich auf die Zukunft. (Immer, wenn Augustinus von den drei Zeitformen spricht, betont er den Vorrang der Zukunft – gleich Hegel, wie wir gesehen haben; der Vorrang des Willens unter den geistigen Vermögen erfordert den Vorrang der Zukunft im Rahmen von Zeitspekulationen.) Jeder Mensch, in der Einzahl geschaffen, ist ein neuer Anfang kraft seiner Geburt; hätte Augustinus die Folgerungen aus diesen Spekulationen gezogen, so hätte er die Menschen nicht, wie die Griechen, als Sterbliche definiert, sondern als »Geborene«, und die Willensfreiheit hätte er nicht als das liberum arbitrium definiert, die freie Wahl zwischen Wollen und Gegenwollen, sondern als die Freiheit, von der Kant in der »Kritik der reinen Vernunft« spricht.

Wir müssen hier wiederum zurückkommen auf Kants »Vermögen, eine Reihe in der Zeit ganz von selbst anzufangen«, die »in der Welt nur einen komparativ ersten Anfang haben kann« und doch »ein absolut erster Anfang nicht der Zeit nach, sondern der Kausalität nach« ist. »Wenn ich jetzt (zum Beispiel) völlig frei . . . von meinem Stuhl aufstehe, so fängt in dieser Begebenheit, samt deren natürlichen Folgen ins Unendliche, eine neue Reihe schlechthin an.«[135] Die Unterscheidung zwischen einem »absoluten« und einem »komparativen« Anfang verweist auf dieselbe Erscheinung wie Augustins Unterscheidung zwischen dem principium von Himmel und Erde und dem initium des Menschen. Und hätte Kant die Augustinische Philosophie des Geborenwerdens gekannt, so hätte er vielleicht zugestanden, daß die Freiheit einer *relativ* absoluten Spontaneität für die menschliche Vernunft nicht anstößiger sei als die Tatsache, daß die Menschen *geboren* werden – jeder ist wieder Neuankömmling in einer Welt, die ihm zeitlich voranging. Die Freiheit der Spontaneität ist fester Bestandteil der menschlichen Existenz. Ihr geistiges Organ ist der Wille.

III
Wille und Verstand

11 *Thomas von Aquin und der Vorrang des Verstandes*

Vor mehr als vierzig Jahren sprach Etienne Gilson, der große Wiedererwecker der christlichen Philosophie, in Aberdeen im Rahmen der Gifford Lectures über die großartige Renaissance des griechischen Denkens im 13. Jahrhundert; das Ergebnis war eine klassische Arbeit von, wie ich glaube, bleibendem Wert – »L'esprit de la philosophie médiévale« – über »das Grundprinzip aller mittelalterlichen Spekulation«. Gemeint war die fides quaerens intellectum, Anselms »Glaube, der den Verstand zu Hilfe ruft« und dabei die Philosophie zur ancilla theologiae, zur Magd des Glaubens macht. Es bestand stets die Gefahr, daß die Magd zur »Herrin« werden könnte, wie Papst Gregor IX. der Pariser Universität vorhielt, womit er Luthers donnernde Angriffe auf diese stultitia, diese Torheit, um mehr als zweihundert Jahre vorwegnahm. Ich erwähne Gilson gewiß nicht, um Vergleiche herauszufordern – die für mich nur katastrophal ausfallen könnten –, sondern aus Dankbarkeit und auch, um zu erklären, warum ich im folgenden nicht auf Fragen eingehe, die schon lange eine so meisterhafte Behandlung erfahren haben, deren Ergebnisse vorliegen – sogar in Taschenbuchform.

Achthundert Jahre trennen Thomas von Augustinus, und diese Zeit genügte, um aus dem Bischof von Hippo nicht nur einen Heiligen und Kirchenvater zu machen, sondern ihm auch eine Autorität zu verleihen, die der des Aristoteles glich und der des Apostels Paulus nur wenig nachstand. Im Mittelalter war solche Autorität von größter Bedeutung; nichts konnte einer neuen Lehre schädlicher sein als das offene Zugeständnis, daß sie neu sei; nie spielte Gilsons »Ipsedixitismus« eine größere Rolle. Auch wenn sich Thomas ausdrücklich von einer Meinung distanziert, braucht er ein autoritatives Zitat, um die Lehre einzuführen, gegen die er sich dann wenden will. Natürlich hatte das etwas mit der absoluten Autorität des Gottesworts zu tun, das in Büchern aufgeschrieben war, im Alten und Neuen Testament, doch wesentlich ist hier, daß beinahe *jeder* bekannte Autor – Christ, Jude, Moslem – als eine »Autorität« zitiert wurde, entweder für die Wahrheit oder für eine wichtige Unwahrheit.

Mit anderen Worten, wenn man sich mit diesen mittelalterlichen Werken beschäftigt, darf man nicht vergessen, daß ihre Verfasser in Klöstern lebten – ohne die es keinerlei »Ideengeschichte« in der abendländischen Welt gäbe –, und das bedeutet, daß diese Schriften in einer Bücherwelt entstanden. Die Überlegungen Augustins dagegen waren eng mit seinen Erfahrungen verbunden gewesen; es war für ihn wichtig, sie eingehend zu beschreiben, und auch wenn er so spekulative Fragen wie den Ursprung des Bösen (in dem frühen Dialog »Über die Willensfreiheit«) behandelte, kam er kaum einmal auf den Gedanken, die Meinungen einer Menge gelehrter und würdiger Leute zu der Sache zu zitieren.

Die scholastischen Autoren greifen auf die Erfahrung nur zurück, wenn sie zur Stützung ihrer Argumentation ein Beispiel anführen wollen; die Erfahrung selbst beflügelt die Argumentation nicht. Der tatsächliche Effekt der Beispiele ist eine seltsame Art von Kasuistik, eine Methode, allgemeine Grundsätze auf Einzelfälle anzuwenden. Der letzte Autor, der noch, unberührt von jeder Büchergelehrsamkeit, klar und deutlich über die Wirrnisse seines Geistes oder seiner Seele schrieb, war Anselm von Canterbury, und das war zweihundert Jahre vor Thomas. Das soll natürlich nicht heißen, die scholastischen Autoren hätten sich nicht um die wirklichen Probleme gekümmert und bloß mit Argumenten jongliert; es soll aber heißen, daß man jetzt ein »Zeitalter der Kommentatoren« (Gilson) betritt, deren Gedanken stets von einer geschriebenen Autorität geleitet waren, und es wäre eine völlig falsche Vorstellung, daß diese Autorität notwendig oder auch nur in erster Linie eine kirchliche oder biblische hätte sein müssen. Und doch konnte Gilson, der geistig so bewundernswert auf seinen großen Gegenstand eingestimmt war und der erkannt hatte, »wenn es der Heiligen Schrift zu verdanken ist, daß es eine Philosophie gibt, die christlich ist, so ist es der griechischen Tradition zu verdanken, daß das Christentum eine Philosophie hat«, allen Ernstes behaupten, der Grund dafür, daß Platon und Aristoteles nicht zur letzten Wahrheit vorgedrungen seien, liege in dem unglücklichen Umstand, daß sie nicht »den Vorzug hatten, die ersten Zeilen der Schöpfungsgeschichte lesen zu können . . . Hätten sie sie gelesen, so hätte die ganze Philosophiegeschichte anders verlaufen können«[1].

Thomas' großes unvollendetes Meisterwerk, die »Summa theologica«, war ursprünglich für pädagogische Zwecke gedacht, als Lehrbuch für die neuen Universitäten. Es führt streng systematisch alle möglichen Fragen und alle möglichen Argumente auf und behauptet eine endgültige Antwort auf jede geben zu können. Ich kenne kein späteres System, das sich mit dieser Kodifikation angeblich feststehender Wahrheiten, der *Summe* des systematischen Wissens, messen könnte. Jedes philosophische System versucht dem ruhelosen Geist eine Art sichere Heimstätte zu bieten, aber keinem anderen ist es so gut gelungen, und keines, so scheint mir, war in dem Maße frei von Widersprüchen. Jeder, der zu der beachtlichen geistigen Anstrengung bereit war, diese Heimstätte zu betreten, der wurde durch die Gewißheit belohnt, daß er in ihren vielen Kammern niemals verwirrt oder befremdet sein würde.

Thomas lesen heißt lernen, wie solche Heimstätten gebaut werden. Zuerst werden die Fragen auf ganz abstrakte, aber unspekulative Weise gestellt; dann werden die zu untersuchenden Punkte zu jeder Frage herausgearbeitet, anschließend die Einwände, die man gegen jede der möglichen Antworten erheben kann; daraufhin wird unter dem Stichwort »im Gegenteil« die entgegengesetzte Auffassung eingeführt; erst wenn dieser ganze Grund gelegt ist, gibt Thomas seine eigene Antwort, nicht ohne genaue Erwiderungen auf die ganzen Einwände. Diese schematische Ordnung wird nie verlassen, und der Leser, der die Geduld aufbringt, den ganzen Fragen, Antworten, den ganzen Einwänden und Gegenpositionen zu folgen, ist gebannt von der Größe eines Verstandes, der das alles zu wissen scheint. In jedem Einzelfall wird eine Autorität herangezogen, und das ist besonders merkwürdig, wenn Argumente widerlegt werden, die zunächst mit einem autoritativen Zitat eingeführt worden waren.

Nun ist das Zitieren von Autoritäten keineswegs die einzige oder auch nur die vorherrschende Argumentationsweise. Es tritt stets eine Art rein vernünftigen Beweises hinzu, gewöhnlich streng und unangreifbar. Niemals wird auf Rhetorik, auf irgendeine Art von Überredungskunst zurückgegriffen; der Leser wird gezwungen, wie nur die Wahrheit zwingen kann. Das Vertrauen in die zwingende Wahrheit, in der mittelalterlichen Philosophie so verbreitet, ist bei Thomas grenzenlos. Er unterscheidet drei Arten der Notwendigkeit: absolute Notwendigkeit, nämlich der Vernunft – zum Beispiel, daß die Winkelsumme im Dreieck gleich zwei rechten Winkeln ist; relative Notwendigkeit, nämlich des Nutzens – zum Beispiel ist Nahrung notwendig fürs Leben oder ein Pferd notwendig für eine Reise; und drittens äußeren Zwang. Nur dieser ist »anstößig für den Willen«[2]. Die Wahrheit ist unwiderstehlich; sie befiehlt nicht wie der Wille, und sie zwingt nicht äußerlich. Scotus sprach später vom »dictamen rationis«, dem Diktat der Vernunft, einer Macht, die in Form der Rede (dicere) gebietet, und deren Grenzen mit denen der vernünftigen Auseinandersetzung zusammenfallen.

Mit unübertroffener Klarheit unterscheidet Thomas zwischen zwei »apprehensiven« Vermögen, dem Verstand und der Vernunft; ihnen entsprechen als geistig appetitive Vermögen der Wille und das liberum arbitrium, die Wahlfreiheit. Verstand und Vernunft haben mit der Wahrheit zu tun. Der Verstand, auch »universelle Vernunft« genannt, beschäftigt sich mit der mathematischen oder evidenten Wahrheit, mit ersten Grundsätzen, die keines Beweises bedürfen, um einzuleuchten; die (partikuläre) Vernunft dagegen zieht partikuläre Folgerungen aus universellen Aussagen wie etwa im Syllogismus. Die universelle Vernunft ist ihrer Natur nach kontemplativ, während die partikuläre Vernunft die Aufgabe hat, »von einem Gegenstand zur Kenntnis eines anderen zu gelangen, so . . . bei Schlüssen, die sich aus den Grundsätzen ergeben«[3]. Dieses diskursive Denken beherrscht alle seine Schriften. (Man hat die Aufklärung das Zeitalter der Vernunft [reason] genannt – das mag zutreffen oder nicht; jene Jahrhunderte des Mittelalters aber verdienen gewiß den Namen eines Zeitalters des strengen Denkens [reasoning].) Der Unterschied ist der, daß die Wahrheit, die nur vom Verstande wahrgenommen wird, sich dem Geist ohne jede Aktivität auf seiner Seite zwingend offenbart, während beim diskursiven Denken der Geist sich selbst überzeugt.

Das argumentierende Denken kommt in Gang durch den Glauben eines vernünftigen Wesens, dessen Verstand sich natürlicherweise an seinen Schöpfer um Hilfe wendet, um »solche Erkenntnis des wahren Wesens«, das Er ist, zu finden, »die meiner natürlichen Vernunft zugänglich sein könnte«[4]. Was dem Glauben in der Schrift geoffenbart wurde, war keinem Zweifel unterworfen, ebensowenig wie die griechische Philosophie die Evidenz erster Grundsätze bezweifelte. Die Wahrheit ist unwiderstehlich. Der Unterschied dieser zwingenden Macht bei Thomas gegenüber der zwingenden Notwendigkeit der griechischen alētheia besteht nicht darin, daß die entscheidende Offenbarung von außen käme, sondern daß »der von außen durch die

Offenbarung verkündeten Wahrheit das Licht der Vernunft von innen antwortete. Der Glaube brachte ex auditu [etwa wenn Moses auf die göttliche Stimme hört] alsbald eine gleichgestimmte Saite zum Klingen.«[5]

Geht man von Augustinus her an Thomas und Duns Scotus heran, so ist der auffallendste Unterschied der, daß sich keiner der beiden für die problematische Struktur des Willens als eines selbständigen Vermögens interessiert; für sie geht es um die Beziehung zwischen Willen und Vernunft oder Verstand, und die Hauptfrage lautet, welches dieser geistigen Vermögen »edler« sei und daher den Vorrang vor dem anderen verdiene. Von noch größerer Bedeutung ist vielleicht, vor allem angesichts des ungeheuren Einflusses des Augustinus auf beide Denker, daß von dessen drei geistigen Vermögen – Gedächtnis, Verstand und Wille – eines verloren gegangen ist, nämlich das Gedächtnis, das römischste, das die Menschen an die Vergangenheit band. Und dieser Verlust sollte endgültig sein; nirgends in unserer philosophischen Tradition erlangt das Gedächtnis wieder den gleichen Rang wie Verstand und Wille. Ganz abgesehen von den Folgen dieses Verlustes für jede rein politische Philosophie[6] liegt auf der Hand, daß mit dem Gedächtnis – sedes animi est in memoria – der Sinn für den durch und durch zeitlichen Charakter der menschlichen Natur und der menschlichen Existenz verlorenging, wie er in Augustins homo temporalis zutage getreten war[7].

Der Verstand, der bei Augustinus mit dem zu tun hatte, was gerade im Geiste gegenwärtig war, hat bei Thomas mit *ersten Grundsätzen* zu tun, also mit dem, was logisch allem anderen vorgeordnet ist; von ihnen geht das Denken aus, das sich mit Einzeldingen beschäftigt[8]. Der angemessene Gegenstand für den Willen ist das Ziel, doch dieses ist ebensowenig Zukunft, wie der »erste Grundsatz« Vergangenheit ist; Grundsatz und Ziel sind logische, keine zeitlichen Kategorien. Was den Willen angeht, so betont Thomas in engem Anschluß an die »Nikomachische Ethik« vor allem die Kategorie von Mittel und Zweck, und wie bei Aristoteles ist der Zweck zwar Gegenstand des Willens, diesem aber durch die apprehensiven Vermögen, also durch den Verstand gegeben. Somit ist die rechte »Reihenfolge des Handelns« folgende: »Zuerst kommt die geistige Erfassung des Ziels . . . dann die Beratung [Überlegung] der Mittel; und schließlich der Wunsch nach den Mitteln.«[9] Bei jedem Schritt geht die apprehensive Funktion der appetitiven Bewegung voraus und hat Vorrang vor ihr.

Die theoretische Grundlage aller dieser Unterscheidungen ist die, daß »Gutsein und Sein« nur im Denken verschieden sind, doch »realiter dasselbe«, und zwar in solchem Maße, daß man sie »austauschbar« nennen kann: »So viel Sein [jemand] hat, so viel Gutes hat er, und so weit ihm die Vollständigkeit [seines] Seins fehlt, so weit fehlt ihm das Gute, und man nennt ihn schlecht.«[10] Kein Wesen, sofern es *ist*, kann man schlecht nennen, »sondern nur, soweit es ihm an Sein mangelt«. Das alles ist natürlich nur eine Fortführung der Augustinischen Position, jedoch wird diese erweitert und theoretisch geschärft. Aus der Sicht der apprehensiven Vermögen erscheint das Sein unter dem Aspekt der Wahrheit; aus der Sicht des Willens, in der das Ziel das Gute ist, erscheint es »unter dem Aspekt des Wünschenswerten, den das Sein nicht ausdrückt«. Das Schlechte ist kein Prinzip, denn es ist bloßes *Fehlen*, und dieses läßt sich formulieren »in einem privativen und in einem negativen Sinne. Fehlen des Guten, negativ genommen, ist nichts Schlechtes . . . etwa wenn jemand der Schnelligkeit des Pferdes ermangelt; das Schlechte ist ein Fehlen, wobei etwas eines Guten *beraubt* ist, das wesentlich zu ihm gehört – etwa der Blinde, der des Gesichts beraubt ist.«[11] Wegen seines privativen Charakters kann es kein absolutes oder radikales Böses geben. An keinem Bösen ist »das völlige Fehlen von Gutem« festzustellen. Denn *»wenn das völlig Schlechte sein könnte, so würde es sich selbst zerstören«* [12].

Thomas war nicht der erste, der das Böse als bloßes »Fehlen« auffaßte, als eine Art von optischer Täuschung, wenn man das Ganze aus den Augen verliert, von dem das Böse nur ein Teil ist. Schon bei Aristoteles gibt es den Begriff eines Alls, »in dem jeder Teil in vollkommener Ordnung seinen Platz hat«, so daß das wesenhaft Gute des Feuers nur akzidentiell »dem Wasser Böses schafft«[13]. Und das bleibt das widerstandsfähigste traditionelle Argument gegen die wirkliche Existenz des Bösen, es wurde immer und immer wiederholt; selbst Kant, der den Begriff des »radikalen Bösen« prägte, glaubte keineswegs, wer »sich nicht als Liebender erweisen kann«, könne deshalb »entschlossen sein, sich als Bösewicht zu erweisen«, als wären, in Augustinischer Sprache ausgedrückt, velle und nolle miteinander verknüpft, und als könnte der Wille in Wirklichkeit nur zwischen Wollen und Gegenwollen wählen. Immerhin ist dieser alte topos der Philosophie bei Thomas sinnvoller als in den meisten anderen Systemen, denn der Mittelpunkt seines Systems, sein »erstes Prinzip«, ist das Sein. Im Rahmen seiner Philosophie gilt, wie Gilson zeigte[14]: »Wollte man sagen, Gott habe nicht nur die Welt, sondern auch das Böse geschaffen, so hieße das, Gott hätte das Nichts geschaffen.«

Alles Geschaffene, das sich vor allem dadurch auszeichnet, daß es *ist*, trachtet nach dem »Sein [je] auf seine Art«, doch nur der Verstand hat eine »Erkenntnis« des Seins als ganzen; die Sinne »kennen das Sein nur unter den Bedingungen des Hier und Jetzt«[15]. Der Verstand »erfaßt das Sein absolut und für alle Zeit«, und der Mensch, insofern er mit diesem Vermögen begabt ist, kann nur wünschen, »immer zu existieren«. Das ist die »natürliche Neigung« des Willens, dessen letztes Ziel für ihn ebenso »notwendig« ist wie die Wahrheit für den Verstand unwiderstehlich. Der Wille ist im eigentlichen Sinne frei nur bezüglich »spezieller Güter«, durch die er nicht »notwendigerweise bewegt wird«, wenngleich die Begierden von ihnen wachgerufen werden können. Das letzte Ziel, der Wunsch des Verstandes, immer zu existieren, hält die Begierden unter Kontrolle, so daß sich der konkrete Unterschied zwischen den Menschen und den Tieren darin äußert, daß der Mensch »nicht sofort bewegt wird [von seinen Begierden, die er mit allen anderen Lebewesen gemeinsam hat] . . . sondern auf den Befehl des Willens *wartet*, der das übergeordnete Begehren ist . . . und so kann das niedere Begehren ohne Zustimmung des höheren keine Bewegung auslösen«[16].

Es liegt auf der Hand, daß das Sein, Thomas' erstes Prinzip, einfach eine theoretische Fassung des Lebens und des Lebenstriebes ist – der Tatsache, daß jedes Lebewesen instinktiv das Leben zu erhalten sucht und den Tod flieht. Auch das ist eine Weiterführung von Gedanken, die wir in vorläufigerer Formulierung bei Augustinus fanden, doch die darin angelegte Konsequenz, eine Gleichsetzung des Willens mit dem Lebenstrieb – ohne jede Beziehung auf ein mögliches ewiges Leben –, wird allgemein erst im 19. Jahrhundert gezogen. Bei Schopenhauer tritt sie ausdrücklich auf; und in Nietzsches »Wille zur Macht« wird die Wahrheit selbst als eine Funktion des Lebens verstanden: was wir Wahrheit nennen, sind jene Aussagen, ohne die wir nicht weiterleben könnten. Nicht die Vernunft, sondern unser Wille zum Leben macht die Wahrheit unwiderstehlich.

Wir kommen jetzt zu der Frage, welches der beiden geistigen Vermögen, wenn man sie miteinander vergleicht, »absolut höher und edler« sei. Auf den ersten Blick erscheint die Frage nicht als besonders sinnvoll, denn das letzte Ziel ist ja dasselbe; es ist das Sein, das dem Willen als gut und wünschenswert und dem Verstand als wahr erscheint. Dem stimmt Thomas zu: diese beiden Vermögen »schließen einander in ihren Akten ein, denn der Verstand versteht, daß der Wille will, und der Wille will, daß der Verstand versteht«[17]. Auch wenn man dem »Guten« und dem »Wahren« zwei verschiedene Vermögen des Geistes zuordnet, so stellen sie sich doch als sehr ähnlich heraus, weil sie beide *universell* sind. Der Verstand »erfaßt das universelle Sein und die universelle Wahrheit«, und der Wille »strebt nach dem universellen Guten«, und wie dem Verstand das disziplinierte Denken zum Umgang mit dem Einzelnen zu Diensten steht, so steht dem Willen die Wahlfreiheit (liberum arbitrium) zur Auswahl der passenden speziellen Mittel zu einem universellen Ziel als Hilfsorgan zur Verfügung. Und da für beide Vermögen das Sein letztes Ziel ist – in Gestalt des Wahren oder des Guten –, so scheinen sie einander gleichgeordnet, jedes mit einem geeigneten Hilfsorgan zur Behandlung des bloß Partikulären ausgestattet.

Somit scheint die eigentliche Trennungslinie zwischen höheren und niederen Vermögen die zwischen den »übergeordneten« und »untergeordneten« Vermögen zu sein, und diese Unterscheidung wird nie in Frage gestellt. Für Thomas – wie für fast alle seiner Nachfolger in der Philosophie, von denen sich nicht alle ausdrücklich als Thomisten bezeichnen – war es eine Selbstverständlichkeit, ja überhaupt das Kriterium für die Philosophie als eine selbständige Disziplin, daß das Allgemeine »edler und höheren Ranges« sei als das Besondere, und als Beweis genügte ein für allemal die alte Aristotelische Feststellung, daß das Ganze stets mehr sei als die Summe seiner Teile.

Das Große und fast Einzigartige an Johannes Duns Scotus ist, daß er diese Annahme in Frage stellte: Sein im umfassenden Sinne ist nur ein Gedanke, es fehlt ihm die *Wirklichkeit*; nur Einzeldinge (res), denen »Diesheit« (haecceitas) zukommt, können als für den Menschen wirklich gelten. Daher unterschied Scotus scharf »die anschauende Erkenntnis, deren passender Gegenstand das als existierend wahrgenommene existierende Einzelding ist, und die abstrahierende Erkenntnis, deren passender Gegenstand die quidditas oder das Wesen des Erkannten ist«[18]. Daher – und das ist entscheidend – hat das geistige Bild (der gesehene Baum) wegen des Verlusts seiner wirklichen Existenz einen geringeren ontologischen Rang als der wirkliche Baum, obwohl es ohne geistige Bilder keine Erkenntnis dessen gäbe, was etwas ist. Die Konsequenz dieser Umkehrung ist, daß z. B. *dieser* bestimmte Mensch in seiner lebendigen Existenz höherrangig und vorgeordnet ist gegenüber der Spezies oder dem bloßen Gedanken der Menschheit. (Kierkegaard argumentierte später ganz ähnlich gegen Hegel.)

Diese Umkehrung erscheint als eine recht naheliegende Konsequenz für eine Philosophie, die ihren Hauptimpuls aus der Bibel bezog, also von einem Schöpfergott, der gewiß eine Person war und der die Menschen nach seinem Bilde schuf, also notwendigerweise als Personen. Und Thomas ist genug Christ, um der Auffassung zu sein: »Persona significat id quod est perfectissimum in tota natura« (»die Person stellt das Vollkommenste in der ganzen Natur dar«)[19]. Die biblische Grundlage ist, wie Augustinus zeigte, die Schöpfungsgeschichte, nach der alle natürlichen Arten in der Mehrzahl geschaffen wurden: »Plura simul iussit existere« (»Er hieß sie sogleich viele sein«). Nur der Mensch wurde als Einzelwesen geschaffen, so daß die Menschheit (als biologische Spezies genommen) aus einem Individuum hervorging: »Ex uno . . . multiplicavit genus humanum.«[20] Bei Augustinus und Scotus, aber nicht bei Thomas, ist der Wille das geistige Organ, das diese Individualität verwirklicht; er ist das principium individuationis.

Kehren wir zu Thomas zurück. Er behauptet: »Vergleicht man Verstand und Willen nach der Universalität ihrer jeweiligen Gegenstände, dann . . . ist der Verstand absolut höher und edler als der Wille.« Und diese Aussage ist um so aufschlußreicher, als sie nicht aus seiner allgemeinen Philosophie des Seins folgt. Das gibt Thomas selbst in gewisser Weise zu. Für ihn liegt der Vorrang des Verstandes vor dem Willen weniger in den jeweiligen Gegenständen – der Wahrheit gegenüber dem Guten – begründet als in der Art, wie die beiden Vermögen im menschlichen Geist »zusammenwirken«: »Jeder Bewegung des Willens . . . geht ein Erkennen voraus« – niemand kann etwas wollen, was er nicht kennt –, »doch . . . dem Erkennen geht kein Willensakt voraus.«[21] (Hier natürlich trennt er sich von Augustinus, für den der Wille in Form der Aufmerksamkeit sogar bei der Sinneswahrnehmung vorrangig war.) Dieses Vorangehen zeigt sich bei jedem Willensakt. Bei der »freien Wahl« zum Beispiel, bei der die Mittel zu einem Ziel »ausgewählt« werden, wirken die beiden Vermögen zusammen: »das Erkenntnisvermögen . . . mit dem wir urteilen, daß ein Gegenstand dem anderen vorzuziehen sei . . . und das appetitive Vermögen, welches das Ergebnis des abwägenden Urteils anerkennen muß«[22].

Betrachtet man die Augustinische und die Thomistische Auffassung rein psychologisch – und auf dieser Ebene haben ihre Urheber oft für sie argumentiert –, so ist zuzugeben, daß ihr Gegensatz zum Teil ein scheinbarer ist, weil beide gleichermaßen einleuchten. Wer möchte leugnen, daß niemand etwas wollen kann, das er nicht irgendwie kennt, oder umgekehrt, daß ein Willensakt vorausgeht und entscheidet, in welche Richtung unsere Erkenntnis oder Erkenntnissuche gehen soll? Der eigentliche Grund bei Thomas für den Vorrang des Verstandes – wie auch Augustins letzter Grund für den Vorrang des Willens – liegt in der unbeweisbaren Antwort auf die letzte Frage aller mittelalterlichen Denker: Worin besteht »des Menschen letztes Ziel und Glück«[23]? Für Augustinus, so wissen wir, war es die Liebe; er wollte sein Leben nach dem Tode in einer wunschlosen, nie aufgelösten Vereinigung der Kreatur mit ihrem Schöpfer zubringen. Bei Thomas dagegen lautet die Antwort, die sich offenbar (wenn auch nicht ausdrücklich) an Augustinus und die Augustinianer wendet: Manche meinen vielleicht, des Menschen letztes Ziel und Glück bestehe »nicht darin, Gott zu erkennen, sondern ihn zu lieben, oder in einem anderen auf ihn gerichteten Willensakt«; doch er, Thomas, behauptet, »es ist eine Sache, das Gute, das unser Ziel ist, zu besitzen, und eine andere, es zu lieben; denn die Liebe war unvollkommen, ehe wir das Ziel besaßen, danach aber vollkommen«. Für ihn ist Liebe ohne Begehren undenkbar, und daher ist seine Antwort kategorisch: »Des Menschen höchstes Glück ist seinem Wesen nach die Erkenntnis Gottes durch den Verstand; es ist kein Willensakt.« Hier folgt Thomas seinem Lehrer Albertus Magnus, nach dem »die höchste Seligkeit sich einstellt, wenn sich der Verstand im Zustand der Kontemplation befindet«[24]. Es sei festgehalten, daß Dante völlig zustimmt:

> So siehst du, mit dem Schauen hebt es an,
> Das legt den Grund zu solchem sel'gen Leben
> Und nicht das Lieben, das ihm folgt sodann.[25]

Zu Beginn dieser Betrachtungen versuchte ich den Unterschied zwischen Wille und Begehren herauszuarbeiten, damit also auch zwischen dem Begriff der Liebe in der Augustinischen Philosophie des Willens und dem des Platonischen eros im »Gastmahl«, der einen Mangelzustand beim Liebenden und eine Sehnsucht nach dem Besitz des ihm Fehlenden bedeutet. Das obige Thomaszitat zeigt meiner Meinung nach, in welchem Maße dieser Begriff der appetitiven Vermögen noch dem Begriff eines Begehrens verhaftet ist, das im Jenseits genau das *besitzen* möchte, was ihm im irdischen Leben fehlt. Denn der Wille, im Grunde als Begehren verstanden, kommt zum Stillstand, wenn er den begehrten Gegenstand in seinen Besitz gebracht hat, und es stimmt einfach nicht, daß »der Wille selig ist, wenn er besitzt, was er will«[26] – genau dann hört er nämlich auf zu wollen. Der Verstand, der nach Thomas ein »passives Vermögen« ist[27], kann sich seines Vorrangs vor dem Willen nicht nur deshalb sicher sein, weil er »dem Begehren den Gegenstand darbietet«, ihm also vorausgeht, sondern auch, weil er den Willen überdauert, der gewissermaßen verlöscht, wenn er sein Ziel erreicht hat. Der Gedanke der Verwandlung des Willens in Liebe – bei Augustinus wie auch bei Duns Scotus – speiste sich mindestens zum Teil aus einer radikaleren Trennung des Willens von den Begierden wie auch aus einer anderen Vorstellung von »des Menschen letztem Ziel und Glück«. Auch im Jenseits ist der Mensch immer noch Mensch, und sein »höchstes Glück« kann nicht die reine »Passivität« sein. Die Liebe taugte als Erlöserin des Willens, weil sie immer noch tätig ist, wenn auch ohne jede Ruhelosigkeit, ohne ein Ziel zu verfolgen oder zu fürchten, es zu verlieren.

Daß es eine *Tätigkeit* geben könnte, die ihren Zweck in sich selbst hat und daher außerhalb der Kategorie von Mittel und Zweck begreifbar ist, dieser Gedanke taucht bei Thomas niemals auf. Für ihn »geschieht jede Handlung um eines Zieles willen . . . das Prinzip dieser Bewegung liegt im Ziel. Daher setzt die Kunst, die sich mit dem Ziel beschäftigt, durch ihren Befehl die Kunst in Bewegung, die sich mit den Mitteln beschäftigt; so, wie *die Kunst der Seefahrt der Kunst des Schiffsbaus gebietet.*«[28] Das fließt natürlich unmittelbar aus der »Nikomachischen Ethik«, nur daß es bei Aristoteles lediglich für eine bestimmte Art von Tätigkeit gilt, nämlich die poiēsis, die herstellenden Künste, während bei den ausführenden Künsten das Ziel in der Tätigkeit selbst liegt – Flötespielen im Unterschied zum Flötenbau, oder Spazierengehen im Unterschied zum Gang zu einem festgelegten Zielort. Bei Aristoteles ist völlig klar, daß »praxis« analog zu den ausführenden Künsten zu verstehen ist und nicht anhand der Kategorie von Mittel und Zweck; und es überrascht sehr, daß Thomas, der sich so stark auf die Lehre »des Philosophen« und besonders auf die »Nikomachische Ethik« stützt, den Unterschied zwischen poiēsis und praxis übersehen hat.

Welches auch die Vorzüge dieser Unterscheidung sein mögen – und ich halte sie für jede Handlungstheorie für entscheidend –, für den Begriff des höchsten Glücks bei Thomas sind sie kaum von Bedeutung. Er stellt die Kontemplation jeder Art von Handeln gegenüber, und hier befindet er sich durchaus im Einklang mit Aristoteles, für den die Tätigkeit Gottes (energeia tou theou) kontemplativer Art ist, denn Handeln wie auch produktive Tätigkeit wäre »etwas Geringes und der Götter unwürdig«. (»Nimmt man aber von dem Lebendigen jenes Handeln und noch viel mehr das Produzieren weg, was bleibt dann übrig außer dem Betrachten?«) Menschlich gesprochen, ist also die Betrachtung »Nichtstun«, Seligkeit durch reine Schau, selige Ruhe. Die Glückseligkeit, sagt Aristoteles, »scheint . . . in der Muße zu bestehen; wir opfern unsere Muße [beim Handeln oder Produzieren], um Muße zu haben, und wir führen Krieg, um in Frieden zu leben«[29]. Bei Thomas ist es nur dieses letztere Ziel – die Seligkeit der Kontemplation –, das notwendig »den Willen in Bewegung setzt«; »der Wille kann es nicht nicht-wollen«. Daher gilt: »Der Wille bringt den Verstand zur Tätigkeit in der Art, wie ein Handelnder bewegt; doch der Verstand bewegt den Willen in der Art, wie ein Ziel bewegt«[30] – so nämlich wie des Aristoteles »unbewegter Beweger«, und wie konnte dieser bewegen als dadurch, daß er »geliebt wird«, so wie der Liebende vom Geliebten bewegt wird[31]?

Was bei Aristoteles der »beständigste aller Genüsse« war, das ist nun Gegenstand der Hoffnung als ewige Glückseligkeit, nicht als die Befriedigung, die mit Willensakten einhergehen kann, sondern als eine Wonne, die den Willen stillt, so daß das höchste Ziel des Willens, auf sich selbst bezogen, das Aufhören des Wollens ist – kurz, sein eigenes Nicht-mehr-Bestehen. Und im Rahmen des Thomasschen Denkens bedeutet das, daß jede Tätigkeit, da ja ihr Ziel, solange sie noch in Gang ist, nie erreicht wird, letzten Endes auf ihre eigene Aufhebung hinzielt; die Mittel verschwinden, wenn das Ziel erreicht ist. (Es ist, als wäre man beim Schreiben eines Buches ständig von dem Wunsch getrieben, es fertig zu haben und die Aufgabe los zu sein.) Wie weit Thomas in seiner einseitigen Vorliebe für die Kontemplation als reines Sehen und Nicht-Handeln gehen konnte, zeigt sich in einer ziemlich beiläufigen Nebenbemerkung, die er bei der Interpretation eines Paulinischen Textes über die menschliche Liebe zwischen zwei Personen fallen läßt. Könnte, so fragt er, die »Freude« daran, jemanden zu lieben, bedeuten, daß das höchste »Ziel« des Willens in einem Menschen läge? Die Antwort lautet nein, denn nach Thomas sagte Paulus faktisch: »Er freut sich seines Bruders als *Mittel* zur Freude an Gott«[32] – und Gott, das haben wir gesehen, ist nicht erreichbar durch des Menschen Willen oder Liebe, sondern nur durch seinen Verstand.

Das ist natürlich sehr weit weg von der Liebe Augustins, die die Liebe des Geliebten liebt, und es klingt auch recht anstößig für jene, die, von Kant belehrt, doch recht überzeugt von der Verpflichtung sind, »die Menschheit, sowohl in deiner Person als in der Person eines jeden anderen, jederzeit zugleich als Zweck, niemals bloß als Mittel [zu] brauchen«[33].

12 *Duns Scotus und der Vorrang des Willens*

Wenn wir uns jetzt Duns Scotus zuwenden, so ist das kein Sprung über Jahrhunderte hinweg mit den unvermeidlichen Brüchen und Unstimmigkeiten, über die der Historiker nicht hinwegsehen mag. Duns Scotus war nur um eine Generation jünger als Thomas von Aquin, fast sein Zeitgenosse. Wir stehen noch mitten in der Scholastik. In seinen Texten findet man die gleiche seltsame Mischung aus antiken Zitaten – die als Autoritäten genommen werden – und diskursivem Denken. Scotus schrieb zwar keine Summa, geht aber ebenso vor wie Thomas: zuerst stellt die »Frage« fest, worum es geht (z. B. um den Monotheismus: »Ich frage, ob es nur einen Gott gibt«); dann werden, gestützt auf maßgebliche Zitate, die Gesichtspunkte dafür und dagegen erörtert; dann werden die Argumente anderer Denker angeführt; schließlich bringt Scotus unter der Überschrift »Ich antworte« (respondeo) seine eigenen Auffassungen, die viae, »Wege«, wie er sie nennt, auf denen Gedankengänge und richtige Argumente sich bewegen sollen[34]. Zweifellos sieht es auf den ersten Blick so aus, als läge die einzige Uneinigkeit mit der Thomistischen Scholastik in der Frage des Vorrangs des Willens, der von Scotus mit ebenso einleuchtenden Argumenten »bewiesen« wird wie bei Thomas der Vorrang des Verstandes, und mit kaum weniger Aristoteleszitaten. Fassen wir die einander entgegengesetzten Argumente konzentriert zusammen: Für Thomas war der Wille ein ausführendes Organ, ein bloß »dienendes« Vermögen, das zur Verwirklichung der Erkenntnisse des Verstandes gebraucht würde; für Duns Scotus gilt: »Der Verstand ... ist dienende Ursache des Willens« (»Intellectus ... est causa subserviens voluntatis«). Der Verstand dient dem Willen, indem er ihm seine Objekte wie auch das notwendige Wissen liefert; jetzt ist also der Verstand das bloß dienende Vermögen. Er braucht den Willen, um seine Aufmerksamkeit auf etwas zu richten, und er kann nur richtig arbeiten, wenn sein Gegenstand vom Willen »bestätigt« ist. Ohne diese Bestätigung ist der Verstand lahmgelegt[35].

Es hätte wenig Sinn, hier die alte Streitfrage aufzurollen, ob Scotus ein »Aristoteliker« oder ein »Augustinianer« war – manche Gelehrte gingen bis zu der Behauptung: »Duns Scotus ist ebensosehr ein Schüler des Aristoteles wie der heilige Thomas«[36] –, denn in Wirklichkeit war Scotus keins von beiden. Doch soweit der Streit sinnvoll ist, nämlich gewissermaßen biographisch, scheint der italienische Scotusforscher Bettoni recht zu haben: »Duns Scotus bleibt ein Augustinianer, der sich in höchstem Maße die Aristotelischen Methoden bei der Entwicklung der Gedanken und Lehren zunutze machte, die seine metaphysische Sicht der Wirklichkeit ausmachen.«[37]

Diese und ähnliche Einschätzungen bleiben an der Oberfläche, doch leider ist es ihnen gelungen, in erheblichem Maße die Originalität dieses Mannes und die Bedeutung seines Denkens zu verwischen, als verdiente der doctor subtilis unsere Aufmerksamkeit wirklich im wesentlichen nur wegen seiner Subtilität, der einmaligen Kompliziertheit und Differenziertheit seiner Darlegung. Scotus war Franziskaner, und die Franziskanische Literatur stand immer stark unter dem Eindruck der Tatsache, daß der Dominikaner Thomas trotz anfänglicher Schwierigkeiten von der Kirche als Heiliger anerkannt wurde und seine »Summa theologica« zunächst faktisch und dann der Vorschrift nach *das* Lehrbuch der Philosophie und Theologie in allen katholischen Schulen wurde. Mit anderen Worten, die Franziskanische Literatur ist apologetisch, gewöhnlich vorsichtig und defensiv, obwohl Scotus selbst gegen Heinrich von Gent und nicht gegen Thomas polemisiert hatte[38].

Eine genauere Lektüre der Texte wird diese ersten Eindrücke bald berichtigen; die Andersartigkeit und Größe dieses Mannes zeigt sich am deutlichsten, wenn er mit den Regeln der Scholastik in völligem Einklang zu stehen scheint. So schlägt er in einer langen interpretierenden Wiedergabe von Aristoteles plötzlich vor, »die Überlegung des Philosophen zu stützen«, und bei der Diskussion des Gottes»beweises« Anselms von Canterbury läßt er sich beinahe spielerisch dazu herbei, ihn ein wenig »aufzufrischen« – in Wirklichkeit ganz erheblich. Wesentlich ist, daß er darauf bestand, Argumente, die sich auf Autoritäten berufen, »auf die Vernunft zu gründen«[39].

Er stand – im frühen 14. Jahrhundert – am Übergang vom Mittelalter zur Renaissance, und er hätte sehr wohl sagen können, was Pico della Mirandola am Ende des 15. Jahrhunderts, inmitten der Renaissance, von sich sagte: »Auf keine Lehre festgelegt, habe ich alle Meister der Philosophie kennengelernt, alle Bücher studiert und mich mit allen Schulen vertraut gemacht.«[40] Nur hätte Scotus nicht das naive Vertrauen späterer Philosophen in die Überzeugungskraft der Vernunft geteilt. Den Kern seines Denkes wie auch seiner Frömmigkeit bildet die feste Überzeugung, daß in den Fragen »bezüglich unseres Endes und unseres ewigen Fortlebens die gelehrtesten und klügsten Leute durch die natürliche Vernunft so gut wie nichts erkennen können«[41]. Denn »für die Ungläubigen zeigt die rechte Vernunft, wie sie sich selbst erscheint, daß das natürliche Verhältnis die Sterblichkeit des Leibes wie der Seele sei«[42].

Diese genaue Beschäftigung mit Meinungen, die er nicht teilte, deren Prüfung und Interpretation aber den Hauptteil seines Werkes ausmachte, führt den Leser leicht in die Irre. Scotus war gewiß kein Skeptiker – weder ein antiker noch ein moderner –, doch er hatte einen kritischen Geist, eine Eigenschaft, die von jeher sehr selten war. So gesehen, lesen sich große Teile seiner Schriften wie ein unermüdlicher Versuch, durch reine Argumentation Dinge zu *beweisen*, von denen er argwöhnte, daß sie nicht beweisbar seien; wie konnte er sicher sein, daß er gegen fast jedermann recht habe, wenn er nicht allen Argumenten nachging und sie jener Prozedur unterwarf, die Petrus Johannis Olivi als »Selbstversuch des Geistes« (experimentum suitatis) bezeichnet hatte? Deshalb fand er es nötig, die alten Argumente zu »stärken« oder ein wenig »aufzufrischen«. Er wußte sehr gut, was er tat: »Ich möchte den Worten [anderer Denker] die vernünftigste Deutung geben, die ich mir nur vorstellen kann.«[43] Nur auf diese wesentlich unpolemische Art ließ sich die innere Schwäche der betreffenden Argumentation aufzeigen.

In Scotus' eigenem reifem Denken läßt sich diese offenbare Schwäche der natürlichen Vernunft nie als Argument für die Überlegenheit irrationaler Vermögen verwenden; er war kein Mystiker, und daß »der Mensch unvernünftig sei«, war für ihn »undenkbar« (incogitabile)[44]. Seiner Auffassung nach haben wir es mit der natürlichen Begrenztheit eines wesentlich *begrenzten* Geschöpfes zu tun, dessen Endlichkeit absolut ist, »jeder Beziehung vorgeordnet, die es zu einer anderen Essenz haben könnte«. »Denn genau wie ein Körper zuerst in sich selbst durch die ihm eigenen Grenzen begrenzt ist, ehe er in Beziehung auf irgend etwas anderes begrenzt ist . . ., so ist die endliche Form zuerst in sich selbst begrenzt, ehe sie es bezüglich der Materie ist.«[45]

Diese Endlichkeit des menschlichen Verstandes – ganz ähnlich wie die des Augustinischen homo temporalis – liegt an der einfachen Tatsache, daß sich der Mensch als Mensch nicht selbst geschaffen hat, wenngleich er sich wie andere Lebewesen vermehren kann. Daher lautet für Scotus die Frage nie, wie man die Endlichkeit aus der göttlichen Unendlichkeit ableiten (deduzieren, »herunterziehen«) oder wie man von der menschlichen Endlichkeit zur göttlichen Unendlichkeit aufsteigen könne, sondern wie sich erkären lasse, daß ein absolut endliches Wesen sich etwas Unendliches vorstellen und »Gott« nennen könne. »Wie kommt es, daß dem Verstand . . . die Vorstellung von etwas Unendlichem nicht widerstrebt?«[46]

Anders gesagt: Was macht es dem menschlichen Geist möglich, seine eigenen Grenzen, seine absolute Endlichkeit zu transzendieren? Und die Antwort auf diese Frage lautet bei Scotus, im Unterschied zu Thomas: der Wille. Natürlich kann keine Philosophie je ein Ersatz für göttliche Offenbarung sein, die der Christ aufgrund der Zeugnisse anerkennt, in die er Vertrauen hat. Schöpfung und Auferstehung sind Glaubensartikel; die natürliche Vernunft kann sie weder beweisen noch widerlegen. Insofern sind sie *kontingente*, faktische Wahrheiten, deren Gegenteil nicht unvorstellbar ist; sie betreffen Ereignisse, die auch hätten nicht stattfinden können. Für jemanden, der im christlichen Glauben aufgewachsen ist, stehen sie ebenso fest wie andere Ereignisse, von denen man nur weiß, weil man sich auf Zeugen verläßt – etwa die Tatsache, daß die Welt existierte, ehe wir geboren waren, oder daß es Orte auf der Erde gibt, an denen wir nie gewesen sind, oder sogar, daß bestimmte Personen unsere Eltern sind[47].

Ein radikaler Zweifel, der die Bekundungen von Zeugen zurückweist und sich nur auf die Vernunft verläßt, ist für Menschen unmöglich; er ist ein bloßes rhetorisches Mittel des Solipsismus, das ständig durch die Existenz des Zweifelnden selbst widerlegt wird. Alle Menschen leben zusammen auf der festen Grundlage einer fides acquisita, eines erworbenen Glaubens, der allen gemeinsam ist. Der Prüfstein für die zahllosen Tatsachen, deren Verläßlichkeit wir ständig einfach voraussetzen, besteht darin, daß sie so, wie sie gesetzt sind, für die Menschen sinnvoll sein müssen. Und in dieser Hinsicht ist das Dogma von der Auferstehung sehr viel sinnvoller als die philosophische Vorstellung von der Unsterblichkeit der Seele: ein Wesen mit Leib und Seele kann einen Sinn nur in einem Weiterleben finden, in dem es vom Tode so aufersteht, wie es sich jetzt kennt. Die philosophischen »Beweise« der Unsterblichkeit der Seele wären, selbst wenn sie logisch richtig wären, irrelevant. Damit das Weiterleben für den »viator«, den Wanderer oder Pilger auf Erden, sinnvoll ist, muß es ein »zweites Leben« sein, nicht eine völlig andere Seinsweise in Form einer körperlosen Entität.

Nun hielt es Scotus zwar für offensichtlich, daß die philosophische natürliche Vernunft niemals die »Wahrheiten« der göttlichen Offenbarung erreichen konnte, doch es bleibt unbestreitbar, daß die Vorstellung von etwas Göttlichem vor jeder christlichen Offenbarung vorhanden war, daß also der Mensch eine geistige Fähigkeit besitzen muß, mit der er alles ihm Gegebene transzendieren kann, also die Faktizität des Seins als solche. Er scheint sich selbst transzendieren zu können. Denn der Mensch wurde nach Scotus zusammen mit der Zeit geschaffen, als fester Bestandteil davon – so wie der Mensch nach Augustinus nicht in der Zeit, sondern zusammen mit der Zeit geschaffen wurde. Sein Verstand ist auf dieses Sein abgestimmt, so wie seine Sinnesorgane für die Wahrnehmung von Erscheinungen geeignet sind; sein Verstand ist »natürlich«, »cadit sub natura«[48]; alles, was der Verstand ihm ansinnt, *muß* der Mensch wegen der Evidenz der Sache anerkennen: »Non habet in potestate sua intellegere et non intellegere.«[49]

Anders steht es mit dem Willen. Ihm könnte es vielleicht schwer fallen, das Diktat der Vernunft nicht anzuerkennen, *aber es ist nicht ausgeschlossen*, wie es dem Willen auch nicht unmöglich ist, starken natürlichen Begierden zu widerstehen: »Difficile est voluntatem non inclinari ad id quod est dictatum a ratione practica ultimatim, non tamen est impossibile, sicut voluntas naturaliter inclinatur, sibi dimissa, ad condelectandum appetitui sensitivo, non tamen impossibile, ut frequenter resistat, ut patet in virtuosis et sanctis.«[50] In der Möglichkeit des Widerstands gegen die Begierden einerseits und gegen das Diktat des Verstandes und der Vernunft andererseits entsteht menschliche Freiheit.

Die Autonomie des Willens, seine völlige Unabhängigkeit von den Dingen, wie sie sind, die die Schulen »Indifferenz« nennen – womit sie meinen, der Wille sei »nicht bestimmt« (indeterminata) durch irgendeinen ihm vorgelegten Gegenstand –, hat nur eine Grenze: er kann nicht das Sein überhaupt negieren. Die Grenze des Menschen zeigt sich nirgends deutlicher als in der Tatsache, daß sein Geist, der Wille eingeschlossen, sich zu dem Glaubensartikel bekennen kann, Gott habe das Sein ex nihilo, aus dem Nichts geschaffen, und doch unfähig ist, sich das »Nichts« vorzustellen. Somit hat die Indifferenz des Willens mit Kontradiktorischem zu tun – »voluntas autem sola habet indifferentiam ad contradictoria«; nur das wollende Ich weiß, daß »eine tatsächlich getroffene Entscheidung nicht hätte getroffen werden müssen, daß man auch eine andere hätte treffen können«[51].

An diesem Kriterium wird die Freiheit demonstriert, und weder das Begehren noch der Verstand genügt ihm: ein dem Begehren vorgelegter Gegenstand kann nur entweder anziehen oder abstoßen, und eine dem Verstand vorgelegte Frage kann nur entweder positiv oder negativ beantwortet werden. Doch der Wille hat die Grundeigenschaft, daß er den ihm von der Vernunft oder vom Begehren vorgelegten Gegenstand wollen oder ablehnen kann: »In potestate voluntatis nostrae est habere nolle et velle, quae sunt contraria, respectu unius obiecti« (»Es steht in der Macht unseres Willens, bezüglich desselben Gegenstandes zu wollen und das Gegenteil zu wollen, was Gegensätze sind«)[52]. Damit bestreitet Scotus natürlich nicht, daß es zweier aufeinanderfolgender Willensakte bedarf, um denselben Gegenstand zu wollen und abzulehnen; er behauptet aber, daß sich das wollende Ich bei dem einen Akt der Freiheit bewußt ist, auch sein Gegenteil zu verwirklichen: »Die wesentliche Eigenschaft unserer Willensakte ist . . . die Möglichkeit, zwischen Entgegengesetztem zu wählen *und die geschehene Entscheidung auch wieder rückgängig zu machen*« (Hervorhebung H. A.)[53]. Genau diese Freiheit, die sich nur in der geistigen Tätigkeit zeigt – die Möglichkeit, rückgängig zu machen, hört auf, wenn das Gewollte ausgeführt ist –, war gemeint, als wir oben von der Entzweiung des Willens sprachen.

Dem Willen stehen nicht nur Gegensätze offen, er kann sich auch *aussetzen*, was zwar nur Ergebnis eines weiteren Willensaktes sein kann – im Unterschied zu dem Nietzscheschen und Heideggerschen Willen zum Nichtwollen, auf den wir später zu sprechen kommen –, doch dieser zweite Willensakt, der die »Indifferenz« unmittelbar wählt, ist ein wichtiges Zeugnis für die menschliche Freiheit, für die Fähigkeit des Geistes, sich jeder zwingenden Bestimmung von außen zu entziehen. Und wegen ihrer Freiheit können die Menschen, obwohl sie fester Bestandteil des geschaffenen Seins sind, Gottes Schöpfung preisen, denn entspränge dies Preisen ihrem Verstand, so wäre es lediglich eine natürliche Reaktion, verursacht durch ihren Einklang mit allen anderen Teilen des Alls. Aus dem nämlichen Grunde können sie sich auch des Lobes enthalten und sogar »Gott hassen und daran Befriedigung finden« oder mindestens sich dagegen sperren, ihn zu lieben.

Diese Weigerung, die Scotus in seiner Behandlung des möglichen Gotteshasses nicht erwähnt, wird in Analogie zu seinem Einwand gegen die alte These postuliert, daß alle Menschen glücklich sein möchten. Er gibt zu, daß selbstverständlich alle Menschen von Natur aus glücklich sein möchten (wenn auch über den Inhalt des Glücks keine Übereinstimmung besteht), doch der Wille – und das ist der entscheidende Punkt – kann die Natur transzendieren, in diesem Fall suspendieren: es ist ein Unterschied zwischen der natürlichen Neigung des Menschen zum Glücklichsein und der bewußten Wahl der Glückseligkeit als Lebensziel; der Mensch kann durchaus bei seinen Willensplänen das Glück völlig außer betracht lassen. Was die natürliche Neigung und die natürlichen Grenzen der Möglichkeiten des Willens betrifft, so kann man lediglich sagen, daß kein Mensch »unglücklich sein möchte«[54]. Scotus gibt keine klare Antwort auf die Frage, ob man Gott hassen könne oder nicht, weil diese Frage eng mit der des Bösen zusammenhängt. Im Einklang mit allen seinen Vorgängern und Nachfolgern bestreitet auch er, daß der Mensch das Böse als solches wollen könne, »wobei freilich die entgegengesetzte Auffassung doch etwas für sich haben könnte«[55].

Die Autonomie des Willens – »nichts als der Wille ist die Gesamtursache des Wollens« (»nihil aliud a voluntate est causa totalis volitionis in voluntate«)[56] – schränkt die Macht der Vernunft entscheidend ein, deren Diktat nicht absolut ist, doch sie schränkt nicht die Macht der Natur ein, sei es die Natur des inneren Menschen, seine »Neigungen«, oder die der äußeren Umstände. Der Wille ist in seiner realen Wirksamkeit keineswegs allmächtig: seine Macht besteht lediglich darin, daß er nicht zum Wollen gezwungen werden kann. Für diese geistige Freiheit führt Scotus das Beispiel eines Menschen an, »der sich aus der Höhe hinabstürzt«[57]. Beendet diese Handlung nicht seine Freiheit, da er ja nun notwendig fällt? Nach Scotus ist das nicht der Fall. Während der Mensch unter dem Zwang des Gesetzes der Schwerkraft notwendig fällt, behält er die Freiheit, weiter »fallen zu wollen«, und natürlich kann er auch seinen Sinn ändern, in welchem Falle er das freiwillig Begonnene nicht mehr rückgängig machen könnte und sich der Notwendigkeit ausgeliefert fände. Man erinnert sich an Spinozas Beispiel von dem rollenden Stein, der, wenn er mit Bewußtsein begabt wäre, notwendig der Täuschung zum Opfer fallen würde, er habe sich selbst in Bewegung gesetzt aus eigenem freien Willen. Solche Beispiele können zeigen, in welchem Maße solche Aussagen und ihre Veranschaulichungen, die im Gewande einleuchtender Argumente auftreten, von Vorentscheidungen über Notwendigkeit oder Freiheit als evidente Tatsachen abhängen. Um bei dem jetzigen Beispiel zu bleiben – kein Schwerkraftgesetz kann Macht haben über die Freiheit, die in der inneren Erfahrung gewährleistet ist;

keine innere Erfahrung ist unmittelbar gültig in der Welt, wie sie wirklich und notwendig ist gemäß unserer äußeren Erfahrung und den richtigen Operationen des Verstandes.

Duns Scotus unterscheidet zwischen zwei Arten des Willens: dem »natürlichen« Willen (ut natura), der den natürlichen Neigungen folgt und sich von der Vernunft wie auch von den Begierden leiten lassen kann, und dem »freien« Willen (ut libera) im eigentlichen Sinne[58]. Er ist mit so gut wie allen anderen Philosophen der Meinung, die menschliche Natur neige zum Guten, und er erklärt den bösen Willen als menschliche Schwäche, den Makel einer Kreatur, die aus dem Nichts entstanden ist (»creatio ex nihilo«) und daher eine gewisse Neigung hat, wieder ins Nichts zurückzusinken (»omnis creatura potest tendere in nihil et in non esse, eo quod de nihilo est«) [59]. Der natürliche Wille wirkt wie »die Schwerkraft bei den Körpern«, und er nennt ihn »affectio commodi«, die Wirkung des Passenden und Zweckmäßigen. Hätte der Mensch nur diesen natürlichen Willen, so wäre er bestenfalls ein bonum animal, eine Art intelligenten Naturwesens, dessen ganze Intelligenz nur dazu beitragen würde, passende Mittel für Zwecke auszuwählen, die durch die menschliche Natur gegeben wären. Der freie Wille – im Unterschied zum liberum arbitrium, das nur die Freiheit besitzt, die Mittel zu einem vorher bestimmten Zweck zu wählen – entwirft in Freiheit Ziele, die *um ihrer selbst willen* angestrebt werden, und zu letzterem ist nur der Wille fähig: »[voluntas] enim est productiva actum«, »denn der Wille bringt seinen Akt hervor«[60]. Leider sagt Scotus anscheinend nirgends, worin dieses frei entworfene Ziel eigentlich bestehe, obwohl er dessen freien Entwurf als die eigentliche Vollendung des Willens verstanden zu haben scheint[61].

Mit großem Bedauern muß ich feststellen, daß dies nicht der geeignete Ort ist (und wenn er es wäre, so wäre ich nicht die geeignete Person), um der Originalität von Duns Scotus' Denken gerecht zu werden, insbesondere seiner »Leidenschaft für das konstruktive Denken, die alle [seine] großen Werke durchzieht«[62], die systematisch auszuführen er weder die Zeit hatte – er starb zu jung, zu jung für einen Philosophen – noch vielleicht auch die Neigung. Man kann sich kaum einen anderen großen Philosophen vorstellen, einen anderen großen Denker – und ihrer gibt es nicht viele –, der noch in solchem Maße »entdeckt werden muß und unserer helfenden und verstehenden Zuwendung bedarf«[63].

Solche Hilfe ist gerade deshalb besonders angebracht und besonders schwierig, weil es unmöglich ist, für ihn eine bequeme Nische zwischen den Vorgängern und den Nachfolgern in der Ideengeschichte zu finden. Der Verzicht auf das Lehrbuchklischee vom »systematischen Gegner des heiligen Thomas« genügt nicht, und wenn er den Willen für edler als den Verstand hielt, so hatte er in den Schulen schon viele Vorgänger – der wichtigste war Petrus Johannis Olivi[64]. Es genügt auch nicht, seinen zweifellos großen Einfluß auf Leibniz und Descartes zu klären und im einzelnen darzustellen, obwohl immer noch gilt, was Windelband vor mehr als siebzig Jahren sagte, daß deren Beziehungen zu dem »größten der Scholastiker . . . leider nicht die verdiente Aufmerksamkeit gefunden haben«[65]. Gewiß ist die verinnerlichte Präsenz des Augustinischen Erbes in seinem Werk unübersehbar – niemand hat Augustinus in größerer geistiger Verwandtschaft und mit tieferem Verständnis gelesen –, und von Aristoteles ist er womöglich noch stärker beeinflußt als Thomas. Doch es ist einfach so, daß er für das Wesentlichste seines Denkens – die Kontingenz, den Preis, den er mit Freuden für die Freiheit zahlte – weder Vorgänger noch Nachfolger hatte. Auch nicht für seine Methode: die sorgfältige Ausgestaltung von Olivis experimentum suitatis in Gedankenexperimenten, die als letztes Kriterium der kritischen Tätigkeit des Geistes in seinem Umgang mit und in sich selbst dienen sollten (»experimur in nobis«, »experientia interna«[66]).

Im folgenden möchte ich versuchen, jene höchst originellen und bedeutenden Gedankengänge – oder Gedankenexperimente – zusammenzufassen, die unseren philosophischen und theologischen Traditionen eindeutig zuwiderlaufen, aber leicht übersehen werden, weil sie auf gelehrte Art vorgetragen werden und in der komplexen Argumentation leicht untergehen. Ich erwähnte schon einige der überraschenden Erkenntnisse, erstens seine Kritik an dem alten Klischee, daß alle Menschen glücklich sein möchten (es blieb davon nur übrig, daß niemand unglücklich sein möchte); zweitens sein nicht weniger überraschender Beweis für die Existenz der Kontingenz (»man sollte alle, die die Kontingenz bestreiten, so lange foltern, bis sie zugeben, es sei auch möglich, daß sie *nicht* gefoltert werden«[67]). Stößt man auf solche handfesten Bemerkungen in einem gelehrten Umfeld, so ist man versucht, sie als bloße Witzeleien zu nehmen. Ihre Relevanz beruht nach Scotus auf der experientia interna, der Erfahrung des Geistes, deren Beweiskraft nur jene leugnen können, denen diese Erfahrung abgeht, so wie ein Blinder das Farberlebnis leugnen würde. Die trockene Art solcher Bemerkungen könnte eher an Geistesblitze als an Gedankengänge denken lassen, doch diese Geistesblitze stellen sich gewöhnlich nur in dem Gedankending ein, einem einzigen prägnanten Satz, der sich aus langen kritischen Untersuchungen ergibt. Es ist für Scotus kennzeichnend, daß er trotz seiner »Leidenschaft für das konstruktive Denken« kein Systembauer war; seine überraschendsten Einsichten treten oft beiläufig und gewissermaßen ohne Zusammenhang auf; die Nachteile müssen ihm bewußt gewesen sein, denn er warnt ausdrücklich davor, sich in Diskussionen mit »streitsüchtigen« Gegnern einzulassen, die in Ermangelung »innerer Erfahrung« leicht das Wortgefecht gewinnen, aber in der Sache nichts ausrichten[68].

Beginnen wir mit der Kontingenz, dem Preis für die Freiheit. Scotus ist der einzige Denker, für den das Wort »kontingent« keine abfällige Bedeutung hat: »Ich sage, daß die Kontingenz keine bloße Verarmung des Seins ist wie die Entstellung . . . die da Sünde heißt. Vielmehr ist die Kontingenz eine positive Seinsweise, genau wie die Notwendigkeit.«[69] Diese Auffassung scheint ihm unabweislich, eine Frage der intellektuellen Ehrlichkeit, wenn man die Freiheit retten möchte. Der Vorrang des Verstandes vor dem Willen ist zu verwerfen, »weil er die Freiheit auf keine Weise retten kann« – »quia hoc nullo modo salvat libertatem«[70]. Für ihn liegt der Hauptunterschied zwischen Christentum und Heidentum in der biblischen Vorstellung von der Entstehung der Welt: nach der Schöpfungsgeschichte entstand die Welt nicht als Emanation vorbestimmter notwendiger Kräfte, so daß ihre Existenz auch notwendig gewesen wäre, sondern sie wurde aus dem Nichts durch eine Entscheidung des Schöpfergottes geschaffen, dem es, wie man annehmen muß, völlig frei stand, eine andere Welt zu schaffen, in der weder unsere mathematischen Wahrheiten noch unsere moralischen Vorschriften gegolten hätten. Daraus folgt, daß alles Seiende auch nicht hätte sein können – außer Gott selbst. Seine Existenz ist notwendig aus der Sicht einer nicht notwendigen Welt, die er frei »entwarf«, aber nicht notwendig in dem Sinne, daß es jemals eine Notwendigkeit gegeben hätte, die ihn bei seiner Schöpfung gezwungen oder beeinflußt hätte; eine solche durch Gott wirkende Notwendigkeit stünde in klarem Widerspruch zu seiner Allmacht wie auch dazu, daß er der Höchste ist.

Die Menschen sind fester Bestandteil dieser Schöpfung, und alle ihre natürlichen Fähigkeiten, auch der Verstand, folgen von Natur den Gesetzen, die durch göttliches fiat festgelegt worden sind. Doch der Mensch wurde im Unterschied zu allen anderen Teilen der Schöpfung nicht frei entworfen; er ward geschaffen Gott zum Bilde – als brauchte Gott nicht nur Engel in einer übernatürlichen Welt, sondern auch ihm ähnliche Wesen inmitten der weltlichen Natur, die ihm Gesellschaft leisten sollten. Das Kennzeichen dieser Kreatur, die offenbar Gott näher steht als jede andere, ist keineswegs das Schöpfertum; in diesem Fall wäre sie in der Tat so etwas wie ein »sterblicher Gott« gewesen (und ich halte das mit großer Wahrscheinlichkeit für den Grund, warum Scotus seinen Gedanken eines »frei entworfenen Ziels des Willens« nicht weiterverfolgte, obwohl für ihn anscheinend eine solche »nicht inhaltlich bestimmte Fähigkeit zum freien Entwerfen« die »wahre Vollkommenheit« war[71]). Vielmehr zeichnet sich Gottes Kreatur durch die geistige Fähigkeit zum freien Bejahen oder Verneinen aus, das keinem Zwang von der Begierde oder von den Denkregeln her unterliegt. Es ist, als brauchte das Sein, nachdem es zur Existenz gekommen ist, Gottes endgültiges Urteil zu seiner Erfüllung – »Und Gott sah an alles, was er gemacht hatte; und siehe da, es war sehr gut« (1. Mose 1,31) –, und dieses Urteil entrang sich auch dem Sterblichen, das Ihm zum Bilde geschaffen worden war.

Auf jeden Fall ist der Preis der Willensfreiheit der, daß der Wille gegenüber jedem Gegenstand frei ist; der Mensch »kann Gott hassen und darin Befriedigung finden«, denn eine gewisse Freude (delectatio) ist mit jedem gelungenen Willensakt verbunden[72]. Die Freiheit des Willens besteht nicht in der Auswahl von Mitteln für ein feststehendes Ziel – eudaimonia oder beatitudo oder Seligkeit –, weil eben dieses Ziel durch die menschliche Natur bereits *gegeben* ist; sie besteht darin, daß er alles, was er vor sich hat, in Freiheit bejahen oder ablehnen oder hassen kann. Diese Freiheit des Willens, geistig *einen Standpunkt einzunehmen*, unterscheidet den Menschen von der übrigen Schöpfung; ohne sie wäre er bestenfalls ein intelligentes Naturwesen (bonum animal) oder, wie Olivi früher gesagt hatte, eine bestia intellectualis, ein intellektualisiertes Tier[73]. Das Wunder des menschlichen Geistes besteht darin, daß er vermittels des Willens alles transzendieren kann (»voluntas transcendit omne creatum«, wie Olivi sagte[74]), und das ist das Zeichen dessen, daß der Mensch nach Gottes Bild geschaffen wurde. Die biblische Vorstellung, Gott habe ihm seine Bevorzugung dadurch erwiesen, daß er ihn über alle Werke seiner Hände setzte (Psalm 8), würde ihn lediglich zum Höchsten unter allem Geschaffenen machen, aber nicht von ihm absolut unterscheiden. Wenn das wollende Ich in seiner höchsten Äußerung sagt: »Amo: volo ut sis«, »Ich liebe dich, ich möchte, daß du bist« – und nicht: »Ich möchte dich haben« oder »Ich möchte dich beherrschen« –, so zeigt es sich der gleichen Liebe fähig, mit der Gott offenbar die Menschen liebt, die er nur schuf, weil er wollte, daß sie existieren, und die er *liebt, ohne sie zu begehren.*

So stellte sich die Sache dem Christen dar; deshalb »sagen die Christen . . . Gott handelt kontingent . . . frei und kontingent«[75]. Doch nach Scotus kann man auch auf philosophischem Wege zur gleichen Beurteilung der Kontingenz kommen. Schließlich hatte ja *der* Philosoph das Kontingente und Akzidentielle (to symbēbekos) als das definiert, was »auch nicht sein könnte« (endechomenon mē einai)[76], und was wäre dem wollenden Ich bei jedem Willensakt gegenwärtiger gewesen, als daß es auch nicht wollen könnte (»experitur enim qui vult se posse non velle«[77])? Wie hätte der Mensch jemals einen freien Willensakt von einem überwältigenden Begehren unterscheiden können, wenn nicht mit diesem unfehlbaren inneren Kriterium?

Was scheinbar gegen die Freiheit des Willens zum Wollen und Anderswollen sprach, das war das Kausalitätsgesetz, das Scotus auch in der Aristotelischen Form kannte: als Kausalkette, die die Bewegung verständlich machte und schließlich zu einer selbst unbewegten Quelle aller Bewegung führte, dem »unbewegten Beweger«, einer selbst ursachelosen Ursache. Die Überzeugungskraft oder vielmehr Erklärungskraft dieses Arguments liegt in der Vorstellung, eine einzige Ursache genüge, um zu erklären, warum etwas ist und nicht nicht ist, also zur Erklärung von Bewegung und Veränderung. Scotus greift diese ganze Vorstellung an, die Kausalkette als ununterbrochene Folge hinreichender und notwendiger Ursachen, die schließlich bei einer ersten, unverursachten Ursache ankommen muß, damit kein unendlicher Regreß entsteht.

Er beginnt seine Erörterung mit der Frage, »ob der Willensakt im Willen durch den Gegenstand in Bewegung gesetzt wird, oder ob der Wille sich selbst bewegt«, und verwirft die erste Möglichkeit, weil sie auf keinen Fall die Freiheit retten könne (»quia hoc nullo modo salvat libertatem«). Die andere Möglichkeit, die Allmacht des Willens, verwirft er, weil sie nicht alle Folgen eines Willensakts erklären könne (»quia tunc non possunt salvari omnes conditiones quae consequuntur actum volendi«). So kommt er zu seiner »Mittelposition« – in der Tat die einzige, die beide Phänomene rettet, Freiheit und Notwendigkeit. In dieser Form klingt sie wie eine der üblichen logischen Übungen der Scholastik, wie ein im Grunde leeres Spiel mit abstrakten Begriffen. Scotus aber führt die Untersuchung sofort weiter und gelangt zu einer Theorie der »Teilursachen . . . [die] auf gleicher Ebene und unabhängig voneinander zusammenwirken können«.

Sein Hauptbeispiel ist die Fortpflanzung, bei der zwei unabhängige Substanzen, das Männliche und das Weibliche, zusammenkommen müssen, um das Kind hervorzubringen; von da gelangt er zu der Theorie, jede Veränderung komme dadurch zustande, daß eine Mehrzahl von Ursachen zufällig gleichzeitig wirke, und dieses Zusammenwirken schaffe die Wirklichkeitsstruktur der menschlichen Verhältnisse[78]. Der entscheidende Punkt ist also nicht einfach Gottes ursprüngliche Freiheit bei der Schaffung der Welt und damit die Möglichkeit, daß er auch eine ganz andere Welt hätte schaffen können, sondern man muß auch zeigen, daß Veränderung und Bewegung als solche, die Erscheinungen, die ursprünglich bei Aristoteles zum Kausalgesetz geführt hatten, die aitiai wie auch die archai, von der Kontingenz durchwaltet seien.

»Unter etwas Kontingentem«, sagt Scotus, »verstehe ich nicht etwas nicht Notwendiges oder etwas nicht immer Existierendes, sondern etwas, wovon zu der Zeit, da es eintrat, auch sein Gegenteil hätte eintreten können. Daher sage ich nicht, etwas sei kontingent, sondern es sei *kontingent verursacht.*«[79] Mit anderen Worten, gerade das kausale Element in den menschlichen Verhältnissen verurteilt diese zur Kontingenz und Unvorhersagbarkeit. Nichts könnte nun in stärkerem Widerspruch zu jeder philosophischen Tradition stehen als diese Behauptung der Kontingenz der Vorgänge. (Man braucht nur daran zu denken, daß ganze Bibliotheken geschrieben worden sind, um die Notwendigkeit des Ausbruchs der beiden letzten Kriege darzutun, wobei jede Theorie eine andere Einzelursache herausgreift – wo doch in Wahrheit nichts einleuchtender erscheint, als daß verschiedene Ursachen zusammentrafen, die vielleicht zum Schluß von einer weiteren in Bewegung gesetzt wurden, die dann die beiden Weltbrände »kontingent verursachte«.)

Dieser Begriff der Kontingenz entspricht zwar der Erfahrung des wollenden Ichs, das sich im Willensakt als frei erfährt, dessen Ziele es nicht zwingen, zu ihrer Erreichung tätig zu werden oder nicht tätig zu werden; doch gleichzeitig steht er in scheinbar unauflöslichem Gegensatz zu einer anderen, ebenso unabweislichen Erfahrung des Geistes und des gemeinen Verstandes, nach der wir in Wirklichkeit in einer Tatsachenwelt der *Notwendigkeit* leben. Etwas mag sich ganz zufällig ereignet haben, doch wenn es einmal existiert und wirklich geworden ist, so verliert es seine kontingente Seite und stellt sich uns im

Gewande der Notwendigkeit dar. Und auch wenn wir das Ereignis hervorgerufen oder doch daran mitgewirkt haben – etwa an einer Eheschließung oder einer gemeinschaftlichen Straftat –, wird die einfache Existenztatsache, daß die Sache (aus welchen Gründen auch immer) nun einmal so gelaufen ist, im allgemeinen jeden Gedanken an seine ursprüngliche Zufälligkeit in den Hintergrund drängen. Ist das Kontingente einmal geschehen, so kann man das Knäuel nicht mehr entwirren, in dem es sich verbarg, ehe es *Ereignis* wurde – als könnte es immer noch sein oder auch nicht sein[80].

Der Grund für diese seltsame Änderung der Perspektive, die den Ursprung vieler der Paradoxien in Zusammenhang mit dem Freiheitsproblem bildet, ist der, daß es keinen Ersatz, sei er wirklich oder vorgestellt, für die Existenz als solche gibt. Natürlich können die Zeitläufte Tatsachen und Ereignisse auflösen; aber jede solche Auflösung, auch der radikalste Wandel, setzt schon die Wirklichkeit des Vorangegangenen voraus. Scotus sagt: *»Alles Vergangene ist schlechthin notwendig.«*[81] Es ist zur notwendigen Bedingung meiner eigenen Existenz *geworden*, und ich kann mir weder im Geiste noch sonstwie meine eigene Nichtexistenz vorstellen, denn da ich fest zum Sein gehöre, kann ich mir das Nichts nicht vorstellen, genau wie ich mir Gott als den Schöpfer des Seins vorstelle, aber nicht als einen Gott vor der Schöpfung aus dem Nichts.

Mit anderen Worten, die Aristotelische Auffassung, daß die Wirklichkeit notwendig aus einer vorangehenden Möglichkeit entstehe, ließe sich nur bestätigen, wenn man den Vorgang umkehren und von der Wirklichkeit wieder zur Möglichkeit gelangen könnte, wenigstens im Geiste; doch das geht eben nicht. Über das Wirkliche kann man nur sagen, es sei offensichtlich *nicht* unmöglich gewesen; man kann nie beweisen, daß es notwendig gewesen sei, nur weil es uns jetzt unmöglich ist, uns Verhältnisse vorzustellen, unter denen es nicht geschehen wäre.

Deshalb sagte John Stuart Mill[81a]: »Unser inneres Bewußtsein sagt uns, daß wir ein Vermögen besitzen [nämlich die Freiheit], von dem wir aber nach der gesamten äußeren Erfahrung der Menschheit nie Gebrauch machen«; denn worin bestünde diese »äußere Erfahrung der Menschheit« als im Material der Historiker, deren rückwärts gewandter Blick das im Auge hat, *was gewesen ist* – factum est – und daher schon notwendig geworden ist? In diesem Augenblick verdrängt die »äußere Erfahrung« die Gewißheiten des »inneren Bewußtseins«, ohne sie doch zu zerstören, mit dem Ergebnis, daß es für einen Geist, der »inneres Bewußtsein« und »äußere Erfahrung« aufeinander abstimmen möchte, so aussieht, als ob der Grund der Notwendigkeit selbst in etwas Kontingentem läge.

Wenn sich dagegen der Geist, beunruhigt über den scheinbaren Widerspruch, nur noch an seiner eigenen Innerlichkeit orientiert und über die Vergangenheit zu reflektieren beginnt, so findet er, daß auch hier faktisch, als Ergebnis des Werdens, die Zufälligkeit der Vorgänge bereits zu einer notwendigen Struktur umgeordnet und umgedeutet ist. Das ist die notwendige Bedingung für die existenzhafte Gegenwart des denkenden Ichs, das über den Sinn dessen nachdenkt, was geworden ist und nun *ist*. Ohne die apriorische Annahme einer einlinigen Folge von Ereignissen, die notwendig und nicht kontingent verursacht sind, wäre keine auch nur einigermaßen systematische Erklärung möglich. Die naheliegendste, ja die einzig mögliche Art, eine Geschichte aufzubereiten und zu erzählen, ist die Ausschaltung der »zufälligen« Bestandteile aus dem wirklichen Geschehen, deren genaue Aufführung ohnehin unmöglich sein dürfte, selbst für ein Computerhirn.

Scotus soll fröhlich zugegeben haben, daß »es keine wirkliche Antwort auf die Frage gibt, wie Freiheit und Notwendigkeit miteinander vereinbar seien«[82]. Er kannte noch nicht die Hegelsche Dialektik, in der der notwendige Prozeß zur Freiheit führen kann. Doch im Rahmen seines Denkens bestand dieses Problem der Vereinbarkeit gar nicht, denn Freiheit und Notwendigkeit waren zwei völlig verschiedene Dimensionen des Geistes; sofern es überhaupt einen Konflikt gab, konnte es nur ein interner zwischen dem wollenden und dem denkenden Ich sein, bei dem der Wille den Verstand lenkt und den Menschen zu der Frage führt: Warum? Der Grund dafür ist einfach: wie Nietzsche später entdecken sollte, kann der Wille nicht »zurück wollen«; so muß der Verstand herauszufinden versuchen, was falsch gelaufen ist. Die Warumfrage – was ist die *Ursache*? – wird durch den Willen inspiriert, weil sich der Wille selbst als wirkende Ursache erfährt.

Diese Seite des Willens hat man im Auge, wenn man sagt, der Wille sei die Triebfeder des Handelns; oder in der Sprache der Schulen: »Unser Wille . . . bringt Handlungen hervor, und er ist das, womit das Subjekt arbeitet, wenn es ausdrücklich will«[83]. Kausal gesehen, verursacht der Wille zunächst Willensakte, und diese verursachen dann bestimmte Wirkungen, die kein Wille mehr ungeschehen machen kann. Der Verstand versucht, dem Willen eine erklärende Ursache zur Stillung seines Unmuts über seine eigene Hilflosigkeit zu liefern; so baut er eine Geschichte auf, die die Daten in ein hübsches System einordnet. Ohne eine Notwendigkeitsannahme wäre die Geschichte völlig zusammenhanglos.

Mit anderen Worten, die Vergangenheit steht genau deshalb, weil sie das »schlechthin Notwendige« ist, nicht in der Macht des Willens. Für Scotus selbst stellte sich die Sache einfacher dar: der entscheidende Gegensatz bestand nicht zwischen Freiheit und Notwendigkeit, sondern zwischen Freiheit und Natur – zwischen dem Willen ut natura und dem Willen ut libera[84]. Wie der Verstand neigt auch der Wille *von Natur* zur Notwendigkeit, nur daß der Wille im Unterschied zum Verstand dieser Neigung widerstehen kann.

In engem Zusammenhang mit dieser Lehre von der Kontingenz steht Scotus' überraschend einfache Lösung des uralten Problems der Freiheit, soweit es sich aus dem Vermögen des Wollens selbst ergibt. Wir behandelten einigermaßen ausführlich die merkwürdige Entzweiung des Willens, die Tatsache, daß die Teilung in Zwei-in-einem, die für alle geistigen Vorgänge kennzeichnend ist und zuerst – von Sokrates und Platon – als Eigenschaft des Denkens entdeckt wurde, in einen tödlichen Kampf zwischen einem Ich-will und einem Ich-will-anders (zwischen velle und nolle) umschlägt, die beide vorhanden sein müssen, um Freiheit zu gewährleisten: »Experitur enim qui vult se posse non velle«, »Bei jedem Willensakt erfährt man sich so, daß man auch nicht wollen könne«[85]. Die Schulen waren im Anschluß an den Apostel Paulus und an die Augustinische Willensphilosophie darin einig, daß es der göttlichen Gnade bedürfe, um das Elend des Willens aufzuheben. Scotus, vielleicht der frömmste von allen, war anderer Meinung. Kein göttlicher Eingriff ist nötig, um das wollende Ich zu erlösen.

Es weiß sehr gut, wie es sich von den Folgen des unschätzbaren und doch recht zweifelhafen Geschenks der menschlichen Freiheit befreien kann – zweifelhaft, denn daß der Wille frei, weder durch äußere noch innerlich gegebene Gegenstände bestimmt und beschränkt ist, das bedeutet nicht, daß der Mensch als Mensch unbegrenzte Freiheit genösse. Der gewöhnliche Ausweg des Menschen aus seiner Freiheit besteht einfach darin, im Sinne des Willens zu *handeln*: »Zum Beispiel kann ich in diesem Augenblick schreiben oder ebensogut nicht schreiben; doch wenn ich tatsächlich schreibe, so ist das Gegenteil ausgeschlossen. Mit einem Willensakt kann ich mich zum Schreiben entschließen, mit einem anderen dazu, nicht zu schreiben, aber ich kann nicht beides gleichzeitig tun.«[86] Mit anderen Worten, der menschliche Wille ist undeterminiert, Gegensätzlichem geöffnet, und daher entzweit, solange er lediglich Willensakte produziert; sobald er zu wollen aufhört und eine seiner Möglichkeiten in die Tat umzusetzen beginnt, verliert er seine Freiheit – und der Mensch, das Subjekt des wollenden Ichs, ist über den Verlust ebenso glücklich wie Buridans Esel, als er das Problem der Wahl zwischen den zwei Heuhaufen dadurch löste, daß er seinem Instinkt folgte: hör auf zu wählen und fang an zu fressen.

Dieser Lösung, die auf den ersten Blick zu einfach scheint, liegt die von Scotus – wahrscheinlich unter dem Einfluß von Aristoteles – eingeführte Unterscheidung zwischen »activum« und »factivum« zugrunde. Das erste ist die reine Tätigkeit, die Aristotelische energeia, die ihr Ziel und ergon in sich selbst hat, das zweite das Herstellen, facere, das »einen äußeren Gegenstand herstellt oder gestaltet«, und das bedeutet, »daß die Handlung zeitlich begrenzt ist, d. h., daß sie aus Gründen, die nicht beim Handelnden selbst liegen, ein Ende findet. Die Produkte des Menschen entstehen durch solche zeitlich begrenzte Tätigkeit.«[87] Geistige Tätigkeiten wie das Denken oder das Wollen gehören zur ersten Gruppe, und diese sind nach Scotus, obwohl sie in der wirklichen Welt kein Ergebnis hervorbringen, »vollkommener«, weil sie wesentlich nicht zeitlich begrenzt sind. Sie enden nicht, weil sie das ihnen entsprechende Ziel erreicht haben, sondern nur, weil der Mensch als begrenztes und Bedingungen unterworfenes Wesen sie nicht unbeschränkt fortführen kann.

Scotus setzt diese geistige Tätigkeit zu der »Tätigkeit« des Lichts in Parallele, das »sich aus seiner Quelle ständig erneuert und so seine innere Konstanz bewahrt und einfach verharrt«[88]. Weil das Geschenk des freien Willens einem ens creatum zuteil wurde, ist dieses um der Selbsterhaltung willen gezwungen, vom activum zum factivum überzugehen, von der reinen Tätigkeit zur Herstellung von etwas, die ihr natürliches Ende findet, wenn das Produkt fertig ist. Der Übergang ist möglich, weil in jedem Ich-will ein Ich-kann steckt, das dem Ich-will Grenzen setzt, die nicht außerhalb des Wollens selbst liegen. »Voluntas est potentia quia ipsa aliquid potest«, »Der Wille ist eine Macht, weil er etwas *zustandebringen* kann«, und diese dem Willen eigene Macht ist in der Tat »das Gegenteil der potentia passiva der Aristoteliker. Sie ist ein aktives . . . machtvolles Ich-kann . . ., das das Ich erfährt«[89].

Mit dieser Erfahrung des Willens als einer geistigen Macht, die nicht, wie bei Epiktet, den Geist gegen die Wirklichkeit abschirmt, sondern ihn vielmehr inspiriert und mit Selbstvertrauen erfüllt, ist es, als hätten wir das Ende einer geschichtlichen Entwicklung erreicht, die mit der Entdeckung des Apostels Paulus anfing, daß Wollen und Können nicht zusammenfallen – während das in der vorchristlichen Antike als selbstverständlich galt. Scotus' letztes Wort über den Willen als geistiges Vermögen bezieht sich auf dieselbe Erscheinung, die viele Jahrhunderte später in Nietzsches und Heideggers Gleichsetzung von Wille und Macht vollständig erhellt wurde – nur daß Scotus die vernichtende (nihilistische) Seite dieser Erscheinung noch nicht erkannt hatte, nämlich die durch die Negation geschaffene Macht. Er sieht noch nicht die Zukunft als eine vorausgeschaute Negation der Gegenwart – höchstens in dem allgemeinen Sinne, daß er die eigentliche Nichtigkeit aller bloß weltlichen Vorgänge erkannte (wie Augustinus sagt: »Quod futurum est, transiturum expectatur«, »Vom Zukünftigen erwartet man, daß es einmal vergangen sein wird« [90]).

Der Mensch kann die Welt des Seins transzendieren, mit der zusammen er geschaffen wurde und die seine Heimstatt bis zum Tode bleibt; doch auch seine geistigen Tätigkeiten sind nie von der Sinnenwelt völlig losgelöst: so hängt der Verstand »eng mit den Sinnen zusammen«, und »seine angeborene Funktion ist das Verstehen von Sinnesdaten«; ähnlich hängt der Wille »eng mit dem sinnlichen Begehren zusammen«, und seine angeborene Funktion ist, »sich selbst Freude zu machen«. »Voluntas coniuncta appetitui sensitivo nata est condelectari sibi, sicut intellectus coniunctus sensui natus est intellegere sensibilia.«[91] Die entscheidenden Worte sind hier »condelectari sibi«, eine Freude am Wollen selbst im Unterschied zu der Freude, das begehrte Objekt zu besitzen, die eine vorübergehende ist – der Besitz läßt das Begehren und die Freude erlöschen. Das »condelectari sibi« gewinnt seine Wonne aus seiner Nähe zum Begehren, und Scotus sagt ausdrücklich, keine geistige Wonne könne sich mit der Wonne der Erfüllung sinnlichen Begehrens messen, nur daß diese Wonne fast so rasch vergehe wie das Begehren selbst[92]. Daher unterscheidet er scharf zwischen Wille und Begehren, weil nur der Wille nicht zeitlich begrenzt ist. Eine innere Freude des Willens an sich selbst ist für ihn ebenso natürlich wie das Verstehen und Erkennen für den Verstand, und sie findet sich sogar beim Hassen; doch die angeborene Vollkommenheit des Willens, der endgültige Friede zwischen den Zwei-in-einem, kann sich nur einstellen, wenn der Wille in *Liebe* übergeht. Wäre der Wille bloßes Besitzstreben, so würde er aufhören, sobald das Objekt erlangt ist: man begehrt nicht, was man hat.

Soweit Scotus über ein Leben nach dem Tode spekuliert – über eine »ideale« Existenz für den Menschen als Menschen –, spielt dieser erhoffte Übergang des Willens in Liebe mit der darin beschlossenen delectatio eine entscheidende Rolle. Der Übergang des Wollens in Lieben bedeutet nicht, daß das Lieben keine Tätigkeit mehr wäre, deren Ziel in ihr selbst liegt; daher kann die zukünftige Seligkeit, das Glück in einem jenseitigen Leben, auf keinen Fall in Ruhe und Betrachtung bestehen. Die Betrachtung des summum bonum, des höchsten Gutes, also Gottes, wäre das Ideal des Verstandes, der sich immer auf die Anschauung gründet, auf das Erfassen eines Gegenstandes in seiner »Diesheit«, haecceitas, was in diesem Leben nicht nur deshalb unvollkommen ist, weil das Höchste unbekannt bleibt, sondern auch, weil die Schau der Diesheit unvollkommen ist: »Der Verstand . . . greift auf allgemeine Begriffe zurück, eben weil er die Diesheit nicht erfassen kann.«[93] Der Begriff des »ewigen Friedens« oder der ewigen Ruhe erwächst aus der Erfahrung der Ruhelosigkeit, der Wünsche und Begierden eines begehrlichen Wesens, das diese in geistiger Tätigkeit transzendieren, aber sich nie völlig von ihnen freimachen kann. Eines hat der Wille im Zustand der Seligkeit, im jenseitigen Leben, nicht mehr nötig oder ist dazu gar nicht mehr fähig: *Zurückweisung* und Haß, doch das bedeutet nicht, daß der Mensch im seligen Zustand das Vermögen zum Bejahen verloren hätte.

Diese unbedingte Bejahung nennt Scotus »Liebe«: »Amo: volo ut sis.« »Die Glückseligkeit ist daher der Akt, durch den der Wille mit dem ihm vom Verstand vorgestellten Gegenstand in Berührung kommt und ihn liebt, wodurch er seinen natürlichen Wunsch nach ihm völlig befriedigt.«[94] Auch hier wird die Liebe wieder als eine Tätigkeit verstanden, aber nicht mehr als eine geistige, da ihr Gegenstand jetzt den Sinnen gegenwärtig und dem Verstand nicht mehr nur unvollkommen bekannt ist. Denn »die Glückseligkeit . . . besteht im völligen und vollkommenen Erlangen des Objekts, wie es an sich selbst und nicht bloß im Geiste ist«[95]. Der Geist, der die existentiellen Bedingungen des »Wanderers« oder Pilgers auf Erden transzendiert, besitzt eine Vorahnung solcher Seligkeit in seiner Erfahrung der reinen Tätigkeit, d. h. in der Verwandlung des Wollens in *Lieben*. Scotus geht auf die Augustinische Unterscheidung zwischen uti und frui zurück, dem Gebrauchen um eines anderen Zweckes willen und dem Genießen der Sache an sich selbst, und sagt, das Wesen der Glückseligkeit bestehe in der »fruitio«, dem »vollkommenen Lieben Gottes um Gottes willen . . . im Unterschied zum Lieben Gottes um der eigenen Person willen«. Auch wenn dieses um des Seelenheils willen geschieht, so ist es immer noch amor concupiscentiae, begehrliche Liebe[96]. Schon bei Augustinus findet man den Übergang des Wollens in Lieben, und es ist mehr als wahrscheinlich, daß die Überlegungen beider Denker angeregt wurden von den Worten des Paulus: »Die Liebe höret nimmer auf«, auch dann nicht, wenn »kommen wird das Vollkommene« und »das Stückwerk aufhören« wird (1. Korinther 13, 8–13). Bei Augustinus kommt die Verwandlung durch die verbindende Kraft des Willens zustande; es gibt keine stärkere Bindekraft als die Liebe, mit der die Liebenden einander lieben (»wunderbar aneinander gebunden«)[97]. Doch für Scotus liegt der Erfahrungsgrund für die Unvergänglichkeit der Liebe darin, daß diese für ihn nicht nur gewissermaßen entleert, von Begierden und Bedürfnissen gereinigt ist, sondern daß in ihr das *Vermögen* des Wollens selbst in reine Tätigkeit verwandelt ist.

In diesem Leben besteht das Wunder des menschlichen Geistes darin, daß der Mensch mindestens im Geiste und vorläufig seine irdischen Verhältnisse transzendieren und die reine Aktualität einer Tätigkeit genießen kann, die ihr Ziel in sich selbst hat; und das erhoffte Wunder eines jenseitigen Lebens wäre die Spiritualisierung des Menschen in seiner ganzen Existenz. Scotus spricht von einem »verherrlichten Körper«[98], der nicht mehr auf »Vermögen« angewiesen ist, deren Tätigkeiten entweder durch das factivum unterbrochen werden, die Herstellung und Gestaltung von Gegenständen, oder durch die Begierden einer begehrlichen Kreatur – welch beides jede Tätigkeit in diesem Leben zu einer zeitlich begrenzten macht, auch die geistigen Tätigkeiten. Nach der Verwandlung des Willens in Liebe ist seine Ruhelosigkeit gestillt, aber nicht ausgelöscht; die Stetigkeit der Liebe macht sich nicht als Stillstand der Bewegung bemerkbar – so wie das Ende des Kriegswütens als die Ruhe des Friedens empfunden wird –, sondern als die Heiterkeit einer in sich ruhenden, sich selbst erfüllenden, nie endenden Bewegung. Das ist nicht die Ruhe und Wonne nach einer vollkommen gelungenen Handlung, sondern die Stille eines Aktes, der in seinem Ziele ruht. In diesem Leben kennen wir solche Akte in unserer inneren Erfahrung, und nach Scotus sollten wir sie verstehen können als Vorahnungen einer ungewissen Zukunft, in der sie nimmer aufhören würden. Dann »wird das Handlungsvermögen seine Ruhe in seinem Gegenstand finden durch den vollkommenen Akt [die Liebe], durch den es ihn erlangt«[99].

Der Gedanke, es könne eine Tätigkeit geben, die ihr Ziel in sich selbst findet, ist ebenso überraschend originell – ohne Vorläufer und ohne Nachfolger in der abendländischen Geistesgeschichte – wie Scotus' ontologische Präferenz des Kontingenten gegenüber dem Notwendigen und des existierenden Besonderen gegenüber dem Allgemeinen. Ich habe zu zeigen versucht, daß wir es bei Scotus nicht mit bloßen begrifflichen Umkehrungen zu tun haben, sondern mit wirklichen neuen Erkenntnissen, die sich wohl alle verstehen lassen als die spekulativen Bedingungen für eine Philosophie der Freiheit. Soweit ich sehe, kann sich in der Geschichte der Philosophie nur Kant in seinem bedingungslosen Einsatz für die Freiheit mit Duns Scotus messen. Und doch hat er ihn mit Sicherheit nicht gekannt. So möchte ich schließen mit einer seltsamen Stelle aus der »Kritik der reinen Vernunft«, die zumindest mit demselben Problem zu tun hat, ohne freilich die Willensfreiheit im geringsten zu erwähnen:

> Es ist etwas überaus Merkwürdiges, daß, wenn man voraussetzt, etwas existiere, man der Folgerung nicht Umgang haben kann, daß auch irgend etwas notwendigerweise existiere. . . . Dagegen mag ich einen Begriff von einem Dinge annehmen, welchen ich will, so finde ich, daß sein Dasein niemals von mir als schlechterdings notwendig vorgestellt werden könne, und daß mich nichts hindere, es mag existieren, was da wolle, das Nichtsein desselben zu denken, mithin ich zwar zu dem Existierenden überhaupt etwas Notwendiges annehmen müsse, kein einziges Ding aber selbst als an sich notwendig denken könne. Das heißt: Ich kann das Zurückgehen zu den Bedingungen des Existierenden niemals *vollenden*, ohne ein notwendiges Wesen anzunehmen, ich kann aber von demselben niemals anfangen. [Und einige Seiten weiter schließt er diese Überlegungen folgendermaßen ab:] Es ist nichts, was die Vernunft an dieses Dasein schlechthin bindet, sondern sie kann solches, jederzeit und ohne Widerstreit, in Gedanken aufheben; in Gedanken aber lag auch allein die absolute Notwendigkeit[100].

Dem könnte man, von Scotus belehrt, hinzufügen, daß sich das absolute Nichts im Denken nicht finden läßt. Wir werden später Gelegenheit haben, auf diesen Gedanken zurückzukommen, wenn wir die ungewissen Aussichten des Willens am Ende der Neuzeit behandeln.

IV
Schluß

13 *Der deutsche Idealismus und die »Regenbogenbrücke der Begriffe«*

Ehe wir zum letzten Teil dieser Betrachtungen kommen, möchte ich versuchen, den letzten und größten Sprung über die Jahrhunderte in dieser skizzenhaften und fragmentarischen Darstellung zu rechtfertigen, die als eine Geschichte des Willens anzukündigen ich mich erkühnt habe. Ich äußerte schon meine Zweifel, daß eine Geistesgeschichte sinnvoll von der Annahme ausgehen könne, daß die Ideen zeitlich aufeinander folgen und einander hervorbringen. Diese Annahme ist nur im System der Hegelschen Dialektik sinnvoll. Doch abgesehen von allen Theorien gibt es doch Zeugnisse der Gedanken großer Denker, deren Platz in der faktischen Geschichte unbestreitbar ist und deren positive oder negative Äußerungen zum Willen wir hier nur gestreift haben – Descartes und Leibniz auf der einen Seite der Kontroverse, Hobbes und Spinoza auf der anderen.

Der einzige große Denker in diesen Jahrhunderten, der in unserem Zusammenhang wirklich ohne Bedeutung wäre, ist Kant. Bei ihm ist der Wille keine *besondere* geistige Fähigkeit im Unterschied zum Denken, sondern praktische Vernunft, ein Vernunftwille ähnlich wie der Aristotelische nous praktikos; es ist völlig richtig gesehen, daß »die Hauptthese der Kantischen Moralphilosophie die ist, daß die reine Vernunft praktisch sein könne«[1]. Der Wille bei Kant ist weder Freiheit noch Wahlvermögen (liberum arbitrium) noch seine eigene Ursache; für Kant gibt es reine Spontaneität, die er oft »absolute Spontaneität« nennt, nur im Denken. Der Kantische Wille ist das ausführende Organ der Vernunft in allen Verhaltensdingen.

Sehr viel problematischer und daher begründungsbedürftig ist es, daß wir die Entwicklung des deutschen Idealismus nach Kant nicht in unsere Betrachtungen einbezogen haben, daß wir Fichte, Schelling und Hegel übersprungen haben, die auf ihre spekulative Weise die Jahrhunderte der Neuzeit zusammengefaßt haben. Denn der Aufstieg und Niedergang der Neuzeit ist keine Fiktion der »Ideengeschichte«, sondern ein tatsächlicher Vorgang, der sich datieren läßt: die Entdekkung der ganzen Erde und von Teilen des Weltalls, der Aufstieg der modernen Wissenschaft und der damit zusammenhängenden Technik, gefolgt vom Niedergang der Autorität der Kirche, von Säkularisierung und Aufklärung.

Dieser folgenschwere tatsächliche Einschnitt in unserer Geschichte ist von vielen verschiedenen und legitimen Gesichtspunkten aus dargestellt und gedeutet worden; in unserem Zusammenhang ist die entscheidendste Entwicklung während dieser Jahrhunderte die Subjektivierung des kognitiven wie auch des metaphysischen Denkens. Erst in diesen Jahrhunderten trat der Mensch in den Mittelpunkt des wissenschaftlichen wie auch des philosophischen Interesses. Das war früher nicht der Fall gewesen, obwohl, wie wir sahen, die Entdeckung des Willens gleichzeitig mit der Entdeckung des »inneren Menschen« in dem Augenblick erfolgte, da der Mensch »sich selbst zur Frage« geworden war. Erst als die Wissenschaft nicht nur bewiesen hatte, daß die menschlichen Sinne dem Irrtum unterworfen waren – der im Lichte neuer Daten berichtigt werden konnte, so daß sich die »Wahrheit« zeigte –, sondern daß der Sinnesapparat grundsätzlich nicht zu evidenten Gewißheiten führen konnte, begann der nun völlig auf sich selbst zurückgeworfene menschliche Geist mit Descartes, nach einer »Gewißheit« Ausschau zu halten, die ein reines Bewußtseinsdatum wäre. Als Nietzsche die Neuzeit die »Schule des Argwohns« nannte, da wollte er sagen, zumindest seit Descartes habe es für den Menschen keinerlei Gewißheit mehr gegeben, nicht einmal die, daß er wirklich sei; er brauchte Beweise, nicht nur für die Existenz Gottes, sondern auch für seine eigene. Descartes fand die Gewißheit des Ichbin in seinem cogito me cogitare, also in einer geistigen Erfahrung, für die keiner der Sinne notwendig ist, die uns sonst der Wirklichkeit unser selbst und einer Außenwelt versichern.

Diese Gewißheit freilich ist höchst fragwürdig. Schon Pascal, selbst von Descartes beeinflußt, wandte ein, dieses Bewußtsein dürfte kaum genügen, um zwischen Traum und Wirklichkeit zu unterscheiden: ein armer Handwerker, der jede Nacht zwölf Stunden lang träume, er sei König, hätte das gleiche Leben (und wäre ebenso »glücklich«) wie ein König, der jede Nacht träume, er sei nur ein armer Handwerker. Und da man »häufig träumt, man träume«, kann es keine Gewähr geben, daß das, was wir unser Leben nennen, nicht ein einziger Traum ist, aus dem wir im Tode erwachen. Alles bezweifeln (»de omnibus dubitandum est«), um Gewißheit im Zweifeln selbst zu finden, wie es die »neue Philosophie, [die] alles in Zweifel zieht« (Donne), verlangt, hilft nichts, denn muß der Zweifler nicht bezweifeln, daß er zweifelt? Gewiß, niemand ging so weit, aber das bedeutet lediglich, daß »niemand jemals vollkommener Skeptiker [bei Pascal »pyrrhonien«] war«, wenn auch nicht, weil ihm die Vernunft Rückhalt gewährt hätte; die Hemmung kam von der »Natur, [die] der Unfähigkeit der Vernunft hilft«; und so war der Cartesianismus »so etwas wie die Geschichte des Don Quixote«[2].

Jahrhunderte später argwöhnte Nietzsche, der immer noch auf derselben Linie dachte, es sei unser Cartesischer »Glaube an das [denkende] ›Ich‹ . . . als an die einzige Realität, [der uns veranlaßte], überhaupt den Dingen Realität zuzusprechen«[3]. In der Tat wurde nichts für die letzten Stadien der Metaphysik kennzeichnender als dieses Herumdrehen des Spießes, worin Nietzsche in seinen kompromißlos ehrlichen Gedankenexperimenten der große Meister war. Doch dieses Spiel – immer noch ein Gedankenspiel und kein Sprachspiel – wurde erst möglich, als mit dem Aufstieg des deutschen Idealismus alle Brücken abgebrochen waren, »ausgenommen die Regenbogen der Begriffe«[4], oder, weniger poetisch ausgedrückt, als es den Philosophen dämmerte, daß »das Neue an unserer jetzigen Stellung zur Philosophie eine Überzeugung ist, die noch kein Zeitalter hatte: daß wir die Wahrheit nicht haben. Alle früheren Menschen ›hatten die Wahrheit‹, selbst die Skeptiker.«[5]

Nietzsche und Heidegger haben meiner Meinung nach diese moderne Überzeugung zeitlich nicht richtig angesetzt; in Wirklichkeit war sie zusammen mit dem Aufstieg der modernen Wissenschaft aufgetreten und war dann durch die Cartesische »Gewißheit« als Wahrheitsersatz beschwichtigt worden; diese wiederum zerstörte Kant zusammen mit den Überbleibseln der Scholastik, die in Form logischer Übungen und des Dogmatismus der »Schulen« eine etwas schüttere Existenz als bloße Gelehrsamkeit geführt hatten. Doch erst am Ende des 19. Jahrhunderts (hier hat Heidegger recht) wurde die Überzeugung, daß man die Wahrheit nicht besitze, zur allgemeinen Auffassung der Gebildeten und zu so etwas wie dem Zeitgeist, dessen furchtlosester Repräsentant wohl Nietzsche war.

Doch die starken Kräfte, die diese Reaktion jahrhundertelang aufgehalten hatten, entstanden selbst mit dem Aufstieg der Wissenschaften als natürliche Reaktion jedes denkenden Menschen auf den ungeheuren und ungeheuer raschen Fortschritt der menschlichen Erkenntnis, im Vergleich zu dem die vorausgegangenen Jahrhunderte seit der Antike nur als Stillstand erscheinen konnten. Der Begriff des *Fortschritts* als einer umfassenden kooperativen Bewegung im Interesse der Erkenntnis um ihrer selbst willen, »woran alle Wissenschaftler der Vergangenheit, der Gegenwart und der Zukunft ihren Anteil haben . . . erschien zum erstenmal voll entwickelt in den Werken Francis Bacons«[6]. Mit ihm kam es, zunächst fast wie von selbst, zu einer wichtigen Veränderung in der Auffassung der Zeit, zum Aufstieg der Zukunft in den Rang, den bisher die Gegenwart oder die Vergangenheit innegehabt hatte. Die Vorstellung, jede folgende Generation werde notwendigerweise mehr wissen als die vorhergehende, und diese Entwicklung werde nie abgeschlossen sein – eine Überzeugung, die erst in unserer Zeit auf Widerspruch gestoßen ist –, war gewiß von Bedeutung; doch in unserem Zusammenhang ist von noch größerer Bedeutung die einfache, handfeste Beobachtung, daß die »wissenschaftliche Erkenntnis« nur so möglich war und ist: »Schritt für Schritt durch die Beiträge von *Generationen* von Forschern, die auf den Ergebnissen ihrer Vorgänger aufbauen und sie langsam erweitern.«

Der Aufstieg der Wissenschaft hatte mit den neuen Entdeckungen der Astronomen begonnen, derjenigen Wissenschaftler, die nicht nur die Ergebnisse ihrer Vorgänger »höchst systematisch verwendet« hatten, sondern die ohne die Aufzeichnungen früherer Generationen, die auch noch zuverlässig sein mußten, überhaupt keinen »Fortschritt« hätten erzielen können, weil die Lebenszeit eines Menschen oder einer Generation offensichtlich zu kurz ist, um Befunde zu bestätigen und wissenschaftliche Hypothesen zu erhärten. Doch »die Astronomen stellten Sternkataloge für die künftigen Wissenschaftler auf«, d. h., sie hatten eine Voraussetzung für wissenschaftliche Fortschritte geschaffen. (Freilich ging der Anstoß zum Fortschritt nicht ganz allein von der Astronomie aus. Für Thomas von Aquin gab es eine »Zunahme der wissenschaftlichen Erkenntnis« – »augmentum factum est« –, die er mit den »Erkenntnismängeln bei den Gründern dieser Wissenschaften« erklärte. Auch die Handwerker, denen die Methode des Versuchs und Irrtums vertraut war, nahmen mit großem Interesse gewisse Verbesserungen auf ihren Gebieten wahr. Doch die Zünfte selbst »betonten die Kontinuität und nicht den Fortschritt des Handwerks«, und »die einzige Stelle in der erhaltenen Literatur, die deutlich den Gedanken des allmählichen Fortschritts der Erkenntnis oder besser des technischen Könnens ausdrückt, steht in einer Abhandlung über die Artillerie«[7].) Doch der entscheidende Durchbruch, der der modernen Wissenschaft ihren Impuls verlieh, wurde in der Astronomie erzielt, und die Idee des Fortschritts, die von da an sehr viele Wissenschaften beherrschte, bis sie schließlich zur Leitidee des ebenso modernen Geschichtsbegriffs wurde, beruhte ursprünglich auf der Ansammlung von Daten, dem Austausch von Wissen und dem langsamen Aufbau von Archiven, die die Voraussetzungen des Fortschritts in der Astronomie waren. Erst nach den welterschütternden Entdeckungen des 16. und 17. Jahrhunderts traten diese Entwicklungen auch in das Blickfeld derer, die sich mit dem allgemeinen Zustand des Menschseins befaßten.

Während also die »neue Philosophie« mit ihrem Beweis der Unzulänglichkeit unserer Sinne »alles in Zweifel gezogen« und Anlaß zu Skepsis und Verzweiflung gegeben hatte, gab die ebenso offensichtliche Vorwärtsbewegung der Erkenntnis Anlaß zu einem ungeheuren Optimismus bezüglich dessen, was der Mensch wissen und lernen kann. Nur bezog sich dieser Optimismus nicht auf den Einzelmenschen und nicht einmal auf die verhältnismäßig kleine Gemeinschaft der Wissenschaftler; er bezog sich nur auf die Aufeinanderfolge der Generationen, d. h. auf die Menschheit als ganze. Pascal entdeckte als erster, daß die Idee des Fortschritts eine notwendige Ergänzung der Idee der Menschheit ist; für ihn war es das »spezifisch [menschliche] Vorrecht [das den Menschen vom Tier unterscheidet], daß nicht nur jedes menschliche Wesen täglich neue Erkenntnisse gewinnen kann, sondern daß alle Menschen zusammen ständig Fortschritte machen, während die Welt älter wird . . . so daß die ganze Aufeinanderfolge von Menschen durch die Jahrhunderte hindurch *als ein und derselbe Mensch zu betrachten ist, der immerdar lebt* und beständig lernt« (Hervorhebung H. A.)[8].

Entscheidend an dieser Formulierung ist, daß der Begriff »alle Menschen zusammen«, der natürlich ein Gedanke und keine Wirklichkeit ist, unmittelbar nach dem Vorbild des »Menschen« gebildet wurde, eines »Subjekts«, das als Hauptwort zu allen möglichen Zeitwörtern hinzutreten kann, die Tätigkeiten ausdrücken. Dieser Begriff war keine Metapher im eigentlichen Sinne; es war eine richtige *Personifizierung*, wie man sie in den Allegorien der Geschichten aus der Renaissance findet. Mit anderen Worten, der Fortschritt wurde zu dem von der Menschheit gehegten Plan, der hinter dem Rücken der wirklichen Menschen wirksam wurde – eine personifizierte Kraft, wie sie sich etwas später findet in Adam Smiths »unsichtbarer Hand«, in Kants »List der Natur«, in Hegels »List der Vernunft« und in Marxens »dialektischem Materialismus«. Natürlich sieht die Ideengeschichte in diesen Begriffen lediglich die Säkularisierung der göttlichen Vorsehung, doch diese Deutung ist um so fragwürdiger, als sich die Personifizierung der Menschheit bei Pascal findet, der gewiß als letzter Gott als den wahren Herrscher der Welt durch etwas Säkulares hätte ersetzt sehen wollen.

Wie dem auch sei, die miteinander zusammenhängenden Ideen der Menschheit und des Fortschritts traten erst in den Vordergrund der philosophischen Spekulationen, als die Französische Revolution in den Augen ihrer nachdenklichsten Zuschauer die Möglichkeit bewiesen hatte, Unsichtbares wie Freiheit, Gleichheit, Brüderlichkeit zu verwirklichen, womit sie eine greifbare Widerlegung der ältesten Überzeugung denkender Menschen zu bilden schien, nämlich daß das Auf und Ab der Geschichte und die ständig wechselnden Verhältnisse der Menschen keiner ernsthaften Betrachtung wert seien. (Für heutige Ohren dürfte Platons berühmter Ausspruch in den »Gesetzen«, ein ernsthafter Mensch spare sich sein ernsthaftes Interesse für ernsthafte Dinge auf und »verschwende es nicht auf Lappalien«[9] wie die menschlichen Verhältnisse, wohl extrem klingen; doch tatsächlich hatte ihn erst Vico in Frage gestellt, und Vico hatte vor dem 19. Jahrhundert keinerlei Einfluß oder Resonanz.) Die Französische Revolution, in vieler Hinsicht der Höhepunkt der Neuzeit, veränderte »die Blässe des Gedankens« auf fast ein Jahrhundert; die Philosophen, ein notorisch melancholischer Menschenschlag, wurden fröhlich und optimistisch. Sie glaubten jetzt an die Zukunft und überließen die uralten Klagen über den Lauf der Welt den Historikern. Was Jahrhunderte des wissenschaftlichen Fortschritts, der zwar nur von den unmittelbar Beteiligten völlig erfaßt werden konnte, aber in seinen allgemeinen Zügen keineswegs über das Fassungsvermögen des Philosophen hinausging, nicht erreicht hatten, das kam jetzt in ein paar Jahrzehnten zustande: die Philosophen bekehrten sich zu einem Glauben an den Fortschritt nicht nur der Erkenntnis, sondern auch der menschlichen Verhältnisse überhaupt.

Und während sie mit einem bis dahin unbekannten Engagement über den Lauf der *Geschichte* nachzudenken begannen, da mußte ihnen auch beinahe sofort das größte Rätsel bewußt werden, das ihnen ihr neuer Gegenstand aufgab. Es war die einfache Tatsache, daß keine

Handlung jemals ihr beabsichtigtes Ziel erreicht, und daß der Fortschritt – oder jeder andere festgelegte Sinn im Geschichtsablauf – aus einem sinnlosen »Gemisch von Irrtum und Gewalt« entsteht (Goethe), aus einer melancholisch stimmenden Wirrnis »in diesem widersinnigen Gange menschlicher Dinge« (Kant). Der Sinn läßt sich erst nachträglich entdecken, wenn die Menschen nicht mehr handeln, sondern die Geschichte des Geschehenen zu erzählen beginnen; dann scheint es, als wären die Menschen, solange sie ihre einander entgegengesetzten Ziele ohne Verstand und Vernunft verfolgen, von einer »Naturabsicht«, einem »Leitfaden« der Vernunft geführt worden[10]. Ich habe Kant und Goethe zitiert, die beide gewissermaßen vor der Schwelle der neuen Generation stehen blieben, der der deutschen Idealisten, für die die Ereignisse der Französischen Revolution die entscheidende Lebenserfahrung waren. Doch daß die »Tatsachen der uns bekannten Geschichte«, für sich genommen, »weder eine gemeinsame Grundlage noch Stetigkeit oder Zusammenhang besitzen«, das wußte schon Vico, und Hegel behauptete viel später immer noch, daß Leidenschaften, private Ziele und die Befriedigung egoistischer Wünsche die wirksamsten Triebfedern des Handelns seien. Daher gibt das Protokoll der vergangenen Ereignisse keinen Sinn, sondern nur die daraus geformte Geschichte, und an Kants Bemerkungen am Ende seines Lebens fällt besonders auf, daß ihm unmittelbar klar war, das Subjekt des Handelns der Geschichte müsse die Menschheit sein und kein einzelner Mensch oder irgendeine angebbare menschliche Gemeinschaft. Höchst bemerkenswert ist auch, daß er den großen Fehler im Plan der Geschichte erkannte: »Befremdend bleibt es immer hiebei: daß die älteren Generationen nur scheinen um der späteren willen ihr mühseliges Geschäft zu treiben . . . und daß doch nur die spätesten das Glück haben sollen, in dem [vollendeten] Gebäude zu wohnen.«[11]

Es war wohl reiner Zufall, daß die Generation, die unter dem Eindruck der Revolutionen des 18. Jahrhunderts ihre Reife erlangte, auch geistig durch die Kantische Befreiung des Denkens geformt wurde, durch seine Lösung des alten Dilemmas zwischen Dogmatismus und Skeptizismus durch Einführung einer Selbstkritik der Vernunft. Und da die Revolution sie ermutigte, den Begriff des Fortschritts von der Wissenschaft auf die menschlichen Verhältnisse zu übertragen und ihn als den Fortschritt der Geschichte zu verstehen, so war es nur natürlich, daß sich ihre Aufmerksamkeit auf den Willen als die Triebfeder des Handelns und das Organ der Zukunft richtete.

Das Ergebnis: »Der Gedanke, die Freiheit einmal zum Ein und Alles der Philosophie zu machen, hat den menschlichen Geist überhaupt . . . in Freiheit gesetzt«, er befreite das denkende Ich zur freien Spekulation in Gedankengängen, deren letztes Ziel war, »zu zeigen . . ., daß nicht allein die Ichheit alles, sondern auch umgekehrt alles Ichheit sei«[12].

Das, was in beschränkter, tastender Form in Pascals personifiziertem Begriff der Menschheit aufgetreten war, das begann sich jetzt in unglaublichem Maße auszubreiten. Die Tätigkeiten der Menschen, sei es Denken oder Handeln, machte man alle zu Tätigkeiten personifizierter Begriffe – das machte die Philosophie unendlich viel schwieriger (die Hauptschwierigkeit der Hegelschen Philosophie ist ihre Abstraktheit, nur gelegentlich wird auf die wirklichen Daten und Erscheinungen verwiesen, an die gedacht ist) und ungeheuer viel lebendiger. Es war eine wahre Orgie reiner Spekulation, die in scharfem Gegensatz zu Kants kritischer Vernunft randvoll von historischen Daten in der Verkleidung äußerster Abstraktion war. Da man den personifizierten Begriffen selbst das Handeln zuschrieb, so schien die Philosophie (wie Schelling sagt) »sich auf einen höheren Standpunkt erhoben zu haben«, zu einem »höheren Realismus«, bei welchem bloße Gedankendinge, Kants noumena, entmaterialisierte Ergebnisse der Reflexion des denkenden Ichs über wirkliche Daten – historische Daten bei Hegel, mythologische oder religiöse bei Schelling – ihren seltsamen körperlosen Geistertanz beginnen, dessen Schritte und Rhythmen durch keine Idee der Vernunft geregelt oder begrenzt sind.

In dieser Region der reinen Spekulation erschien der Wille in der kurzen Epoche des deutschen Idealismus. »Es gibt in der letzten und höchsten Instanz«, so erklärte Schelling, »gar kein anderes Sein als Wollen. Wollen ist Ursein, und auf dieses allein passen alle Prädikate desselben: Grundlosigkeit, Ewigkeit, Unabhängigkeit von der Zeit, Selbstbejahung. Die ganze Philosophie strebt nur dahin, diesen höchsten Ausdruck zu finden.«[13] Und nach der Anführung dieser Stelle in »Was heißt Denken?« fügt Heidegger unmittelbar hinzu: »Schelling findet die Prädikate, die das Denken der Metaphysik von alters her dem Sein zuspricht, nach ihrer letzten und höchsten und . . . vollendeten Gestalt im Wollen. *Der Wille dieses Wollens ist jedoch hier nicht gemeint als Vermögen der menschlichen Seele*, sondern das Wort ›Wollen‹ nennt hier das Sein des Seienden im ganzen« (Hervorhebung H. A.)[14]. Heidegger hat zweifellos recht; Schellings Wille ist etwas Metaphysisches, aber im Unterschied zu den verbreiteteren und älteren metaphysischen Trugschlüssen eine Personifikation. In einem anderen Zusammenhang faßt Heidegger selbst die Bedeutung dieses personifizierten Begriffs präziser zusammen: die *falsche* »Meinung entsteht [leicht], der menschliche Wille sei der Ursprung des Willens zum Willen, während doch der Mensch vom Willen zum Willen gewollt ist, ohne das Wesen dieses Wollens zu erfahren«[15].

Mit diesen Worten wendet sich Heidegger entschlossen gegen den Subjektivismus der Neuzeit wie auch gegen phänomenologische Analysen, deren Hauptziel stets war, »die Phänomene zu retten«, wie sie im Bewußtsein gegeben sind. Er betritt die Brücke des »Regenbogens der Begriffe« und wendet sich dem deutschen Idealismus zu, der den Menschen und seine Vermögen einfach durch personifizierte Begriffe ersetzt hatte.

Nietzsche analysierte den Geist dieser nachkantischen deutschen Philosophie mit unübertroffener Klarheit; er kannte diese Philosophie nur zu gut und ging schließlich selbst einen ähnlichen, womöglich noch extremeren Weg.

> Die deutsche Philosophie . . . ist die gründlichste Art . . . Heimweh, die es bisher gab: das Verlangen nach dem Besten, was jemals war. Man ist nirgends mehr heimisch, man verlangt zuletzt nach dem zurück, wo man irgendwie heimisch sein kann, weil man dort allein heimisch sein möchte: und das ist die *griechische* Welt! Aber gerade dorthin sind alle Brücken abgebrochen, – ausgenommen die Regenbogen der Begriffe . . . Freilich: Man muß sehr fein sein, sehr leicht, sehr dünn, um über diese Brücke zu schreiten! Aber welches Glück liegt schon in diesem Willen zur Geistigkeit, fast zur Geisterhaftigkeit! . . . Man will *zurück*, durch die Kirchenväter zu den Griechen . . . Die deutsche Philosophie [ist] Wille zur Renaissance, Wille, fortzufahren in der Entdeckung des Altertums, in der Aufgrabung der antiken Philosophie, vor allem der Vorsokratiker – der bestverschütteten aller griechischen Tempel! Vielleicht, daß man einige Jahrhunderte später urteilen wird, daß alles deutsche Philosophieren darin seine eigentliche Würde habe, ein schrittweises Wiedergewinnen des antiken Bodens zu sein . . . Wir werden von Tag zu Tag griechischer, zuerst, wie billig, in Begriffen und Wertschätzungen, gleichsam als gräzisierende Gespenster . . .[16]

Zweifellos hatte der personifizierte Begriff seine Wurzel in verifizierbarer Erfahrung, aber das Scheinreich der körperlosen Geister, die hinter dem Rücken der Menschen am Werke waren, nährte sich aus dem Heimweh nach einer anderen Welt, in der des Menschen Geist sich daheim fühlen konnte.

Das also ist meine Begründung dafür, daß ich aus unseren Betrachtungen den deutschen Idealismus ausgeschlossen habe, jenes Gedankengebäude, in dem die reine metaphysische Spekulation vielleicht gleichzeitig ihren Höhepunkt und ihr Ende gefunden hat. Ich wollte nicht die Brücke des »Regenbogens der Begriffe« überschreiten, vielleicht, weil ich dazu nicht genug Heimweh habe, jedenfalls aber, weil ich nicht an eine Welt glaube, sei es eine vergangene oder eine zukünftige, in der der menschliche Geist, ausgerüstet zum Rückzug von der Welt der Erscheinungen, jemals eine bequeme Heimstatt finden könnte oder sollte. Und mindestens bei Nietzsche und Heidegger war es gerade die Konfrontation mit dem Willen als einem menschlichen Vermögen und nicht einer ontologischen Kategorie, die sie zunächst veranlaßte, dieses Vermögen zu leugnen, und *dann* eine Wendung zu machen und ihr Vertrauen in diese geisterhafte Heimstätte personifizierter Begriffe zu setzen, die so offensichtlich vom denkenden und nicht vom wollenden Ich »gebaut« und ausgeschmückt war.

14 *Nietzsches Verwerfung des Willens*

In meiner Behandlung des Willens erwähnte ich wiederholt zwei völlig verschiedene Auffassungen dieses Vermögens: einmal als *Wahl*vermögen zwischen Gegenständen oder Zielen, als liberum arbitrium, das als Schiedsrichter zwischen gegebenen Zielen fungiert und frei die Mittel zu ihrer Erreichung überlegt; andererseits als das »Vermögen, eine Reihe in der Zeit ganz von selbst anzufangen« (Kant)[17], oder Augustins »initium ut esset, homo creatus est«, das Vermögen des Menschen zum Anfangen, weil er selbst ein Anfang ist. Mit dem modernen Begriff des Fortschritts, der die Zukunft nicht mehr als das versteht, was auf uns zukommt, sondern als das, was wir durch die Pläne des Willens bestimmen können, müßte die anstiftende Dynamik des Willens in den Vordergrund treten. Und so war es auch, soweit man es aufgrund des geistigen Klimas der Zeit sagen kann.

Andererseits ist für die Anfänge dessen, was heute »Existentialismus« heißt, nichts kennzeichnender als das Fehlen solcher optimistischer Anklänge. Nach Nietzsche ist dieser Optimismus mehr durch »Mangel an historischem Sinn« zu erklären, für ihn der »Erbfehler der Philosophen«[18]: »Daß wir uns nicht täuschen! Die Zeit läuft vorwärts, – wir möchten glauben, daß auch alles, was in ihr ist, vorwärts läuft –, daß die Entwicklung eine Vorwärts-Entwicklung ist . . .« Und zum Korrelat des Fortschritts, der Idee der Menschheit: »Die ›Menschheit‹ avanciert nicht, sie existiert nicht einmal.«[19]

Mit anderen Worten, die umfassende Skepsis am Beginn der Neuzeit war zwar wirkungsvoll neutralisiert, in Schach gehalten worden zunächst durch den Fortschrittsbegriff selbst und dann durch seine scheinbare Verkörperung und Kulmination in der Französischen Revolution, doch das hatte sich nur als hinhaltender Widerstand erwiesen, dessen Kraft sich schließlich erschöpfte. Möchte man diese Entwicklung historisch betrachten, so kann man nur sagen, Nietzsches Gedankenexperimente – »eine solche Experimentalphilosophie, wie ich sie lebe, nimmt versuchsweise selbst die Möglichkeiten des grundsätzlichen Nihilismus vorweg«[20] – hätten schließlich das abgeschlossen, was bei Descartes und Pascal im 17. Jahrhundert begonnen hatte.

Der Mensch möchte immer nur allzugern den Schleier der Zukunft lüften – mit Hilfe von Datenverarbeitungsanlagen oder Horoskopen oder den Eingeweiden von Opfertieren –, doch die Bilanz dieser »Wissenschaften« ist schlechter als die fast jeder anderen. Immerhin, wenn es um einen ehrlichen Wettstreit zwischen den Futurologen bezüglich der heutigen Zeit ginge, so gebührte der Lorbeer vielleicht John Donne, einem Dichter ohne alle wissenschaftlichen Ambitionen, der 1611 eine unmittelbare Reaktion auf das zu Papier brachte, was seiner Kenntnis nach in den Naturwissenschaften vor sich ging (die noch lange Zeit unter den Namen »Naturphilosophie« auftreten sollten). Er brauchte nicht auf Descartes oder Pascal zu warten, sondern zog selbst alle Folgerungen aus dem, was er vor sich sah.

> Und die neue Philosophie zieht alles in Zweifel,
> Das Element des Feuers hat man gänzlich ausgelöscht;
> Dahin sind Sonn' und Erd', und keiner weiß,
> Allwo er sie noch suchen soll . . .
> Alles ist in Stücke, keine Einheit mehr;
> Kein rechtes Verhältnis: Fürst, Untertan, Vater, Söhne,
> Man spricht nicht mehr davon . . .

Und er schließt mit Klagen, die man erst runde 300 Jahre später wieder hören sollte: »So du dieses weißt, so weißt du, welch scheußliches Ungeheuer . . . welch fahles Gespenst . . . welch graue Schlacke diese Welt wohl ist.«[21]

Vor diesem historischen Hintergrund müssen wir die beiden letzten Denker betrachten, die dem abendländischen philosophischen Erbe noch nahe genug standen, um im Willen eines der wichtigen Vermögen des Geistes zu sehen. Wir beginnen mit Nietzsche und halten fest, daß er nie ein Buch mit dem Titel »Der Wille zur Macht« geschrieben hat, sondern daß die Sammlung von Fragmenten, Notizen und Aphorismen mit diesem Titel nach seinem Tode veröffentlicht wurde, als Auswahl aus einem Chaos nicht miteinander zusammenhängender und oft einander widerstreitender Aussprüche. Jedes Einzelstück davon ist das, was Nietzsches reife Schriften alle sind, nämlich Gedankenexperimente, eine in der überlieferten Geschichte erstaunlich seltene Literaturgattung. Die naheliegendste Parallele sind Pascals »Pensées«, die ebenso wie Nietzsches »Wille zur Macht« in so bunt gewürfelter Anordnung vorliegen, daß spätere Herausgeber versucht haben, sie neu zu ordnen, was für den Leser den Mißstand mit sich brachte, daß er sie nur noch mit Mühe identifizieren und datieren kann.

Wir betrachten zunächst eine Anzahl einfacher beschreibender Aussagen, ohne metaphysische oder allgemein philosophische Anklänge. Die meisten von ihnen werden recht vertraut klingen, doch man sollte daraus nicht voreilig auf den Einfluß von Bücherwissen schließen. Diese Versuchung liegt besonders nahe bei Heidegger, der einerseits die mittelalterliche Philosophie sehr genau kennt und andererseits in »Sein und Zeit« den Vorrang der Zukunft betont (was ich schon erwähnt habe). Um so bemerkenswerter ist es, daß er bei seiner Erörterung des Willens, die hauptsächlich die Form einer Nietzsche-Interpretation annimmt, nirgends Augustins Entdeckungen in den »Bekenntnissen« erwähnt. Wenn also im folgenden manches vertraut klingt, so sollte man den Grund in den besonderen Eigenschaften des Willens suchen; selbst Schopenhauers Einfluß auf den jungen Nietzsche können wir ziemlich unbedenklich vernachlässigen. Nietzsche wußte: »Schopenhauer sagte ›Wille‹; aber nichts ist charakteristischer für seine Philosophie, als daß das eigentliche Wollen in ihr fehlt«[22], und er erkannte ganz richtig den Grund dafür in dem »*Grundmißverständnis des Willens* (als ob Begierde, Instinkt, Trieb das *Wesentliche* am Willen sei)«, während doch der

Wille »ganz eigentlich das [ist], was die Begierden als Herr behandelt, ihnen Weg und Maß weist«[23].

Denn »›Wollen‹ ist nicht ›Begehren‹, Streben, Verlangen: davon hebt es sich ab durch den Affekt des Kommandos. . . . Daß etwas befohlen wird, gehört zum Wollen.«[24] Heidegger kommentiert: »Keine Kennzeichnung des Willens ist bei Nietzsche häufiger als . . .: Wollen ist Befehlen; im Willen liegt der kommandierende Gedanke.«[25] Ebenso kennzeichnend ist, daß sich dieser kommandierende Gedanke nur sehr selten auf die Beherrschung anderer richtet: Befehl und Gehorsam ereignen sich beide im Geiste – in gewissem Sinne eine merkwürdige Parallele zur Augustinischen Vorstellung, die Nietzsche mit Sicherheit nicht kannte.

In »Jenseits von Gut und Böse« erklärt er ziemlich ausführlich:

> Ein Mensch, der will –, befiehlt einem Etwas *in* sich, das gehorcht . . . Das Wunderlichste am Willen ist – an diesem so vielfache Dinge, für welches das Volk nur Ein Wort hat: insofern wir *im gegebenen Falle zugleich die Befehlenden und Gehorchenden sind*, und als Gehorchende die Gefühle des Zwingens, Drängens, Drükkens, Widerstehens, Bewegens kennen, welche sofort nach dem Akte des Willens zu beginnen pflegen; insofern wir andererseits die Gewohnheit haben, uns über diese Zweiheit vermöge des synthetischen Begriffs ›ich‹ hinwegzusetzen, hinwegzutäuschen, . . . dergestalt, daß der Wollende mit gutem Glauben glaubt, Wollen genüge zur Aktion . . . Der Wollende glaubt . . . daß Wille und Aktion irgendwie eins seien . . . und genießt dabei einen Zuwachs jenes Machtgefühls . . . (Hervorhebungen H. A.).

Dieses nur im Geiste existierende Wollen überwindet die geistige Dualität des Zwei-in-einem, die zu einem Kampf geworden ist zwischen einem, der befiehlt, und einem, der gehorchen soll, indem das Ich als ganzes mit dem befehlenden Teil gleichgesetzt worden ist und davon ausgegangen wird, daß der andere, der widerstandleistende Teil gehorchen wird. »Das, was ›Freiheit des Willens‹ genannt wird, ist wesentlich der Überlegenheits-Affekt in Hinsicht auf den, der gehorchen muß: ›Ich bin frei, „er“ muß gehorchen‹ – dies Bewußtsein steckt in jedem Willen.«[26]

Man erwartet von Nietzsche gewiß nicht, daß er die versöhnende Macht für die Entzweiung des Willens in der göttlichen Gnade erblickt. Überraschend an der obigen Beschreibung aber ist, daß er im

»Bewußtsein« des Kampfes eine Art Kunstgriff des Ichs entdeckte, der es ihm ermöglicht, dem Konflikt zu entgehen, indem es sich mit dem befehlenden Teil identifiziert und gewissermaßen die unangenehmen, lähmenden Empfindungen übersieht, die entstehen, wenn man einem Zwang ausgesetzt ist und deshalb ständig im Begriffe steht, sich zu widersetzen. Nietzsche bezeichnet dieses Gefühl der Überlegenheit oft als eine Täuschung, freilich eine nützliche. An anderen Stellen erklärt er die »Seltsamkeit« der ganzen Erscheinung so, daß er sie ein »Schwanken [des Willens] zwischen Ja und Nein« nennt, doch er hält an dem Gefühl der Überlegenheit des Ichs fest, indem er das Schwanken mit einer Art Hin und Her zwischen Lust und Schmerz gleichsetzt. Die Lust, die sich in dieser wie auch in anderer Hinsicht von Scotus' delectatio unterscheidet, ist eindeutig die vorweggenommene Freude des Ich-kann, die im Willensakt selbst liegt, unabhängig vom Erfolg; das Triumphgefühl, das wir alle kennen, wenn uns etwas gelungen ist, ohne Rücksicht auf Anerkennung oder Publikum. Bei Nietzsche ist wesentlich, daß er die negativen sklavischen Empfindungen des Zwangs und der Renitenz oder des Ressentiments zu den notwendigen Widerständen zählt, ohne die der Wille seine eigene Macht nicht einmal kennen würde. Nur durch Überwindung eines inneren Widerstands wird der Wille seiner Entstehung gewahr: er streckte sich nicht nach der Macht aus; die Macht ist gerade sein Ursprung. Wieder eine Stelle aus »Jenseits von Gut und Böse«: »›Freiheit des Willens‹ – das ist das Wort für jenen vielfachen Lust-Zustand des Wollenden, *der befiehlt und sich zugleich mit dem Ausführenden in eins setzt* – der als solcher den Triumph über Widerstände mit genießt, aber bei sich urteilt, sein Wille selbst sei es, der eigentlich die Widerstände überwindet. Der Wollende nimmt dergestalt die Lustgefühle des [A]usführenden . . . zu seinem Lustgefühl als Befehlender hinzu.«[27]

Diese Beschreibung, nach der das Zwei-in-einem des Willens, das widerstandleistende Ich und das triumphierende Ich, die Quelle der Macht des Willens ist, leuchtet deshalb ein, weil unerwartet das Lust-Schmerz-Prinzip eingeführt wird: »Lust und Unlust als Kardinal-Tatsachen ansetzen«[28]. Genau wie die bloße Abwesenheit von Schmerz niemals Lust erzeugen kann, so könnte der Wille niemals mächtig werden, hätte er keinen Widerstand zu überwinden. Hier folgt Nietzsche unbewußt den antiken hedonistischen Philosophien und nicht dem Lust-Schmerz-Kalkül seiner Zeit, indem er seine Beschreibung auf das Erlebnis der *Befreiung* vom Schmerz abstellt –

nicht auf die bloße Abwesenheit vom Schmerz oder die bloße Anwesenheit von Lust. Das Empfinden des Nachlassens ist so intensiv wie sonst nur die Schmerzempfindung, und es ist stets stärker als eine Lust, die in keiner Beziehung zu einem Schmerz steht. Die Freude am ausgesuchtesten Wein läßt sich in ihrer Intensität nicht mit der Lust vergleichen, die einem verdurstenden Menschen der erste Trunk Wasser bereitet. In diesem Sinne gibt es einen klaren Unterschied zwischen Freude, die nichts mit Bedürfnissen und Begierden zu tun hat, und der sinnlichen Lust einer Kreatur, deren Körper in dem Maße lebendig ist, wie er etwas braucht, was er nicht hat.

Freude kann man anscheinend nur erleben, wenn man völlig frei von Schmerz und Begierde ist; das heißt, sie steht außerhalb des Schmerz-Lust-Kalküls, den Nietzsche wegen dessen eingefleischten Utilitarismus verachtete. Freude – Nietzsche nannte sie das dionysische Prinzip – entspringt aus *Überfluß*, und es stimmt, daß alle Freude eine Art Luxus ist; sie kommt über uns, und wir können uns ihr erst hingeben, wenn die Lebensbedürfnisse befriedigt sind. Doch das soll nicht heißen, daß nicht auch die Freude ihre sinnliche Seite hätte; Überfluß ist ja *Lebens*überfluß, und das dionysische Prinzip in seiner Sinnenlust tendiert genau deshalb zur Zerstörung, weil es diese verkraften kann. Steht nicht in dieser Hinsicht der Wille in der denkbar engsten Nachbarschaft zum Lebensprinzip, das ständig schafft und zerstört? Daher definiert Nietzsche das Dionysische als »zeitweilige Identifikation mit dem Prinzip des Lebens (die Wollust des Märtyrers einbegriffen)«, als »Lust an der Vernichtung des Edelsten, und wie er schrittweise ins Verderben gerät: als Lust am Kommenden, Zukünftigen, welches triumphiert über das Vorhandene noch so Gute« [29].

Der Nietzschesche Übergang vom Ich-will zum vorweggenommenen Ich-kann, der das Paulinische Ich-will-und-ich-kann-*nicht* und damit alle christliche Ethik negiert, beruht auf einem uneingeschränkten Ja zum Leben, das heißt, das Leben, wie es außerhalb aller geistigen Tätigkeiten erfahren wird, wird zum höchsten Wert erhoben, an dem alles andere zu messen ist. Das ist möglich und einleuchtend, weil wirklich in jedem Ich-will ein Ich-kann steckt, wie wir bei der Behandlung von Duns Scotus sahen: »Voluntas est potentia quia ipsa aliquid potest« (»Der Wille ist eine Macht, weil er etwas *erreichen* kann«)[30]. Doch der Nietzschesche Wille ist nicht durch das in ihm steckende Ich-kann beschränkt; er kann zum Beispiel die Ewigkeit wollen, und Nietzsche sieht einer Zukunft entgegen, die den »Übermenschen« hervorbringen wird, das heißt, eine neue Menschenart, die stark genug ist, um im Gedanken an eine »ewige Wiederkunft« zu leben. »Wir schufen den schwersten Gedanken, – *nun laßt uns das Wesen schaffen*, dem er leicht und selig ist! . . . Die Zukunft feiern, nicht die Vergangenheit! Den Mythos der Zukunft dichten!«[31]

Das Leben als der höchste Wert ist natürlich nicht beweisbar; es ist eine bloße Hypothese, die Annahme des gemeinen Verstandes, daß der Wille frei sei, ohne die – wie immer und immer wieder gesagt worden ist – keine moralische, religiöse oder juristische Vorschrift den geringsten Sinn haben würde. Ihr widerspricht die »wissenschaftliche Hypothese«, nach der – worauf vor allem Kant verwies – jede Handlung, sobald sie in die Welt eintritt, sich in ein Ursachennetz einordnet und so in einer Folge von Ereignissen erscheint, die nur im Sinne der Kausalität erklärbar ist. Für Nietzsche ist entscheidend, daß diese Hypothese des gemeinen Verstandes »das herrschende Gefühl ist, von dem wir uns nicht losmachen können, auch wenn die Hypothese [der Wissenschaft] bewiesen wäre«[32]. Doch die Gleichsetzung von Wollen und Leben, die Vorstellung, daß unser Lebensdrang und unser Wille zum Wollen letzten Endes dasselbe seien, hat andere und vielleicht folgenschwerere Konsequenzen für Nietzsches Begriff der Macht.

Das wird vielleicht deutlich, wenn wir uns zwei zentralen Metaphern in der »Fröhlichen Wissenschaft« zuwenden, von denen die eine mit dem Leben und die andere mit der »ewigen Wiederkunft« zu tun hat – der »Grundkonzeption des ›Zarathustra‹«, wie er in »Ecce homo« sagt, Grundgedanke auch der posthumen Aphorismen, die unter dem irreführenden, un-Nietzscheschen Titel »Der Wille zur Macht« veröffentlicht wurden. Die erste erscheint unter dem Titel »Wille und Welle«:

> Wie gierig kommt die Welle heran, als ob es etwas zu erreichen gälte! Wie kriecht sie mit furchterregender Hast in die innersten Winkel des felsigen Geklüftes hinein! . . . Es scheint, daß dort etwas versteckt ist, das Wert, hohen Wert hat – und nun kommt sie zurück, etwas langsamer, immer noch ganz weiß vor Erregung, – ist sie enttäuscht? Hat sie gefunden, was sie suchte? Stellt sie sich enttäuscht? – Aber schon naht eine andere Welle, gieriger und wilder noch als die erste, und auch ihre Seele scheint voll von Geheimnissen und dem Gelüste der Schatzgräberei zu sein. *So leben die Wellen, – so leben wir, die Wollenden.* . . . Treibt es, wie ihr wollt, ihr Übermütigen, brüllt vor Lust und Bosheit – oder taucht wieder

hinunter ... werft euer unendliches weißes Gezottel von Schaum und Gischt darüber weg – es ist mir alles recht, denn alles steht euch so gut, und *ich bin euch für alles so gut* ... denn ... ich kenne euch und euer Geheimnis, ich kenne euer Geschlecht! Ihr und ich, wir sind ja aus Einem Geschlecht! – Ihr und ich, wir haben ja Ein Geheimnis! (Hervorhebungen H. A.)[33]

Hier scheint auf den ersten Blick eine vollkommene Metapher vorzuliegen, eine »vollkommene Ähnlichkeit zweier Verhältnisse zwischen ganz unähnlichen Dingen«[34]. Das Verhältnis der Wellen zum Meer, aus dem sie ohne Absicht oder Zweck hervorbrechen und eine ungeheure sinnlose Erregung stiften, ähnelt dem Aufruhr, den der Wille im Haushalt der Seele stiftet, und verdeutlicht ihn somit, stets anscheinend auf der Suche nach etwas, bis er sich legt, doch nie verlöschend, stets bereit zu einem neuen Ansprung. Der Wille genießt das Wollen wie das Meer die Wellen, denn »lieber will noch der Mensch das Nichts wollen als nicht wollen«[35]. Doch bei genauerem Zusehen zeigt sich, daß hier etwas ganz Entscheidendes mit dem geschehen ist, was ursprünglich eine typisch Homerische Metapher war. Diese Metaphern waren, wie wir sahen, immer unumkehrbar: blickte man auf die Stürme des Meeres, so wurde man an seine inneren Emotionen erinnert; doch diese besagten nichts über das Meer. In der Metapher Nietzsches sind die beiden Dinge, die zusammengebracht werden, nicht nur einander ähnlich, sondern für Nietzsche identisch; und das »Geheimnis«, auf das er so stolz ist, ist nichts anderes als sein Wissen um diese Identität. Wille und Welle sind dasselbe, und man möchte geradezu annehmen, die Erfahrungen des wollenden Ichs hätten Nietzsche dazu gebracht, das Toben des Meeres zu entdecken.

Mit anderen Worten, die Erscheinungen der Welt sind ein bloßes *Symbol* für innere Erfahrungen geworden, so daß die Metapher, die ursprünglich die Kluft zwischen dem denkenden oder wollenden Ich und der Welt der Erscheinungen überbrücken sollte, zusammenbricht. Und das nicht wegen eines Übergewichts, das man den im menschlichen Leben auftretenden »Gegenständen« gegeben hätte, sondern vielmehr wegen einer Parteinahme für den seelischen Apparat des Menschen, dessen Erfahrungen absoluten Vorrang erhalten. Viele Stellen bei Nietzsche weisen auf diesen grundlegenden Anthropomorphismus hin. Um nur ein Beispiel anzuführen: »Alle Voraussetzungen des Mechanismus [bei Nietzsche dasselbe wie die »wissenschaftliche Hypothese«], Stoff, Atome, Schwere, Druck und Stoß, sind nicht ›Tatsachen an sich‹, sondern Interpretationen mit Hilfe physischer Fiktionen.«[36] Die moderne Wissenschaft ist in ihren spekulativen Überlegungen über ihre eigenen Ergebnisse zu merkwürdig ähnlicher Skepsis gekommen: der heutige »Astrophysiker ... muß mit ... der Möglichkeit rechnen, daß seine äußere Welt nur unsere nach außen gekehrte Innenwelt ist« (Lewis Mumford).

Wir kommen jetzt zu unserer zweiten Geschichte, die eigentlich nicht eine Metapher oder ein Symbol ist, sondern eine *Parabel*, die Geschichte eines Gedankenexperiments, das Nietzsche »Das größte Schwergewicht« überschrieb:

> Wie, wenn dir eines Tages oder Nachts ein Dämon in deine einsamste Einsamkeit nachschliche und dir sagte: »Dieses Leben, wie du es jetzt lebst und gelebt hast, wirst du noch einmal und noch unzählige Male leben müssen; und es wird nichts Neues daran sein, sondern jeder Schmerz und jede Lust und jeder Gedanke und Seufzer und alles unsäglich Kleine und Große muß dir wiederkommen, und alles in derselben Reihe und Folge, und ebenso diese Spinne und dieses Mondlicht zwischen den Bäumen und ebenso dieser Augenblick und ich selber. Die ewige Sanduhr des Daseins wird immer wieder umgedreht – und du mit ihr, Stäubchen vom Staube!« Würdest du dich nicht niederwerfen und mit den Zähnen knirschen und den Dämon verfluchen, der so redete? Oder hast du einmal einen ungeheuren Augenblick erlebt, wo du ihm antworten würdest: »Du bist ein Gott, und nie hörte ich Göttlicheres!« Wenn jener Gedanke über dich Gewalt bekäme, er würde dich, wie du bist, verwandeln und vielleicht zermalmen; die Frage bei allem und jedem: »Willst du dies noch einmal und noch unzählige Male?« würde als das größte Schwergewicht auf deinem Handeln liegen! Oder *wie müßtest du dir selber und dem Leben gut werden, um nach nichts mehr zu verlangen* als nach dieser letzten ewigen Bestätigung und Besiegelung? (Hervorhebung H. A.)[37]

Keine spätere Formulierung des Gedankens der ewigen Wiederkehr macht dessen Haupteigenschaft so deutlich, nämlich daß er keine Theorie ist, keine Doktrin, nicht einmal eine Hypothese, sondern ein bloßes Gedankenexperiment. Als solches enthält er eine versuchsweise Rückkehr zu dem antiken zyklischen Zeitbegriff, und somit scheint er in grellem Widerspruch zu jedem möglichen Begriff des

Willens zu stehen, dessen Pläne stets eine geradlinige Zeit und eine unbekannte und somit veränderbare Zukunft vorauszusetzen. Im Zusammenhang von Nietzsches eigenen Aussagen über den Willen und des von ihm postulierten Übergangs vom Ich-will zu einem vorweggenommenen Ich-kann scheint die einzige Verwandtschaft zwischen den beiden Geschichten in dem »ungeheuren Moment« unerschöpflichen »Gutseins« – dem Leben »gut sein« – zu liegen, das in beiden Fällen offensichtlich den Gedanken entstehen ließ.

Von Nietzsches Willensbegriff her gesehen, wäre das der Augenblick, da das Gefühl des Ich-kann auf seinem Höhepunkt steht und ein allgemeines »Kraftgefühl« ausstrahlt. Dieses Gefühl, so bemerkt Nietzsche, entsteht in uns »oft schon vor dem Tun, bei der Vorstellung des zu Tuenden (wie beim Anblick eines Feindes, eines Hemmnisses, dem wir uns gewachsen glauben)«. Für den in Tätigkeit befindlichen Willen ist dieses Gefühl von geringer Bedeutung; es ist »immer begleitend«, und »wir meinen instinktiv, dies Kraftgefühl sei Ursache der Handlung . . . Unser Glaube an die Kausalität ist Glaube an Kraft und deren Wirkung; eine Übertragung unseres Erlebnisses: wobei wir Kraft und Kraftgefühl identifizieren.«[38] Humes berühmte Entdeckung, daß die Beziehung zwischen Ursache und Wirkung auf dem durch Gewohnheit und Assoziation hergerufenen Glauben beruht und nicht auf Wissen, wurde hier neu und in vielen Variationen von Nietzsche gemacht, der sich seines Vorläufers nicht bewußt war.

Seine Untersuchung ist eindringlicher und kritischer, weil er an die Stelle von Humes Nutzenkalkül und seines »moralischen Gefühls« die Erfahrung eines Ich-will setzt, der eine Wirkung folgt; er benutzt also die Tatsache, daß der Mensch seiner selbst als einer wirksamen Ursache bewußt ist, noch ehe er irgend etwas getan hat. Doch Nietzsche glaubt nicht, daß dadurch der Wille weniger irrelevant werde; für ihn wie für Hume ist der freie Wille eine in der menschlichen Natur liegende Täuschung, von der uns die Philosophie, eine kritische Untersuchung unserer Vermögen, heilen wird. Nur sind für Nietzsche die moralischen Konsequenzen dieser Heilung entschieden schwerwiegender.

Kann man »den Wert einer Handlung« nicht mehr »in die *Absicht* [legen], in den Zweck, um dessentwillen getan, gehandelt, gelebt worden ist . . . gesetzt nämlich, daß die Absichts- und Zwecklosigkeit des Geschehens immer mehr in den Vordergrund tritt«, so scheint das Ergebnis unvermeidlich: »›Alles hat keinen Sinn‹«, denn

»dieser melancholische Satz heißt ›aller Sinn liegt in der Absicht, und gesetzt, daß die Absicht ganz und gar fehlt, so fehlt auch ganz und gar der Sinn‹«. Deshalb: »Warum könnte nicht ›ein Zweck‹ eine Begleiterscheinung sein, in der Reihe von Veränderungen wirkender Kräfte, welche die zweckmäßige Handlung hervorrufen – ein in das Bewußtsein vorausgeworfenes blasses Zeichenbild . . . ein Symptom selbst vom Geschehen, nicht dessen Ursache? – Aber damit haben wir den *Willen selbst* kritisiert: ist es nicht eine Illusion, das, was im Bewußtsein als Willensakt auftaucht, als Ursache zu nehmen?«[39]

Diese Stelle entstand gleichzeitig mit den Stellen über die »ewige Wiederkunft«, und das rechtfertigt unsere Frage, ob und wie diese beiden Gedanken vielleicht nicht versöhnt, aber doch wenigstens so aufgefaßt werden können, daß sie nicht geradewegs aufeinanderprallen. Machen wir zunächst einige ganz kurze Bemerkungen über die wenigen wichtigen nicht spekulativen, sondern beschreibenden Aussagen Nietzsches über den Willen.

Da heißt es zunächst – es scheint selbstverständlich, war aber vorher noch nie ausgesprochen worden –: »Der Wille kann nicht zurück wollen«, er kann das Rad der Zeit nicht aufhalten; das ist Nietzsches Form des Ich-will-und-ich-kann-*nicht*, denn gerade dieses Zurückwollen will und erstrebt der Wille. Aus dieser Ohnmacht leitet Nietzsche alle menschlichen Übel ab: Ressentiments, Rachedurst (man bestraft, weil man das Getane nicht ungeschehen machen kann), Machthunger, der andere beherrschen will. Dieser »Genealogie der Moral« könnten wir hinzufügen, daß die Ohnmacht des Willens den Menschen lieber rückwärts blicken, erinnern und denken läßt, denn im Rückblick *erscheint* alles, was ist, als notwendig. Die Ablehnung des Wollens befreit den Menschen von einer Verantwortung, die nicht zu ertragen wäre, wenn nichts Getanes rückgängig gemacht werden kann. Auf jeden Fall dürfte es der Zusammenstoß des Willens mit der Vergangenheit gewesen sein, der Nietzsche zu seinem Experiment mit der ewigen Wiederkehr veranlaßte.

Zweitens ist der Begriff des »Willens zur Macht« redundant: der Wille schafft Macht durch Wollen, daher ist der Wille zur Demut nicht weniger mächtig als der Wille zur Beherrschung anderer. Der Willensakt selbst ist bereits ein Akt der Macht, Zeichen einer Stärke (eines »Kraftgefühls«), die über das hinausgeht, was nötig ist, um die Anforderungen des täglichen Lebens zu bewältigen. Wenn es einen einfachen Widerspruch in Nietzsches Gedankenexperimenten gibt, so ist es der zwischen der tatsächlichen Ohnmacht des Willens

– er möchte, kann aber nicht zurück wollen – und diesem Kraftgefühl.

Drittens transzendiert der Wille – ob er nun zurück will und seine Ohnmacht empfindet oder vorwärts will und seine Macht empfindet – das reine Gegebensein der Welt. Dieses Transzendieren kommt von selbst, es entspricht der ungeheuren Überfülle des Lebens. Daher ist das eigentliche Ziel des Willens die Fülle: »Es ist das Gefühl unseres Mehr an Kraft, welches wir mit ›Freiheit des Willens‹ bezeichnen«, und dieses Gefühl ist mehr als eine bloße Bewußtseinstäuschung, weil es der Überfülle des Lebens selbst entspricht. Daher könnte man alles Leben als einen Willen zur Macht verstehen. »Nur, wo Leben ist, da ist auch Wille; aber nicht Wille zum Leben, sondern . . . Wille zur Macht!«[40] Denn man könnte durchaus »›Ernährung‹« erklären als »eine Konsequenz des Willens zur Macht, [und] ›Zeugung‹ [als] Zerfall, eintretend bei der Ohnmacht der herrschenden Zellen, das Angeeignete zu organisieren«[41].

Dieses Transzendieren, das im Wollen beschlossen liegt, nennt Nietzsche »Überwindung«. Sie ist möglich wegen der Fülle: die Tätigkeit selbst wird als Schöpfertum gesehen, und die diesem ganzen Gedankenkomplex entsprechende »Tugend« ist die Großzügigkeit – die Überwindung des Rachedursts. Sie ist die Extravaganz und der »Übermut eines überschäumenden, verschwenderischen Willens«, der jenseits aller Vergangenheit und Gegenwart eine Zukunft eröffnet. Der *Überschuß* (die reine Tatsache eines verbleibenden Überschusses an Arbeitskraft, nachdem die Anforderungen des individuellen Lebens und der Arterhaltung erfüllt sind) ist nach Nietzsche wie nach Marx die conditio per quam aller Kultur. Der sogenannte Übermensch ist insofern Mensch, als er sich transzendieren, »überwinden« kann. Doch diese Überwindung, das sollte man nicht vergessen, ist eine bloß geistige Übung: »Alles ›es war‹ umzuschaffen in ein ›so wollte ich es!‹ – das hieße mir erst Erlösung!«[42] Denn »der Mensch sucht . . . eine Welt, die nicht sich widerspricht, nicht täuscht, nicht wechselt, eine *wahre* Welt . . .« Jetzt ist der Mensch, wenn er ehrlich ist, Nihilist, nämlich ein »Mensch, welcher von der Welt, wie sie ist, urteilt, sie sollte *nicht* sein, und von der Welt, wie sie sein sollte, urteilt, sie existiert nicht . . . [Zur Überwindung des Nihilismus braucht man die] Kraft, die Werte umzuwenden . . . die scheinbare Welt als die einzige zu vergöttlichen und gutzuheißen.«[43]

Offenbar kommt es nicht darauf an, die Welt oder die Menschen zu verändern, sondern ihre »Bewertung« derselben, mit anderen Worten, ihrer Art des Nachdenkens über sie. Nach Nietzsche muß man die Philosophen überwinden, die, deren »Leben ein Experiment des Erkennenden« ist[44]; sie müssen gelehrt werden, mit den Dingen fertigzuwerden. Hätte Nietzsche diese Gedanken zu einer systematischen Philosophie entwickelt, so hätte er eine Art gewaltig angereichert Epiktetscher Lehre geschaffen, die wiederum die »Kunst, sein Leben zu leben«, gelehrt hätte, und deren psychologisch höchst wirksamer Trick darin besteht, zu *wollen*, was ohnehin geschieht[45].

Doch Nietzsche, der Epiktet kannte und sehr schätzte, blieb bei der Entdeckung der geistigen Allmacht des Willens nicht stehen. Er machte sich an eine Konstruktion der gegebenen Welt, die für ein Wesen passende Heimstätte wäre, das genug »Willenskraft« besitzt, daß es »des Sinnes in den Dingen entbehren kann, . . . in einer sinnlosen Welt zu leben aushält«[46]. »Ewige Wiederkunft« ist der Ausdruck für diesen letzten erlösenden Gedanken, insofern er die »Unschuld des Werdens« verkündet und damit dessen eigentliche Ziel- und Zweckfreiheit, seine Freiheit von Schuld und Verantwortung.

»Unschuld des Werdens« und »ewige Wiederkunft« haben nichts mit einem geistigen Vermögen zu tun; sie wurzeln in der unbestreitbaren *Tatsache*, daß wir ja in die Welt »geworfen sind« (Heidegger), daß wir nicht gefragt worden sind, ob wir hier sein möchten oder lieber so bleiben wollten, wie wir waren. Nach allem, was wir wissen oder jemals wissen können, ist »niemand dafür verantwortlich, daß er überhaupt da ist, daß er so und so beschaffen ist, daß er unter diesen Umständen, in dieser Umgebung ist«. Daher lautet die Grundeinsicht in das Wesen des Seins, »daß es *gar keine moralischen Tatsachen gibt*«, welche Einsicht von Nietzsche, wie er sagt, »zum ersten Male formuliert worden ist«. Ihre Konsequenzen reichen sehr weit, nicht nur, weil das Christentum und sein »Begriff der ›sittlichen Weltordnung‹ die Unschuld des Werdens durch ›Strafe‹ und ›Schuld‹ durchseucht [und daher] eine Metaphysik des Henkers« ist, sondern auch, weil mit der Streichung von Absicht und Zweck, also von jemandem, der »verantwortlich gemacht« werden kann, die Kausalität selbst verabschiedet ist; nichts läßt sich auf eine Ursache »zurückführen«, wenn einmal die »causa prima« abgesetzt ist[47].

Nach der Verabschiedung von Ursache und Wirkung hat die geradlinige Struktur der Zeit keinerlei Sinn mehr, deren Vergangenheit stets als die Ursache der Gegenwart verstanden wird, in deren Gegenwart die Absicht und die Vorbereitung unserer Zukunftspläne ihren Ort hat und deren Zukunft das Ergebnis beider ist. Außerdem zerbröckelt dieser Zeitbegriff unter dem Gewicht der nicht weniger tatsachennahen Einsicht, daß »alles vergeht«, daß die Zukunft nur etwas bringt, was *gewesen sein wird*, und daß deshalb alles Seiende »wert ist zu vergehen«[48]. Genau wie jedes Ich-will in seiner Identifikation mit dem befehlenden Teil des Zwei-in-einem triumphierend ein Ich-kann vorwegnimmt, so enthält die Erwartung, die Stimmung, mit der der Wille die Seele affiziert, in sich die Melancholie eines Und-auch-dies-*wird-gewesen-sein*, die Voraussicht des Vergangenseins der Zukunft, wodurch die Vergangenheit wieder als die maßgebliche Zeitform auf den Schild gehoben wird. Die einzige Erlösung von dieser alles verschlingenden Vergangenheit ist der Gedanke, daß alles, was vergeht, wiederkehre, also ein zyklischer Zeitbegriff, der das Sein ständig in sich selbst zurücklaufen läßt.

Und ist nicht das Leben selbst so beschaffen, folgt nicht ein Tag auf den anderen, eine Jahreszeit auf die andere in ewiger, gleicher Wiederholung? Ist diese Weltsicht nicht »getreuer« gegenüber der Wirklichkeit, wie wir sie kennen, als die Weltsicht der Philosophen? »Wenn die Weltbewegung einen Zielzustand hätte, so müßte er erreicht sein. Das einzige Grundfaktum ist aber, daß sie keinen Zielzustand hat: und jede Philosophie und wissenschaftliche Hypothese . . ., in der ein solcher notwendig wird, ist durch jenes Grundfaktum *widerlegt*. Ich suche eine Weltkonzeption, welche dieser Tatsache gerecht wird. Das Werden soll erklärt werden, ohne zu solchen finalen Absichten Zuflucht zu nehmen: das Werden muß gerechtfertigt erscheinen in jedem Augenblick (oder unabwertbar: was auf eins hinausläuft); es darf absolut nicht das Gegenwärtige um eines Zukünftigen willen oder das Vergangene um des Gegenwärtigen willen gerechtfertigt werden.« Dann faßt Nietzsche zusammen: »1. Das Werden hat keinen *Zielzustand*, mündet nicht in ein ›Sein‹. 2. Das Werden ist kein *Scheinzustand*; vielleicht ist die seiende Welt ein Schein. 3. Das Werden ist wertgleich in jedem Augenblick . . . Anders ausgedrückt: es hat gar keinen Wert, denn es fehlt etwas, woran es zu messen wäre . . . *der Gesamtwert der Welt ist unabwertbar*.«[49]

In dem Durcheinander von Aphorismen, Bemerkungen und Gedankenexperimenten, die die posthume Sammlung mit dem Titel »Der Wille zur Macht« bilden, ist die Bedeutung dieser letzten Stelle, die ich einigermaßen ausführlich zitiert habe, nur schwer auszumachen. Aufgrund innerer Kriterien bin ich geneigt, sie für Nietzsches letztes Wort zu der Sache zu halten; und dieses letzte Wort ist eindeutig eine Ablehnung des Willens und des wollenden Ichs, deren innere Erfahrungen die Menschen zu der Vorstellung verführt haben, es gebe in der Wirklichkeit so etwas wie Ursache und Wirkung, Absicht und Ziel. Der Übermensch hat alle diese Irrtümer überwunden, seine Erkenntnisse sind stark genug, um entweder den Impulsen des Willens zu widerstehen oder seinen eigenen Willen umzukehren, von seinen Schwankungen zu erlösen und ihn zu jener Stille zu führen, in der »Wegsehen« die »einzige Verneinung« ist[50], weil nur noch der Wunsch da ist, »ein Segnender und ein Ja-Sager« zu sein, alles »Seiende um seines Seins willen zu segnen«, das »Ja-und-Amen-Lied« zu singen[51].

15 *Heideggers Wille zum Nicht-Wollen*

Weder das Wort »Wollen« noch das Wort »Denken« kommt in Heideggers früherem Werk vor der sogenannten Kehre in der Mitte der 30er Jahre vor. Und Nietzsche wird in »Sein und Zeit« nirgends erwähnt[52]. Heideggers Einstellung zum Willen, die in seinem leidenschaftlichen Eintreten für das Wollen des »*Nicht*wollens« ihren Höhepunkt findet – das natürlich nichts zu tun hat mit dem Schwanken des Willens zwischen velle und nolle, Wollen und Gegenwollen –, erwächst also unmittelbar aus seiner äußerst sorgfältigen Untersuchung von Nietzsches Werk, auf das er nach 1940 verschiedentlich zurückkommt. Doch sein zweibändiges Werk »Nietzsche«, das 1961 erschien, ist in mancher Hinsicht am aufschlußreichsten; es enthält Vorlesungen aus den Jahren 1936 bis 1940, also genau den Jahren, als die »Kehre« im Gange und daher von Heidegger selbst noch nicht gedeutet war. Sieht man bei der Lektüre dieser beiden Bände von Heideggers (vorher erschienener) späterer Neudeutung ab, so möchte man die »Kehre« als konkretes autobiographisches Ereignis genau zwischen dem ersten und dem zweiten Band ansetzen; denn, grob gesprochen, erklärt der erste Band Nietzsche, indem er seinen Weg mitgeht, während der zweite in einem gedämpften, aber unverkennbar polemischen Ton spricht. Dieser wichtige Stimmungswandel ist meines Wissens nur von J. L. Mehta in seinem ausgezeichneten Buch »The Philosophy of Martin Heidegger«[53] bemerkt worden, weniger entschieden auch von Walter Schulz. Die Bedeutung dieses Einschnitts dürfte auf der Hand liegen: die Kehre wandte sich ursprünglich in erster Linie gegen den Willen zur Macht. Für Heidegger ist der Wille zum Herrschen eine Art Sündenfall, dessen er sich selbst schuldig befand, als er seine kurze Vergangenheit in der Nazibewegung aufzuarbeiten versuchte.

Als er später öffentlich sagte – zum erstenmal im »Brief über den ›Humanismus‹« (1947)[54] –, er habe eine »Kehre« durchgemacht, da hatte er in einem umfassenderen Sinne seit Jahren eine neue Auffassung der gesamten Geschichte von den Griechen bis zur Gegenwart entwickelt und sich in erster Linie nicht mit dem Willen beschäftigt, sondern mit der Beziehung zwischen dem Sein und dem Menschen. Ursprünglich war in diesen Jahren die »Kehre« gegen die Anmaßung des Menschen gerichtet gewesen (wie er sie in seiner berühmten Freiburger Rektoratsrede von 1933 verkündet hatte[55]), symbolisch verkörpert in Prometheus, »dem ersten Philosophen«, einer Figur, die sonst nirgends in seinem Werk erwähnt wird. Nun wandte sich die Kehre gegen den angeblichen Subjektivismus von »Sein und Zeit« und die Konzentration dieses Buches auf die Existenz, die Seinsweise des Menschen.

Grob und übermäßig vereinfachend könnte man sagen: Während es Heidegger stets um die »Frage des Sinns von Sein« ging, so war doch sein erstes, »vorläufiges« Ziel die Analyse des Seins des Menschen gewesen als des einzigen Wesens, das diese Frage stellen kann, weil er mit seinem eigenen Sein in Berührung steht; wenn also der Mensch die Frage stellt: was ist das Sein?, so ist er auf sich selbst zurückgeworfen. Doch wenn er dann die Frage stellt: was ist der Mensch?, so tritt wiederum das Sein in den Vordergrund; das Sein, wie es jetzt erscheint, heißt den Menschen denken. (»Heidegger mußte den ursprünglichen Ansatz von ›Sein und Zeit‹ aufgeben; statt sich dem Sein durch die Offenheit und Transzendenz des Menschen hindurch nähern zu wollen, versucht er nun den Menschen anhand des Seins zu definieren.«[56]) Und als erstes verlangt das Sein vom Menschen, die »ontologische Differenz« zu denken, d. h. den Unterschied zwischen der bloßen Seiendheit des Seienden und dem Sein dieser Seiendheit selbst, dem Sein des Seins. Heidegger selbst formuliert es im »Humanismusbrief« so: »Das Denken, schlicht gesagt, ist das Denken des Seins. Der Genitiv sagt ein Zweifaches. Das Denken ist des Seins, insofern das Denken, vom Sein ereignet, dem Sein gehört. Das Denken ist zugleich Denken des Seins, insofern das Denken, dem Sein gehörend, auf das Sein hört.«[57] Das Zuhören des Menschen bringt den stummen Anspruch des Seins zur Sprache, und »die Sprache ist so die Sprache des Seins, wie die Wolken die Wolken des Himmels sind«[58].

Die »Kehre« in diesem Sinne hat zwei wichtige Konsequenzen, die kaum etwas mit der Ablehnung des Willens zu tun haben. Einmal ist das Denken nicht mehr »subjektiv«. Natürlich würde das Sein nie offenbar, wenn es nicht vom Menschen gedacht würde; es ist angewiesen auf den Menschen, der ihm ein Haus bietet: »Die Sprache ist das Haus des Seins.« Doch was der Mensch denkt, das entspringt nicht seiner eigenen Spontaneität oder Kreativität; es ist die gehorsame Antwort auf den Ruf des Seins. Und das zweite: die Gegenstände, in denen die Erscheinungswelt dem Menschen gegeben ist, lenken ihn ab vom Sein, das sich hinter ihnen verbirgt – ganz ähnlich, wie man vor Bäumen den Wald nicht sieht, der doch, von außen gesehen, aus ihnen besteht.

Mit anderen Worten, die »Seinsvergessenheit« gehört zum ureigenen Verhältnis zwischen Mensch und Sein. Heidegger ist jetzt nicht mehr zufrieden, das wollende Ich zugunsten des denkenden Ichs auszuschalten – noch in seinem Nietzschebuch hatte er z. B. behauptet, die Konzentration des Willens auf die Zukunft zwinge den Menschen zum *Vergessen* der Vergangenheit, sie beraube das Denken seiner wichtigsten Tätigkeit, des An-denkens, der Erinnerung: »Der Wille hat den Anfang nie zu eigen gehabt, hat ihn wesenhaft je schon verlassen durch das Vergessen.«[59] Jetzt entsubjektiviert er das Denken selbst, nimmt ihm sein Subjekt, den Menschen als denkendes Wesen, und macht es zu einer Funktion des Seins: »Alles Wirken aber beruht im Sein und geht auf das Seiende aus«, bestimmt damit den tatsächlichen Lauf der Welt. »Das Denken dagegen läßt sich vom Sein in Anspruch nehmen [das ist der eigentliche Sinn dessen, was durch das Seiende hindurch geschieht], um die Wahrheit des Seins zu sagen.«[60] Diese Neudeutung der »Kehre«, nicht diese selbst, bestimmt die gesamte Entwicklung der Heideggerschen Spätphilosophie. Sie ist bereits in nuce im »Brief über den ›Humanismus‹« enthalten, der »Sein und Zeit« als eine notwendige Vorschau und Vorbereitung auf die »Kehre« deutet; im Mittelpunkt steht die Vorstellung, das Denken, das nämlich »das unausgesprochene Wort des Seins zur Sprache bringt«, sei das einzige eigentliche »Tun« des Menschen; in ihm ereigne sich die »Seinsgeschichte«, die alle bloß menschlichen Handlungen transzendiere und über ihnen stehe. Dieses Denken gibt sich insofern der Erinnerung hin, als es die Stimme des Seins in den Äußerungen der großen Philosophen der Vergangenheit hört; doch die Vergangenheit kommt zu ihm aus der entgegengesetzten Richtung, so daß der »Abstieg« in die Vergangenheit mit der geduldigen, nachdenklichen Erwartung des Ankommens der Zukunft, des »avenant«, zusammenfällt[61].

Beginnen wir mit der ursprünglichen Kehre. Schon im ersten Nietzscheband, wo Heidegger sorgfältig Nietzsches beschreibende Kennzeichnung des Willens nachzeichnet, zieht er das heran, was später als die »ontologische Differenz« erscheint: den Unterschied zwischen dem Sein des Seins und der Seiendheit der Dinge. Nach dieser Auffassung bezeichnet der Wille zur Macht die Seiendheit, die wichtigste Weise, in der alles, was ist, tatsächlich *ist*. In dieser Hinsicht wird der Wille als eine bloße Funktion des Lebensprozesses verstanden – »aus dem Lebensvollzug des Lebendigen entspringt die Welt«[62] –, während in der »ewigen Wiederkunft« Nietzsches Ausdruck für das Sein des Seins gesehen wird, durch das die Vergänglichkeit der Zeit beseitigt wird und das Werden, das Medium der Zweckhaftigkeit des Willens zur Macht, das Siegel des Seins erhält. Die »ewige Wiederkunft« ist der affirmativste Gedanke, weil er die Negation der Negation ist. So gesehen, ist der Wille zur Macht nichts als ein biologischer Drang, der das Rad am Rollen hält und durch einen Willen transzendiert wird, der über den bloßen Lebenstrieb hinausgeht, indem er »ja« zum Leben sagt. Für Nietzsche hat, wie wir sahen, »das Werden keinen Zielzustand, mündet nicht in ein ›Sein‹. ... Das Werden ist wertgleich in jedem Augenblick ... Anders ausgedrückt: es hat gar keinen Wert, denn es fehlt etwas, woran es zu messen wäre und in Bezug worauf das Wort ›Wert‹ Sinn hätte.«[63]

Heidegger erblickt den eigentlichen Widerspruch bei Nietzsche nicht in dem scheinbaren Gegensatz zwischen dem Willen zur Macht, der als zielgerichteter einen geradlinigen Zeitbegriff voraussetzt, und der ewigen Wiederkehr mit ihrem zyklischen Zeitbegriff. Er liegt vielmehr in Nietzsches »Umwertung der Werte«, die nach Nietzsche selbst nur im Rahmen des Willens zur Macht sinnvoll sein könnte, in der er aber trotzdem die letzte Konsequenz des Gedankens der »ewigen Wiederkunft« sah. Mit anderen Worten, letzten Endes war es der Wille zur Macht, »an sich wertsetzend«, der Nietzsches Philosophie des Willens bestimmte. Der Wille zur Macht »wertet« schließlich ein ewig wiederkehrendes Werden als den einzigen Ausweg aus der Sinnlosigkeit des Lebens und der Welt, und dieser Wandel ist nicht bloß eine Rückkehr zu der »durch das Wertdenken ausgezeichneten Subjektivität«[64], sondern leidet auch an dem gleichen Mangel an Radikalität, der Nietzsches umgekehrten Platonismus auszeichnet, der zwar die Dinge auf den Kopf – oder auf die Füße – stellt, aber den kategorialen Rahmen intakt läßt, in dem solche Umkehrungen möglich sind.

Heideggers streng phänomenologische Analysen des Willens in seinem ersten Nietzscheband schließen sich eng an seine frühen Analysen des Selbst im »Sein und Zeit« an, nur daß jetzt der Wille an die Stelle der Sorge tritt. Wir lesen: »Selbstbeobachtung und Zergliederung bringt uns, unser Selbst und das, wie es mit ihm steht, niemals an den Tag. Im Wollen dagegen bringen wir uns ans Licht und entsprechend auch im Nichtwollen, und zwar an ein Licht, das durch das Wollen selbst erst angesteckt wird. Wollen ist immer ein Sich-zu-sich-selbst-Bringen ... Im Wollen kommen wir uns selbst entgegen als die, die wir eigentlich sind.«[65] Somit: »Wollen aber ist seinem eigentlichen Wesen nach: sich-selbst-Wollen, ›sich‹ jedoch nie als das nur Vorhandene und gerade so Bestehende, sondern ›sich‹ als das, was erst werden will, was es ist ... Von-sich-weg-wollen ist daher im Grunde ein Nichtwollen.«[66] Wir werden später sehen, daß diese Rückkehr zum Begriff des Selbst von »Sein und Zeit« nicht ohne Bedeutung für die »Kehre« oder den »Stimmungswandel« des zweiten Bandes ist.

Im zweiten Band verlagert sich das Schwergewicht entscheidend vom Gedanken der »ewigen Wiederkunft« auf eine Deutung des Willens fast ausschließlich als Willen zur Macht, in dem spezifischen Sinne eines Willens zum Herrschen und nicht eines Ausdrucks des Lebenstriebs. Die Vorstellung aus dem ersten Band, daß jeder Willensakt, da er ein Befehl ist, einen Wider-Willen hervorrufe – also die Vorstellung eines notwendigen Hindernisses in jedem Willensakt, der zuerst ein Nicht-Wollen überwinden muß –, wird nun zu einer jedem Herstellungsakt innewohnende Eigenschaft verallgemeinert. Für einen Schreiner z. B. ist das Holz das Hindernis, »wogegen« er arbeitet, wenn er es zwingt, zu einem Tisch zu werden[67]. Das wird wiederum verallgemeinert: jedes Objekt ist als »Gegen-stand« – und nicht bloß als Ding, unabhängig von menschlichem Bewerten, Planen und Herstellen – dazu da, durch ein Subjekt überwunden zu werden. Der Wille zur Macht ist der Höhepunkt der modernen Subjektivierung; alle Vermögen des Menschen stehen unter dem Befehl des Willens. »Wollen aber ist Herr-sein-wollen. [Der Wille ist] von Grund aus und nur: Befehl. ... Im Befehl gehorcht der Befehlende ... sich selber. Dergestalt ist der Befehlende [das Selbst] sich selbst überlegen.«[68]

Hier nun verliert der Begriff des Willens die biologischen Eigenschaften, die eine so wichtige Rolle bei Nietzsches Auffassung des

den Menschen ins Werk setzen. Eine Zusammenschau dieser Entsprechungen läßt den deutlichen Eindruck entstehen, als habe man es hier mit einer bloßen Abwandlung von Heideggers Grundlehre zu tun.

Wie dem auch sei, es liegt auf der Hand, daß meine vorliegende Deutung in höchstem Maße vorläufig ist; auf keinen Fall kann sie ein Ersatz für die unveröffentlichte Abhandlung sein, zu der der Anaximanderaufsatz ursprünglich gehörte. Bei unserer jetzigen Textkenntnis bleibt die ganze Sache höchst zweifelhaft. Doch ob wir nun darin eine Variante oder nur eine Variation desselben Themas erblicken, Heideggers Kritik des Selbsterhaltungstriebs (der allen Lebewesen gemeinsam ist) als eines willentlichen Aufstands gegen die »Ordnung« der Schöpfung als solcher ist in der Ideengeschichte etwas so Seltenes, daß ich hier die einzige mir bekannte ähnliche Äußerung anführen möchte, drei wenig bekannte Zeilen Goethes aus einem um 1821 entstandenen Gedicht mit dem Titel »Eins und Alles«:

> Das Ewige regt sich fort in allen:
> Denn alles muß in Nichts zerfallen,
> Wenn es im Sein beharren will.

16 *Der Abgrund der Freiheit und der novus ordo saeclorum*

Ganz am Anfang dieser Überlegungen machte ich auf eine unvermeidliche Problematik aller kritischen Untersuchungen des Wollens aufmerksam. Sie liegt ziemlich auf der Hand, wird aber bei der Behandlung der einzelnen Argumente und Gegenargumente leicht übersehen: die einfache Tatsache, daß jede *Philosophie* des Willens nicht von handelnden Menschen konzipiert und formuliert wird, sondern von Philosophen, Kants »Denkern von Gewerbe«, die auf diese oder jene Art dem bios theōrētikos verpflichtet sind und daher von Natur stärker dazu neigen, »die Welt zu interpretieren« als »sie zu verändern«.

Von allen Philosophen und Theologen, mit denen wir uns beschäftigt haben, war ja nur Duns Scotus bereit, den Preis der Kontingenz für das Geschenk der Freiheit zu bezahlen – für die geistige Fähigkeit, etwas Neues anzufangen, von dem wir wissen, daß es ebensogut auch nicht sein könnte. Zweifellos hat den Philosophen stets die Notwendigkeit mehr »gepaßt« als die Freiheit, denn für ihr Geschäft brauchten sie eine tranquillitas animae (Leibniz), einen inneren Frieden, der – beruhend auf Spinozas acquiescentia sibi, dem Einssein mit sich selbst – wirksam nur gewährleistet werden konnte durch ein Hinnehmen der Weltverhältnisse. Das gleiche Selbst, das vom Denken bei seinem Rückzug von der Welt der Erscheinungen außer acht gelassen wird, wird durch die Reflexivität des Willens behauptet und bestätigt. Während das Denken das Selbst auf die Rolle des Zuschauers vorbereitet, macht das Wollen es zu einem »fortdauernden Ich«, das alle einzelnen Willensakte lenkt. Es schafft den *Charakter* des Selbst und wurde deshalb gelegentlich als das principium individuationis verstanden, die Quelle der besonderen persönlichen Identität.

Doch gerade diese Individualisierung durch den Willen führt zu neuen und ernsten Schwierigkeiten für den Begriff der Freiheit. Der einzelne, den der Wille gestaltet hat und der erkennt, daß er auch anders sein könnte (der Charakter ist ja im Unterschied zur körperlichen Erscheinung oder den Fähigkeiten dem Selbst bei der Geburt nicht gegeben), möchte immer ein »ich selbst« behaupten gegenüber einem unbestimmten »man« – alle anderen, die ich als Individuum *nicht* bin. Und nichts kann ja furchterregender sein als der Begriff der solipsistischen Freiheit – das »Gefühl«, daß mein Alleinsein, Isoliertsein von allen anderen, aus freiem Willen entspringt, daß nichts und niemand dafür verantwortlich gemacht werden kann als ich selbst. Der Wille mit seinen Zukunftsplänen rüttelt an dem Glauben an die Notwendigkeit, an dem Hinnehmen der Verhältnisse der Welt, das er Gleichgültigkeit nennt. Doch ist nicht jedermann klar, daß die Welt nicht so ist und nie so gewesen ist, wie sie sein *sollte*? Und wer wüßte oder hätte je gewußt, *wie* sie sein sollte? Das »Seinsollende« ist utopisch; es hat keinen rechten topos oder Ort in der Welt. Ist nicht der Glaube an die Notwendigkeit, die Überzeugung, alles sei so, »wie es kommen mußte«, der Freiheit, die um den Preis der Kontingenz erkauft ist, unendlich vorzuziehen? Wirkt hier nicht die Freiheit wie ein Euphemismus für ein verbranntes Gebiet, das gekennzeichnet ist durch »die Verlassenheit [des Daseins] in der Überlassenheit an es selbst«[116]?

Diese Schwierigkeiten und Besorgnisse rühren daher, daß der Wille ein geistiges Vermögen und somit selbstbezüglich ist, auf sich selbst zurückwirkt – volo me velle, cogito me cogitare –, oder, in Heideggerscher Sprache, daher, daß das Dasein, existentiell gesprochen, »an es selbst überlassen« ist. Derartige Probleme gibt es nicht für den

Verstand, des Geistes Erkenntnisvermögen und Wahrheitsvertrauen. Die Erkenntnisfähigkeiten wirken, ebenso wie die Sinne, nicht auf sich selbst zurück; sie sind völlig intentional, das heißt, völlig von dem intendierten Gegenstand in Anspruch genommen. Daher ist es auf den ersten Blick überraschend, daß sich eine ähnliche Voreingenommenheit gegen die Freiheit bei den großen Naturwissenschaftlern unseres Jahrhunderts zeigt. Bekanntlich waren sie sehr beunruhigt, als ihre beweisbaren Entdeckungen in der Astrophysik wie auch in der Kernphysik zu dem Verdacht Anlaß gaben, wir lebten in einer Welt, die, mit Einstein zu reden, von einem Gott regiert wird, der mit ihr »Würfel spielt«, oder, wie Heisenberg meinte, daß vielleicht unsere »Außenwelt nur unsere nach außen gewandte Innenwelt« sei (Lewis Mumford).

Solche Gedanken und Assoziationen sind natürlich keine wissenschaftlichen Aussagen; sie möchten keine beweisbaren Wahrheiten oder Hypothesen sein, die man schließlich in beweisbare Sätze zu übersetzen hoffen kann. Es sind Überlegungen, die aus einer Sinnsuche entspringen und daher nicht weniger spekulativ sind als andere Produkte des denkenden Ichs. Einstein selbst zog in einer häufig zitierten Bemerkung sehr klar die Grenze zwischen Erkenntnissen und spekulativen Aussagen: »Das Unbegreiflichste an der Natur ist, daß die Natur verständlich ist.« Hier ist beinahe mit Händen zu greifen, wie das denkende Ich in den Erkenntnisvorgang eindringt, ihn unterbricht und mit seinen Reflexionen zum Stehen bringt. Es setzt sich »außer der Ordnung« der gewöhnlichen wissenschaftlichen Tätigkeit, indem es auf sich selbst zurückgeht und über die grundsätzliche Unbegreiflichkeit seines Tuns nachdenkt – ein Rätsel, das des Nachdenkens wert bleibt, obwohl es unlösbar ist.

Solche Reflexionen mögen zu verschiedenen »Hypothesen« führen, und einige von diesen mögen sich sogar, wenn sie geprüft werden, als Erkenntnisse erweisen; auf jeden Fall hängen ihre Qualität und ihr Gewicht von den Erkenntnisleistungen ihrer Urheber ab. Doch es läßt sich kaum leugnen, daß die Überlegungen der großen Begründer der modernen Naturwissenschaft – Einstein, Planck, Bohr, Heisenberg, Schrödinger – zu einer »Grundlagenkrise der modernen Naturwissenschaft« geführt haben, und ihr Grund-»Problem« – wie muß die Welt beschaffen sein, damit der Mensch sie erkennen kann? – . . . ist so alt wie die Wissenschaft selbst, und es bleibt unbeantwortet«[117].

Es erscheint als durchaus naheliegend, daß dieser Gründergeneration, auf deren Entdeckungen die moderne Wissenschaft beruhte und deren Reflexionen über ihr Tun die »Grundlagenkrise« hervorgebracht haben, mehrere Generationen weniger hervorragender Epigonen folgten, denen die Beantwortung unbeantwortbarer Fragen leichter fiel, weil sie sich weniger der Trennungslinie zwischen ihren gewöhnlichen Tätigkeiten und ihrem Nachdenken über diese bewußt waren. Ich sprach von der Orgie spekulativen Denkens, die auf Kants Befreiung des Bedürfnisses der Vernunft folgte, über das Erkenntnisvermögen des Verstandes hinaus zu denken, von den Spielen der deutschen Idealisten mit personifizierten Begriffen und dem Anspruch auf wissenschaftliche Gültigkeit – womit sie sich weit von Kants »Kritik« entfernten.

Vom Standpunkt der wissenschaftlichen Wahrheit her gesehen, waren die Spekulationen der Idealisten pseudowissenschaftlich; jetzt, am anderen Ende des Spektrums, scheint etwas Ähnliches vorzugehen. Materialisten spielen das Spiel der Spekulation mit Hilfe von Rechenanlagen, Kybernetik und Automatisierung; ihre Extrapolationen führen nicht zu Geistern wie das Spiel der Idealisten, sondern zu Materialisierungen wie in den Sitzungen von Spiritisten. Höchst überraschend an diesen materialistischen Spielen ist, daß ihre Ergebnisse den Begriffen der Idealisten ähneln. So hat Hegels »Weltgeist« neuerdings eine Materialisierung in Form eines »Nervensystems« nach dem Vorbild eines Großrechners gefunden: Lewis Thomas[118] hat als Modell für die gesamte Menschheit ein Riesengehirn vorgeschlagen, das Gedanken so rasch austauscht, »daß die Gehirne der Menschen oft funktional zu verschmelzen scheinen«. Mit der Menschheit als ihrem »Nervensystem« wird so die ganze Erde zu einem »atmenden Organismus aus kompliziert ineinandergreifenden Teilen«, die alle unter der »Schutzhülle« der Erdatmosphäre gedeihen[119].

Solche Gedanken sind weder Wissenschaft noch Philosophie, sondern science fiction; sie sind weit verbreitet und zeigen deutlich, daß die Auswüchse der materialistischen Spekulation denen der idealistischen Metaphysik durchaus ebenbürtig sind. Der gemeinsame Nenner dieser ganzen Irrtümer, seien sie materialistisch oder idealistisch, ist – abgesehen davon, daß sie sich historisch vom Begriff des Fortschritts und seinem Begleiter, dem in der Luft hängenden Begriff der Menschheit, herleiten – ihre gleichartige emotionale Funktion. Nach Lewis Thomas beseitigen sie »den ganzen liebgewordenen Begriff des Selbst – das wundersame alte, mit freiem Willen und freier Initiative begabte, autonome, unabhängige, isolierte Eiland des Selbst«, das »ein Märchen« ist[120]. Der wahre Name dieses Märchens, dessen uns zu entschlagen wir von allen Seiten ermahnt werden, heißt Freiheit.

Professionellen Denkern, seien es Philosophen oder Wissenschaftler, »paßt nicht die Freiheit« und ihre unentrinnbare Zufälligkeit; sie wollen nicht den Preis der Kontingenz für das fragwürdige Gut der Spontaneität bezahlen, der Fähigkeit, zu tun, was auch ungetan bleiben könnte. Überlassen wir sie also sich selbst und halten wir uns an die Menschen der Praxis, die aus der Art ihrer Betätigung heraus an der Freiheit festhalten müßten, da sie ja »die Welt verändern« und nicht interpretieren oder erkennen.

Theoretisch gesprochen, gehen wir vom Begriff der philosophischen Freiheit zur politischen Freiheit über, welchen offensichtlichen Unterschied meines Wissens nur Montesquieu erwähnt, und das nur nebenbei, als er die philosophische Freiheit als Hintergrund heranzieht, vor dem sich die politische Freiheit schärfer umreißen läßt. In einem Kapitel »De la liberté du citoyen« (»Von der Freiheit des Bürgers«) sagt er: »La liberté philosophique consiste dans l'exercise de sa volonté, ou du moins (s'il faut parler dans tous les systèmes) dans l'opinion où l'on est que l'on exerce sa volonté. La liberté politique consiste dans la sûretec, ou du moins de l'opinion que l'on a de sa sûreté« – »Die philosophische Freiheit besteht in der Ausübung des Willens, oder wenigstens (wenn man allen Systemen gerecht werden will) in der Meinung, man übe seinen Willen aus. Die politische Freiheit besteht in der Sicherheit, oder wenigstens in dem Glauben, den man an seine Sicherheit hat.«[121] Die politische Freiheit des Bürgers ist »jene Ruhe des Gemüts, die aus dem Vertrauen erwächst, das ein jeder zu seiner Sicherheit hat. Damit man diese Freiheit hat, muß die Regierung so eingerichtet sein, daß ein Bürger den anderen nicht zu fürchten braucht.«[122]

Die philosophische Freiheit, die Willensfreiheit, ist nur für Menschen von Bedeutung, die als einsame Individuen außerhalb politischer Gemeinschaften leben. Politische Gemeinschaften, in denen die Menschen Bürger sind, werden durch Gesetze geschaffen und erhalten, und diese Gesetze, die ja von Menschen gemacht sind, können sehr verschieden sein und verschiedene Regierungsformen bestimmen, die alle auf die eine oder andere Art den freien Willen ihrer Bürger einschränken. Doch mit Ausnahme der Tyrannei, in der ein willkürlicher Wille das Leben aller beherrscht, eröffnen sie doch einen gewissen Spielraum für freies Handeln, der faktisch die verfaßte Bürgerschaft in Bewegung setzt. Die Grundsätze für die Handlungen der Bürger hängen von den verschiedenen Regierungsformen ab, aber sie sind alle, wie sie Jefferson richtig nannte, »Aktivitätsgrundsätze« [123]; und »[la liberté politique] ne peut consister qu'à pouvoir faire ce que l'on doit vouloir et à n'être point contraint de faire ce que l'on ne doit pas vouloir« – die politische Freiheit »kann nur darin bestehen, das tun zu können, was man wollen darf, und nicht gezwungen zu sein, zu tun, was man nicht wollen darf« [124].

Der Nachdruck liegt hier eindeutig auf der Macht im Sinne des Ich-kann; für Montesquieu wie für die Alten lag es auf der Hand, daß man einen Handelnden nicht mehr frei nennen konnte, wenn er nicht tun konnte, was er wollte, sei es aus äußeren oder aus inneren Gründen. Und die Gesetze, die nach Montesquieu die freien und gesetzlosen Individuen zu Bürgern machen, sind nicht die Zehn Gebote Gottes oder die Stimme des Gewissens oder das Licht der Vernunft, die für alle Menschen gleich wären, sondern von Menschen geschaffene »rapports«, »Beziehungen«, die, da sie die veränderlichen Verhältnisse sterblicher Menschen betreffen – und nicht Gottes Ewigkeit oder die Unsterblichkeit des Weltalls –, notwendigerweise »allen eintretenden Zufällen unterworfen sind und sich in dem Maße ändern, wie sich der Wille der Menschen ändert« [125]. Für Montesquieu wie für die vorchristliche Antike und für die Gründer der amerikanischen Republik waren die Wörter »Macht« und »Freiheit« fast synonym. Die Bewegungsfreiheit, die Macht, sich ungehindert von Krankheit oder einem Herrn zu bewegen, war ursprünglich die grundlegendste Freiheit, die Voraussetzung aller anderen.

Die politische Freiheit unterscheidet sich also von der philosophischen Freiheit dadurch, daß sie eindeutig eine Sache des Ich-kann und nicht des Ich-will ist. Da sie dem Bürger und nicht dem Menschen überhaupt zukommt, kann sie sich nur in Gemeinschaften zeigen, wo die vielen Zusammenlebenden in Wort und Tat miteinander verkehren, geregelt durch viele rapports – Gesetze, Sitten, Gebräuche und Ähnliches. Mit anderen Worten, die politische Freiheit ist nur möglich in der Sphäre der menschlichen Pluralität und unter der Voraussetzung, daß diese nicht bloß eine Erweiterung des dualen Ich-und-ich zu einem pluralen Wir ist. Das Handeln, in dem stets ein Wir mit der Veränderung unserer gemeinsamen Welt beschäftigt ist, steht im schärfsten denkbaren Gegensatz zu dem einsamen Geschäft des Denkens, das sich in einem Zwiegespräch des Menschen mit sich selbst vollzieht. Unter besonders günstigen Umständen, so sahen wir, kann dieses Zwiegespräch einen anderen einschließen, da ja, wie Aristoteles sagt, der Freund »ein anderes Selbst« ist. Doch so kommt man nie zum Wir, der wahren Pluralität des Handelns. (Ein recht häufiger Fehler moderner Philosophen, die in der Kommunikation eine Wahrheitsgarantie sehen – vor allem Karl Jaspers und Martin Buber mit seiner Philosophie des Ich-Du –, ist die Meinung, die Innerlichkeit des Zwiegesprächs, das »innere Handeln«, das sich an die eigene Person »wendet« oder an das »andere Selbst« – Aristoteles' Freund, Jaspers' Geliebter, Bubers Du –, könne als Vorbild in der politischen Sphäre dienen.)

Dieses Wir entsteht, wo immer Menschen zusammenleben; seine Urform ist die Familie; es kann auf viele verschiedene Arten verfaßt sein, die alle letzten Endes auf einer Form des Konsens beruhen, wovon der Gehorsam nur die verbreitetste ist, so wie der Ungehorsam die verbreitetste und am wenigsten schädliche Form des Dissens ist. Der Konsens erkennt an, daß niemand allein handeln kann, daß die Menschen, wenn sie etwas in der Welt erreichen möchten, koordiniert handeln müssen, was eine Binsenwahrheit wäre, gäbe es nicht stets ein paar Mitglieder der Gemeinschaft, die das nicht beachten wollen und arrogant oder verzweifelt allein zu handeln versuchen. Das sind Tyrannen oder Verbrecher, je nach ihrem Endziel; ihre Gemeinsamkeit und ihr Unterschied gegenüber der übrigen Gemeinschaft besteht darin, daß sie sich auf Gewalt als Ersatz für Macht verlassen. Diese Taktik funktioniert nur bei den kurzfristigen Zielen des Verbrechers, der nach seiner Tat wieder Mitglied der Gesellschaft werden kann und muß; der Tyrann hingegen, stets ein Schaf im Wolfspelz, kann sich nur über Wasser halten, indem er die rechtmäßige Führungsposition usurpiert, was ihn von Helfern abhängig macht, die die seinem Willen entspringenden Pläne durchführen müssen. Im Unterschied zur Willensmacht des Geistes zum Bejahen oder Verneinen, deren letzte praktische Gewähr der Selbstmord ist, ist die politische Macht immer begrenzt, auch wenn sich die Anhänger des Tyrannen im Terror – der Gewalt – einig sind, und da Macht und Freiheit in der Sphäre der menschlichen Pluralität in der Tat synonym sind, bedeutet das auch, daß die politische Freiheit stets eine beschränkte Freiheit ist.

Die Vielheit der Menschen, das gesichtslose »Man«, von dem sich das einzelne Selbst zu seinem Alleinsein abspaltet, zerfällt in zahlreiche Teile, und nur als Mitglieder einer solchen Teilgemeinschaft können die Menschen handeln. Die Vielfalt dieser Gemeinschaften zeigt sich in vielen verschiedenen Formen und Gestalten, deren jede anderen Gesetzen gehorcht, andere Sitten und Gebräuche hat und ein anderes Andenken der Vergangenheit pflegt, sie zeigt sich also in einer Vielfalt der Traditionen. Montesquieu hatte wohl damit recht, daß sich jedes solche Gebilde nach einem anderen Leitgrundsatz bewegt und handelt, der als letzter Maßstab zur Beurteilung der Taten und Untaten der Gemeinschaft anerkannt ist – Tugend in den Republiken, Ehre und Ruhm in den Monarchien, Mäßigung in den Aristokratien, Angst und Argwohn in den Tyranneien –, nur daß diese Aufzählung, die sich an die älteste Unterscheidung der Regierungsformen hält (Herrschaft eines einzigen, weniger, der Besten, aller), natürlich die ungeheure Vielfalt des Zusammenlebens von Menschenwesen auf der Erde nicht im entferntesten wiedergeben kann.

Die einzige Gemeinsamkeit dieser verschiedenen Formen und Gestalten menschlicher Pluralität ist die einfache Tatsache ihrer Entstehung, nämlich daß zu irgendeinem Zeitpunkt und aus irgendeinem Grunde eine Gruppe von Menschen sich als ein »Wir« zu begreifen beginnt. Wie auch dieses »Wir« zunächst erfahren und artikuliert wird, es scheint immer eines Anfangs zu bedürfen, und nichts scheint so in Dunkelheit und Geheimnis getaucht wie jenes »im Anfang«, nicht nur der Menschheit im Unterschied zu anderen Lebewesen, sondern auch der ungeheuren Vielfalt unzweifelhaft menschlicher Gesellschaften.

Die beunruhigende Dunkelheit der Frage ist durch neuere biologische, anthropologische und archäologische Entdeckungen kaum aufgehellt worden, so erfolgreich diese auch immer tiefer in die Vergangenheit eingedrungen sind. Und es ist unwahrscheinlich, daß irgendwelche Tatsachenkenntnisse jemals Licht auf das verwirrende Labyrinth mehr oder weniger einleuchtender Hypothesen werfen werden, die alle dem gleichen unausrottbaren Verdacht ausgesetzt sind, gerade ihre Plausibilität und Wahrscheinlichkeit könnte sich als ihr Ruin entpuppen, da unsere gesamte reale Existenz – die Entstehung der Erde, die Entwicklung des organischen Lebens auf ihr, die Entwicklung des Menschen aus den zahllosen Tierarten heraus – ungeheuer geringe statistische Wahrscheinlichkeiten gegen sich hat. Alles, was im Weltall und in der Natur wirklich ist, war einmal »unendlich« unwahrscheinlich. In der Alltagswelt können wir nur eines ebenso entscheidenden Schrumpfens der hinter uns liegenden Zeit gewiß sein, wie die räumlichen Entfernungen auf der Erde geschrumpft sind. Was wir noch vor ein paar Jahrzehnten eingedenk Goethes »Dreitausend Jahren« (»Wer nicht von dreitausend Jahren/Sich weiß Rechenschaft zu geben,/Bleib im Dunkel, unerfahren/Mag von Tag zu Tage leben«) Antike nannten, ist uns heute viel näher, als es unseren Vorfahren war.

Diese Unwissenheit dürfte aller Wahrscheinlichkeit nach nie behoben werden, sie entspricht ja anderen unverkennbaren Beschränkungen der menschlichen Existenz, die unserem Erkenntnisdurst unüberwindliche Schranken setzen – so wissen wir *von* der Unermeßlichkeit des Weltalls und werden sie doch niemals kennen können –, und am besten greift man in dieser Lage noch auf die Legenden zurück, die in unserer Tradition früheren Generationen geholfen haben, mit dem geheimnisvollen »im Anfang« zurechtzukommen. Ich denke an die Gründungslegenden, die eindeutig mit einer Zeit zu tun hatten, die jeder Regierungsform und jedem speziellen Grundsatz des Regierens vorausgeht. Doch es war menschliche Zeit, und der Anfang, von dem sie erzählen, war keine göttliche Schöpfung, sondern eine von Menschen herbeigeführte Folge von Ereignissen, die der Erinnerung auf dem Wege über eine phantasievolle Deutung alter Geschichten zugänglich sind.

Die beiden abendländischen Gründungslegenden, eine römische und eine jüdische (in der griechischen Antike gab es nichts Vergleichbares, trotz Platons »Timaios«), sind völlig verschiedenartig, nur daß beide in einem Volk entstanden, für das seine Vergangenheit eine Geschichte mit einem bekannten und datierbaren Anfang war. Die Juden kannten das Jahr der Erschaffung der Welt (und das ist der Beginn ihrer Zeitrechnung bis auf den heutigen Tag), und die Römer kannten das Jahr der Stadtgründung (oder glaubten es wenigstens zu kennen) und zählten die Jahre von da an, während die Griechen die Zeit von einer Olympiade zur nächsten zählten. Viel überraschender und für unsere Traditionen des politischen Denkens sehr viel folgenreicher ist die erstaunliche Tatsache, daß nach beiden Legenden (in scharfem Gegensatz zu den bekannten Grundsätzen, die angeblich das politische Handeln in verfaßten Gemeinschaften bestimmen) bei der Gründung – dem Hoheitsakt, bei dem das »Wir« zu einem faßbaren Gegenstand wird – der Leitgedanke die Freiheitsliebe war, und zwar sowohl in dem negativen Sinne der Befreiung von Unterdrükkung als auch in dem positiven Sinne der Errichtung von Freiheit als dauerhafter, greifbarer Wirklichkeit.

Sowohl der Unterschied als auch die Ähnlichkeit der beiden – der

Freiheit als Ergebnis einer Befreiung und der Freiheit, die aus der Spontaneität eines Neubeginns entsteht – sind in den beiden Gründungslegenden beispielhaft dargestellt, die für das abendländische politische Denken wegweisend waren. Da ist die biblische Geschichte vom Auszug der Stämme Israels aus Ägypten und der anschließenden Volkwerdung der Juden durch die Mosaischen Gesetze, und da ist die Geschichte Vergils von den Wanderungen des Äneas, die zur Gründung Roms führten – »dum conderet urbem«, wie Vergil den Inhalt seines großen Gedichts gleich in den ersten Zeilen bestimmt. Beide Legenden beginnen mit der Befreiung, mit der Flucht aus Unterdrükkung und Sklaverei in Ägypten und der Flucht vor der Zerstörung Trojas (das heißt, vor der physischen Vernichtung); und in beiden Fällen wird das aus der Sicht einer neuen Freiheit erzählt, der Suche nach einem neuen »gelobten Land«, das mehr böte als die Fleischtöpfe Ägyptens, und der Gründung einer neuen Stadt, der ein Krieg vorgearbeitet hat, der den trojanischen Krieg rückgängig machen sollte, so daß man die von Homer berichtete Abfolge der Ereignisse umkehren konnte. Diese Umkehrung führt Vergil bewußt und vollständig durch[126]. Diesmal ist es Achilles in der Gestalt des Turnus (»Auch hier sollst du erzählen, daß ein Priamos seinen Achilles fand«), der flieht und von Hektor in der Gestalt des Äneas getötet wird; im Mittelpunkt steht als »Quelle all des Unheils« wieder eine Frau, doch diesmal ist es eine Braut (Lavinia) und keine Ehebrecherin; und am Ende des Krieges steht nicht der Triumph für den Sieger und die totale Zerstörung für den Besiegten, sondern ein neues politisches Gemeinwesen – »beide Nationen, unbesiegt, schließen miteinander einen ewigen Vertrag im Zeichen der Gleichberechtigung«.

Liest man diese Legenden als Berichte, so ist natürlich ein himmelweiter Unterschied zwischen dem verzweifelten ziellosen Wandern der Stämme Israels in der Wüste nach dem Auszug und den wunderbar farbigen Erzählungen der Abenteuer des Äneas und seiner trojanischen Gefährten; doch für die Menschen der Praxis in späteren Generationen, die das Material der Antike nach Leitbeispielen für ihre eigenen Absichten durchsuchten, war das nicht entscheidend. Entscheidend war der hiatus zwischen Katastrophe und Rettung, zwischen Befreiung von der alten Ordnung und neuer Freiheit in Gestalt eines »novus ordo saeclorum«, einer »neuen Ordnung der Zeiten«, mit der sich die Welt strukturell verändert hatte.

Der legendäre hiatus zwischen einem Nicht-mehr und einem Noch-nicht zeigte deutlich, daß die Befreiung nicht von selbst zur

Freiheit führen würde, daß das Ende des Alten nicht notwendig der Anfang des Neuen ist, daß die Vorstellung von einem allmächtigen Zeitkontinuum eine Illusion ist. Geschichten von einem Übergang – von der Knechtschaft zur Freiheit, von der Katastrophe zur Rettung – waren um so anziehender, als die Legenden hauptsächlich von den Taten großer Führer berichten, von Gestalten von welthistorischer Bedeutung, die gerade in solchen Lücken der historischen Zeit auf der Bühne der Geschichte erschienen. Wer unter dem Druck äußerer Verhältnisse oder dem Eindruck radikaler utopischer Gedankengänge nicht damit zufrieden war, die Welt durch allmähliche Reform einer alten Ordnung zu verändern (und genau diese Ablehnung des Allmählichen verwandelte die Männer der Praxis des 18. Jahrhunderts, des ersten Jahrhunderts mit einer völlig säkularisierten geistigen Elite, in die Männer der Revolutionen), der war beinahe logisch gezwungen, die Möglichkeit eines hiatus im stetigen Fluß des Zeitablaufs anzunehmen.

Wir erinnern uns an Kants Verlegenheit angesichts eines »Vermögens, eine Reihe von sukzessiven Dingen oder Zuständen von selbst anzufangen«, d. h. eines »*absoluten* Anfangs«, der wegen der unauflöslichen Abfolge des Zeitkontinuums trotzdem immer nur »die Fortsetzung einer vorhergehenden Reihe« ist[127]. Das Wort »Revolution« sollte diese Verlegenheit beheben, als es in den letzten Jahrzehnten des 18. Jahrhunderts anstelle seiner alten astronomischen Bedeutung die eines völlig neuen Ereignisses annahm. In Frankreich führte das sogar zu einer kurzlebigen »Revolution« des Kalenders. Im Oktober 1793 wurde beschlossen, die Ausrufung der Republik sei ein Neubeginn in der menschlichen Geschichte gewesen; da sie im September 1792 stattgefunden hatte, erklärte der neue Kalender den September 1793 zum Beginn des Jahres 2. Dieser Versuch, einen absoluten Anfang in der Zeit festzulegen, mißlang, und wohl nicht nur wegen der starken antichristlichen Tendenz des neuen Kalenders (alle christlichen Festtage einschließlich des Sonntags wurden abgeschafft und eine willkürliche Einteilung des 30 Tage umfassenden Monats in Perioden von 10 Tagen eingeführt; der 10. Tag jeder Dekade trat als Ruhetag an die Stelle des wöchentlichen Sonntags). Dieser Kalender kam um 1805 außer Gebrauch, ein Datum, das selbst dem Fachhistoriker kaum geläufig ist.

Im Falle der amerikanischen Revolution scheint die alte legendäre Vorstellung von einem zeitlichen hiatus zwischen der alten Ordnung und einem neuen Zeitalter viel besser als eine Kalender-»Revolution«

geeignet, die Kluft zwischen einem Zeitkontinuum geordneter Aufeinanderfolge und dem spontanen Beginn von etwas Neuem zu überbrücken. In der Tat könnte man den Aufstieg der Vereinigten Staaten von Amerika als ein historisches Beispiel für die Wahrheit alter Legenden heranziehen, wie eine Bestätigung von Lockes »Im Anfang war die ganze Welt Amerika«. Die Kolonialzeit wäre als die Übergangszeit von der Knechtschaft zur Freiheit zu deuten – als der hiatus zwischen dem Verlassen Englands und der alten Welt und der Errichtung der Freiheit in der neuen Welt.

Die Parallele zu den Legenden ist erstaunlich eng: in beiden Fällen kam die Gründung durch die Taten und Leiden von Heimatlosen zustande. Das gilt sogar für die biblische Geschichte des Exodus; Kanaan, das verheißene Land, ist keineswegs die ursprüngliche Heimat der Juden, sondern »das Land ihrer Wallfahrt, darin sie Fremdlinge gewesen sind« (2. Mose 6,4). Vergil betont das Thema der Heimatlosigkeit noch stärker: Äneas und seine Gefährten wurden »getrieben . . . in ferne Fluchtstätten in wüsten Gegenden«, weinend verließen sie »die Gestade und Häfen . . . da einst Troja war«, als Flüchtlinge »ungewiß, wohin uns das Schicksal verschlagen mag oder wir eine Heimstatt finden« [128].

Die Gründer der amerikanischen Republik kannten alle die römische wie auch die biblische Antike, und vielleicht haben sie aus den alten Legenden den entscheidenden Unterschied zwischen bloßer Befreiung und wirklicher Freiheit genommen, doch nirgends ziehen sie den hiatus als mögliche Erklärungsgrundlage ihres Tuns heran. Dafür gibt es einen einfachen Tatsachengrund: zwar wurde das Land schließlich zu einer »Heimstatt« für viele und Zuflucht für Verbannte, doch sie selbst hatten sich dort nicht als Verbannte, sondern als Kolonisten niedergelassen. Bis zuletzt, als der Konflikt mit England schließlich unvermeidbar wurde, konnten sie ohne Schwierigkeit die politische Oberhoheit des Mutterlandes anerkennen. Sie waren stolz darauf, britische Untertanen zu sein, bis sie schließlich durch den Impuls ihrer Auflehnung gegen eine ungerechte Regierung – »Steuern ohne Repräsentation« – in eine regelrechte »Revolution« hineingeführt waren, eine Veränderung der Regierungsform selbst, und in die Gründung einer Republik, für sie jetzt die einzige angemessene Herrschaftsform im Lande der Freien.

In diesem Augenblick gingen jene, die als Menschen der Praxis angefangen hatten und zu Revolutionären geworden waren, von Vergils großartiger Zeile »Magnus ab integro saeclorum nascitur ordo« (»Die große Ordnung der Zeiten wird in ihrer ursprünglichen Form [wieder]geboren«)[129] über zu dem novus ordo saeclorum (der »neuen Ordnung«), von der man heute noch auf den Dollarnoten liest. Für die Gründer hieß das, daß der große Impuls zur Reform und Wiederherstellung des Gemeinwesens in seiner ursprünglichen Integrität (zur »Neugründung Roms«) zu der völlig unerwarteten und ganz andersartigen Aufgabe geführt hatte, etwas völlig Neues zu schaffen – ein »neues Rom« zu gründen.

Als die Menschen der Praxis, die die Welt verändern wollten, erkannten, daß eine solche Veränderung in Wirklichkeit eine neue Ordnung der Zeiten postulieren, etwas ganz Neues ins Werk setzen könnte, da begannen sie sich in der Geschichte nach Hilfe umzusehen. Sie begannen Gedankendinge wie den »Pentateuch« und die »Äneis« neu zu durchdenken, Gründungslegenden, die ihnen vielleicht sagen konnten, wie sie das Problem des Anfangs lösen könnten – und es war ein Problem, weil ja in der Natur des Anfangens etwas völlig Willkürliches liegt. Erst jetzt standen sie vor dem Abgrund der Freiheit und wußten, daß alles, was sie jetzt tun würden, auch ungetan bleiben könnte, sahen aber auch völlig klar, daß etwas Getanes nicht ungeschehen gemacht werden kann, daß die Erinnerung der Menschen die Geschichte auch nach Reue und Zerstörung noch erzählen wird.

Das gilt nur für die Sphäre des Handelns, des »viele-in-einem der Menschen«[130], also für Gemeinwesen, in denen das »Wir« seine angemessene Gestalt für die Reise durch die historische Zeit gefunden hat. Die Gründungslegenden bezeichnen mit ihrem hiatus zwischen Befreiung und der Schaffung von Freiheit das Problem, lösen es aber nicht. Sie weisen auf den *Abgrund* des Nichts, der sich vor jeder Tat öffnet, die weder anhand einer verläßlichen Kausalkette noch mittels der Aristotelischen Kategorien der Möglichkeit und Wirklichkeit erklärbar ist. Im normalen Zeitkontinuum wird jede Wirkung alsbald zu einer Ursache weiterer Entwicklungen, doch wenn die Kausalkette unterbrochen ist – so nach der Befreiung, die zwar conditio sine qua non der Freiheit sein kann, aber nie die conditio per quam ist, die die Freiheit herbeiführt –, gibt es nichts mehr, woran sich der »Anfänger« halten könnte. Der Gedanke eines absoluten Anfangs – creatio ex nihilo – schaltet den Zeitablauf ebenso aus wie der Gedanke eines absoluten Endes, der nun mit Recht als das »Denken des Undenkbaren« bezeichnet wird.

Wir kennen die jüdische Lösung dieses Dilemmas. Sie nimmt einen

Schöpfergott an, der zusammen mit der Welt die Zeit schafft und als Gesetzgeber außerhalb seiner Schöpfung und außerhalb der Zeit bleibt als der Eine, »der ist, der er ist« (»Jehova« heißt wörtlich »ich bin, der ich bin«) »von Ewigkeit zu Ewigkeit«. Dieser Begriff der Ewigkeit, den ein zeitliches Wesen gebildet hat, ist das absolutum der Zeitlichkeit. Es ist das, was von der Zeit bleibt, wenn sie absolut, »abgelöst« – von ihrer Relativität befreit – ist, Zeit, wie sie einem äußeren Beobachter erschiene, der ihren Gesetzen nicht unterworfen ist und wegen seines Einsseins definitionsgemäß in keinen Beziehungen steht. In dem Maße, wie sich das Weltall und alles in ihm auf die Sphäre dieses absoluten Einsseins zurückführen läßt, wurzelt dieses in etwas, das vielleicht dem Denken zeitlicher Menschen nicht zugänglich ist, aber doch eine Art eigener Logik besitzt: es kann das existentiell Unerklärliche *erklären*, logisch verständlich machen. Und das Bedürfnis nach Erklärung ist nirgends stärker als angesichts eines zusammenhanglosen neuen Ereignisses, das in das Kontinuum, die Abfolge der chronologischen Zeit einbricht.

Das dürfte der Grund dafür sein, daß Menschen, die viel zu »aufgeklärt« waren, um noch an den jüdisch-christlichen Schöpfergott zu glauben, mit seltener Einmütigkeit zu einer pseudoreligiösen Sprache griffen, wenn sie sich mit dem Problem der Gründung als des Beginns einer »neuen Ordnung der Zeiten« auseinanderzusetzen hatten. Da ist die »Anrufung Gottes im Himmel«, die Locke allen als notwendig empfahl, die sich in das Neue eines aus dem »Naturzustand« hervorgehenden Gemeinwesens stürzten; da sind Jeffersons »Gesetze der Natur und der Gott der Natur«, John Adams' »großer Gesetzgeber des Weltalls«, Robespierres »unsterblicher Gesetzgeber«, sein Kult des »höchsten Wesens«.

Diese Erklärungen geschehen eindeutig durch Analogie: genau wie Gott »im Anfang Himmel und Erde schuf« und außerhalb seiner Schöpfung und ihr vorgeordnet blieb, so schafft der menschliche Gesetzgeber – der Gott zum Bilde geschaffen ist und es deshalb Gott nachtun kann – bei der *Grundlegung* eines menschlichen Gemeinwesens die Bedingungen für alles künftige politische Leben und alle historische Entwicklung.

Natürlich wußten weder die Griechen noch die Römer etwas von einem Schöpfergott, dessen beziehungs-loses Einssein als beispielhaftes Sinnbild für einen absoluten Anfang dienen konnte. Doch zumindest die Römer, die ihre Geschichte mit der Gründung der Stadt im Jahre 753 v. Chr. beginnen ließen, scheinen gewußt zu haben, daß dieses Unterfangen ohne ein überweltliches Prinzip gar nicht möglich ist. Sonst hätte Cicero nicht sagen können: »Nirgends kommen menschliche Fähigkeiten so nahe an die Wege der Götter heran wie bei der Gründung neuer und der Erhaltung schon bestehender Gemeinwesen.«[131] Für Cicero wie für die Griechen, von denen seine Philosophie herstammte, waren die Gründer keine Götter, aber göttliche Menschen, und die Größe ihres Tuns bestand darin, daß sie ein Gesetz aufgestellt hatten, das zur Quelle der Autorität wurde, ein unveränderlicher Maßstab, an dem alle positiven Gesetze und Verordnungen der Menschen gemessen werden konnten und von dem ihre Legitimität herrührte.

Das Zurückgehen auf religiöse Glaubensinhalte mitten im Zeitalter der Aufklärung hätte vielleicht genügt, wenn es nur um die Autorität eines neuen Gesetzes gegangen wäre; und es überrascht in der Tat, daß in den Verfassungen sämtlicher Staaten der USA ausdrücklich von »jenseitigen Belohnungen und Strafen« die Rede ist, während sich in der Unabhängigkeitserklärung oder in der Verfassung der Vereinigten Staaten keinerlei Anspielung auf ein Jenseits findet. Die Gründe für diese verzweifelten Versuche, an einem Glauben festzuhalten, der in der Wirklichkeit der damaligen Emanzipation des säkularen Bereichs von der Kirche nicht würde fortbestehen können, waren rein pragmatischer und höchst praktischer Art. In seiner Rede über das höchste Wesen und die Unsterblichkeit der Seele vor dem Nationalkonvent am 7. Mai 1794 fragt Robespierre: »Quel avantage trouves-tu à persuader l'homme qu'une force aveugle préside à ses destins, et frappe au hasard le crime et la vertu?« (»Welchen Vorteil sieht man wohl darin, den Menschen zum Glauben an eine blinde Macht zu überreden, die über seinen Schicksalen waltet und rein zufällig das Verbrechen und die Tugend schlägt?«), und in den »Discourses on Davila« spricht John Adams auf die gleiche merkwürdig rhetorische Art von dem »trostlosesten aller Glaubensbekenntnisse, daß die Menschen nichts als Leuchtkäfer seien und dies *alles* keinen Vater habe . . . [dann wäre] der Mord selber so unerheblich wie das Abschießen eines Vogels, und die Auslöschung des Rohilla-Volkes so unbedenklich wie das Verzehren von Milben mit einem Stück Käse«[132].

Kurz, wir haben hier einen kurzlebigen Versuch der verweltlichten Regierungsgewalt vor uns, nicht den jüdisch-christlichen Glauben, sondern politische Herrschaftsinstrumente in der Hand zu behalten, die die mittelalterlichen Gemeinwesen so wirksam vor der Kriminalität bewahrt hatten. In der Rückschau wirkt es fast wie ein Trick der wenigen Gebildeten, der die vielen davon abhalten soll, ihnen auf dem schlüpfrigen Wege der Aufklärung zu folgen. Jedenfalls ist er völlig mißlungen (zu Beginn unseres Jahrhunderts gab es nur noch wenige, die noch an »jenseitige Belohnungen und Strafen« glaubten), und er dürfte von Anfang an keine Chance gehabt haben. Immerhin hat der Glaubensverlust und mit ihm ein nicht geringes Maß der alten panischen Todesfurcht gewiß zu dem massiven Einbruch der Kriminalität in das politische Leben hochzivilisierter Gesellschaften beigetragen, den unser Jahrhundert gebracht hat. Das Rechtssystem völlig säkularisierter Gemeinwesen ist einer merkwürdigen, aber in der Natur der Sache liegenden Hilflosigkeit ausgesetzt: seine Todesstrafe setzt lediglich einem Schicksal sein – vorgezogenes – Datum, dem alle Sterblichen unterworfen sind.

Jedenfalls gilt: Immer, wenn Menschen der Praxis gemäß der Eigendynamik des Befreiungsvorgangs ernstlich einen völligen Neuanfang vorzubereiten begannen, den novus ordo saeclorum, dann wandten sie sich nicht der Bibel zu (»Im Anfang schuf Gott Himmel und Erde«), sondern durchstöberten die Archive der römischen Antike nach »antiker Weisheit«, die ihnen bei der Gründung einer Republik Anleitung geben sollte, einer Herrschaft »von Gesetzen und nicht von Menschen« (Harrington). Sie brauchten nicht nur Kenntnisse über eine neue Regierungsform, sondern auch Anleitung in der Kunst des Gründens, in der Überwindung der mit jedem Anfang verbundenen Ratlosigkeit. Natürlich waren sie sich der verwirrenden Spontaneität einer freien Handlung durchaus bewußt. Sie wußten, daß eine Handlung nur frei heißen kann, wenn sie durch nichts Vorangegangenes beeinflußt oder verursacht ist, und doch, da sie alsbald zu einer Ursache alles Folgenden wird, einer Rechtfertigung bedarf, die füglich zeigen muß, daß die Handlung die Fortsetzung einer vorangehenden Reihe sei – womit gerade die Erfahrung der Freiheit und des Neuen geleugnet wird.

Die Lehren der römischen Antike in dieser Sache waren nun durchaus beruhigend und tröstlich. Wir wissen nicht, warum sich die Römer im 3. Jahrhundert v. Chr. oder noch früher dazu entschlossen, ihren Ursprung nicht auf Romulus, sondern auf Äneas zurückzuführen, den Trojaner, der »Ilium und seine besiegten Hausgötter nach Italien« gebracht hatte und so »der Stammvater des Römervolkes« wurde. Doch es ist unverkennbar, daß diese Tatsache nicht nur für Vergil und seine Zeitgenossen unter Augustus von großer Bedeutung war, sondern für alle, die seit Machiavelli auf die römische Antike zurückgingen, um zu erfahren, wie die menschlichen Dinge ohne die Hilfe eines transzendenten Gottes ihren Gang nehmen könnten. Die Menschen der Praxis lernten in den Archiven der römischen Antike den ursprünglichen Sinn einer Erscheinung kennen, mit der die abendländische Kultur merkwürdigerweise seit dem Ende des römischen Reiches und dem endgültigen Triumph des Christentums ständig vertraut gewesen war.

Das Phänomen der Wiedergeburt oder Renaissance hatte seit dem 15. und 16. Jahrhundert die kulturelle Entwicklung Europas beherrscht; es war keineswegs neu, sondern es hatte vorher eine ganze Reihe kleinerer Renaissancen am Ende jener wenigen Jahrhunderte gegeben, die tatsächlich »finsteres Mittelalter« gewesen waren, der Zeit zwischen der Plünderung Roms und der Karolingischen Renaissance. Jede dieser Wiedergeburten, die in einer Neubelebung der Gelehrsamkeit bestand und sich auf die römische und in geringerem Maße auf die griechische Antike stützte, hatte nur die recht begrenzten Kreise der gebildeten Elite innerhalb und außerhalb der Klöster verändert und neu belebt. Erst in der Aufklärung – also in einer nun völlig säkularisierten Welt – war die Wiedererweckung der Antike keine Sache der Gelehrsamkeit mehr und diente höchst praktischen politischen Zwecken. Der einzige Vorläufer war hier die einsame Figur Machiavellis.

Das Problem, das die Menschen der Praxis lösen mußten, war die Ratlosigkeit im Zusammenhang mit der *Gründung*, und da für sie das Musterbeispiel einer erfolgreichen Gründung nur Rom sein konnte, war es für sie von höchster Bedeutung, daß selbst die Gründung Roms im eigenen Verständnis der Römer kein absoluter Neuanfang war. Nach Vergil war ihr der Wiederaufstieg Trojas und das Wiedererstehen eines Stadtstaates vorausgegangen. Der Faden der Kontinuität und der Tradition, den das Zeitkontinuum selbst und das Erinnerungsvermögen fordern (das angeborene Vergiß-nicht, das zu einem zeitlichen Wesen ebenso zu gehören scheint wie das Vermögen, Zukunftspläne zu schmieden), ist nie abgerissen. So gesehen, war die Gründung Roms die Wiedergeburt Trojas, gewissermaßen die erste aus einer Reihe von Wiedergeburten, die die Geschichte der europäischen Kultur und Zivilisation gestaltet haben.

Man braucht sich nur an Vergils berühmtestes politisches Gedicht zu erinnern, die vierte Ekloge, um zu verstehen, wie lebenswichtig es für die römische Staatsauffassung war, die Gründung als Wiederholung eines Anfangs zu begreifen, der als absoluter immerdar in Geheimnis gehüllt bleibt. Denn wenn in der Regierung des Augustus »der große Zyklus der Perioden neu geboren wird« (so geben alle gängigen modernen Übersetzungen Vergils großartige Zeile »Magnus ab integro saeclorum nascitur ordo« wieder), so gerade deshalb, weil diese »Ordnung der Zeiten« nicht *neu* ist, sondern nur die Wiederkehr von etwas Vorangegangenem. Dem Augustus, der nach der Äneis diese Wiedergeburt einleiten soll, wird sogar verheißen, er werde den Weg noch weiter zurückgehen und »wieder das goldene Zeitalter in Latium errichten, auf den Gefilden, die einst das Reich Saturns waren«, d. h. dem italischen Land vor der Ankunft der Trojaner[133].

Auf jeden Fall ist die in der vierten Ekloge beschworene Ordnung etwas Großes, weil sie auf einen älteren Anfang zurückgeht und von ihm inspiriert ist: »Nun kehrt die Jungfrau zurück, es kehrt zurück das Reich Saturns.« Und doch ist der Weg *zurück*, von der Gegenwart des Dichters her gesehen, ein wahrer Anfang: »Jetzt ist von Himmelshöhen eine neue Generation herabgesandt.«[134] Dieses Gedicht ist ohne Zweifel eine Hymne zum Preise der Geburt eines Kindes und der Heraufkunft einer neuen Generation, einer nova progenies. Es wurde lange mißverstanden als Prophezeiung der Errettung durch einen theos sōtēr, einen göttlichen Heiland, oder zumindest als Ausdruck einer dem Christentum vorangehenden religiösen Sehnsucht. Doch das Gedicht sagt mitnichten die Ankunft eines göttlichen Kindes voraus, sondern es bekräftigt die Göttlichkeit der Geburt als solcher; möchte man ihm einen allgemeinen Sinn abgewinnen, so könnte es nur die Überzeugung des Dichters sein, die Möglichkeit der Errettung der Welt liege in nichts anderem als darin, daß die Menschheit sich fortwährend neu bilde. Doch das wird nicht ausdrücklich gesagt; der Dichter meint nur, jedes in die Kontinuität der römischen Geschichte hineingeborene Kind müsse »den Ruhm der Helden und die Taten der Väter« lernen (»heroum laudes et facta parentis«), um zu dem fähig zu sein, was von allen römischen Knaben erwartet wurde – beizutragen, »die Welt zu regieren, der die Tugenden der Väter den Frieden gebracht haben«[135].

In unserem Zusammenhang kommt es darauf an, daß der Begriff der Gründung, des Zählens der Zeit »ab urbe condita« ganz im Mittelpunkt der römischen Geschichtsschreibung steht, und mit ihm die nicht weniger ur-römische Vorstellung, daß alle solchen Gründungen – die ausschließlich in der Sphäre der menschlichen Verhältnisse stattfinden, wo die Menschen eine Geschichte ins Werk setzen, die erzählt, erinnert und bewahrt werden soll – Wieder-Gründungen und Wieder-Herstellungen sind, keine absoluten Anfänge.

Das wird ganz deutlich bei der Lektüre von Vergils »Äneis« – der Geschichte von der Gründung der Stadt Rom – im Verein mit den »Georgica«, den vier Gedichten zum Preise des Ackerbaus, der »Kultur der Felder und Herden und Bäume«, und der »stillen Erde« in der Obhut der »immer wiederkehrenden Arbeit des Landmanns, [der] so, wie das Jahr in sich selbst zurückkehrt, wieder seine gewohnte Furche geht«: »sie ruht in sich und überdauert vieler Kinder Kinder, sie sieht viele Generationen von Menschen an sich vorbeiziehen«; wer dort lebt, »wer die Götter des Landes kennt, Pan und den alten Silvanus und die Nymphenschwestern« und seiner Liebe zu »Strom und Wald« treu bleibt, der »ist dem Ruhm gestorben«. »Ihn bewegt nicht die Macht des Volkes und der Purpur der Könige . . . nicht der römische Staat und nicht vergängliche Reiche; kein Mitleid mit den Armen und kein Neid auf die Reichen bereitet ihm Schmerz. Welche Früchte die . . . lieblichen Gefilde aus eigenem freien Willen tragen, die pflückt er, und er hat kein Auge für das Schwert der Gerechtigkeit oder den tobenden Marktplatz und die Geschichte des Volkes.« Dieses Leben »in heiliger Reinheit« war »das Leben des goldenen Saturn auf Erden«, und der einzige Mangel an dieser Welt voller Wunder und eines Überflusses an Pflanzen und Tieren war der: »Es ist kein *Sagen* der vielen Arten oder ihrer Namen, und wahrlich wäre es unnütz; wer es aber wissen will, der möge . . . auch in Erfahrung bringen, wieviele Sandkörner im Westwind über die Ebenen Libyens wirbeln, oder er möge zählen . . . wieviele Wellen über das Ionische Meer ans Ufer kommen.«

Die da vom Ursprung dieser vorrömischen und vortrojanischen Welt singen, deren in sich kreisende Jahre keine Geschichten hervorbringen, die erzählenswert wären, aber alle Wunder der Natur, die den Menschen ewig entzücken – jene, die bei Vergil »das Reich Saturns« preisen und die Schöpfungsmythen (in der sechsten Ekloge oder im ersten Buch der »Äneis«) –, die singen von einem Märchenland und sind selbst Randfiguren. Didos »langhaariger« Sänger und Silenus, »seine Adern geschwollen wie immer vom gestrigen Weine«, unterhalten ein jugendliches, verspieltes Publikum mit alten Geschichten vom »wandernden Mond und der Sonne Reise; von wo kommt das Menschengeschlecht und das der Tiere, kommt Wasser und Feuer«, »und wie in der ungeheuren Leere die Keime von Erde und Luft und Meer und auch des beweglichen Feuers sich sammelten, und wie aus alledem die Dinge entstanden und die junge Weltkugel zusammenwuchs«.

Jedoch – und das ist entscheidend – dieses utopische Märchenland außerhalb der Geschichte ist unvergänglich und hält sich in der Unzerstörbarkeit der Natur; Bauern und Hirten, die die Felder und Herden besorgen, bezeugen inmitten der römisch-trojanischen Geschichte eine italische Vergangenheit, da die Bewohner »Saturns Volk waren, von keinen Gesetzen an die Gerechtigkeit gefesselt, aufrecht nach ihrem eigenen freien Willen und dem Herkommen des Gottes«[136]. Damals hatte kein römischer Ehrgeiz die Aufgabe, »die Völker zu regieren und das Gesetz des Friedens zu geben« (»regere imperio populos . . . pacisque imponere morem«), und keine römische Moral war nötig, um »die Besiegten zu schonen und die Hochmütigen zu stürzen« (»parcere subiectis et debellare superbos«).

Ich habe mich aus mehreren Gründen ziemlich ausführlich mit den Gedichten Vergils beschäftigt. Fassen wir zusammen: Als die Menschen aus der Obhut der Kirche heraustraten, wandten sie sich der Antike zu, und ihre ersten Schritte in einer säkularisierten Welt waren von einer Wiedergeburt der antiken Gelehrsamkeit geleitet. Angesichts des Rätsels der Gründung – wie soll man die Zeit in einem unerbittlichen Zeitkontinuum neu in Gang setzen? – wandten sie sich naheliegenderweise der Geschichte von der Gründung Roms zu und erfuhren von Vergil, daß dieser Anfangspunkt der abendländischen Geschichte bereits eine Wiedergeburt gewesen war, das Wiedererstehen Trojas. Das konnte für sie nur bedeuten, daß die Hoffnung auf die Gründung eines »neuen Roms« eine Illusion sei: bestenfalls konnten sie hoffen, die ursprüngliche Gründung zu wiederholen und »Rom neu zu gründen«. Alles jener ersten Gründung Vorausgehende, selber das Wiedererstehen einer bestimmten Vergangenheit, lag außerhalb der Geschichte, es war Natur, deren zyklische Ewigkeit eine Zuflucht vor dem Vorwärtsdrängen der Zeit bieten mochte, vor der vertikalen, geradlinigen Richtung der Geschichte, – einen Ort der Muße, des otium –, wenn die Menschen der Geschäfte (des necotium, der Nicht-Muße, wie das Wort schon besagt) der Bürgerexistenz müde waren; doch dessen eigener Ursprung war nicht von Interesse, weil er nicht im Bereich des Handelns lag.

Natürlich liegt etwas Verwirrendes darin, daß Menschen der Praxis, deren einzige Absicht die Veränderung der gesamten Struktur der zukünftigen Welt und die Schaffung eines novus ordo saeclorum war, auf diese ferne Vergangenheit der Antike zurückgehen mußten, denn sie kehrten nicht »bewußt die Zeitachse um und [sagten] der Jugend nicht, sie solle ›in das klare Licht der Vergangenheit zurückkehren‹ (Petrarca), weil die klassische Vergangenheit die *wahre* Zukunft sei«[137]. Sie suchten ein Beispiel für eine neue Regierungsform in ihrer eigenen »aufgeklärten« Zeit und waren sich kaum dessen bewußt, daß sie rückwärts blickten. Für verwirrender, als daß sie tatsächlich die Archive der Antike durchstöberten, halte ich, daß sie sich nicht gegen die Antike auflehnten, als sie entdeckten, daß die endgültige und gewiß zutiefst römische Antwort der »antiken Weisheit« lautete, die Rettung komme stets von der Vergangenheit, die Vorfahren seien »maiores«, also definitionsgemäß die Größeren.

Daneben ist merkwürdig, daß die Vorstellung, die Zukunft – und zwar eine Zukunft, die das endgültige Heil in sich trägt – bringe eine Art ursprünglichen goldenen Zeitalters wieder, zu einer Zeit Anklang fand, als der Fortschritt zum Leitbegriff der Erklärung des Geschichtsablaufs geworden war. Und das überraschendste Beispiel für die Lebenskraft dieses uralten Traumes ist natürlich Marxens Phantasie eines klassenlosen und konfliktfreien »Reiches der Freiheit«, wie es im »Urkommunismus« vorgezeichnet gewesen sei, eines Reiches, das der Urherrschaft Saturns über Italien mehr als nur oberflächlich ähnelt, als keine Gesetze die Menschen »an die Gerechtigkeit fesselten«. In seiner ursprünglichen antiken Form als Beginn der Geschichte ist das goldene Zeitalter ein melancholischer Gedanke; er wirkt, als hätten vor Jahrtausenden unsere Vorfahren eine Vorahnung der schließlichen Entdeckung des Entropiegrundsatzes in der Mitte des fortschrittstrunkenen 19. Jahrhunderts gehabt – welche Entdeckung, wenn sie nicht angezweifelt worden wäre, das Handeln jeden Sinnes beraubt hätte[138]. Daß der Entropiegrundsatz für die Revolutionäre des 19. und 20. Jahrhunderts tatsächlich irrelevant wurde, das lag weniger an Engels' »wissenschaftlicher« Widerlegung als an Marxens – und natürlich auch Nietzsches – Hinwendung zu einem zyklischen Zeitbegriff, wo die prähistorische Unschuld des Anfangs schließlich wiederkehren würde, nicht weniger triumphierend als die Wiederkehr des Herrn.

Doch das ist hier nicht unser Problem. Als wir uns den Menschen der Praxis in der Hoffnung zuwandten, bei ihnen eine Freiheitsvorstellung zu finden, die frei wäre von den Wirrungen der Reflexivität der Geistestätigkeiten – der unaufhebbaren Rückwirkung des wollenden Ichs auf sich selbst –, da ging die Hoffnung weiter als das schließliche Ergebnis. Der Abgrund der reinen Spontaneität, der in den Gründungslegenden durch den hiatus zwischen Befreiung und Schaffung der Freiheit überbrückt wird, wurde durch den Kunstgriff verdeckt, das *Neue* als verbesserte Neuauflage des Alten zu begreifen – was typisch für die abendländische Tradition ist, die einzige, in der die Freiheit stets die raison d'être aller Politik gewesen ist. In ihrer ursprünglichen Integrität lebte die Freiheit in der politischen Theorie – d. h. der Theorie, die dem politischen Handeln dienen soll – lediglich in utopischen und grundlosen Versprechen eines endgültigen »Reiches der Freiheit« fort, das, mindestens in seiner marxistischen Form, in der Tat »das Ende aller Dinge« bedeuten würde, ein ewiger Friede, in dem alle spezifisch menschlichen Tätigkeiten zum Erliegen kämen.

Ein solches Ergebnis ist zweifellos unbefriedigend, doch ich kenne nur eine ansatzhafte Alternative dazu in der gesamten Geschichte des politischen Denkens. Wenn, wie Hegel meinte, die Aufgabe des Philosophen darin besteht, die ungreifbarste aller Erscheinungen, den Geist eines Zeitalters, im Netz der Vernunftbegriffe einzufangen, dann war Augustinus, jener christliche Philosoph des 5. Jahrhunderts n. Chr., der einzige Philosoph, den die Römer je hatten. Er war Römer der Erziehung und nicht der Geburt nach, und seine Gelehrsamkeit ließ ihn auf die klassischen Texte des republikanischen Roms des ersten Jahrhunderts v. Chr. zurückgehen, die schon damals nur noch für den Gelehrten lebendig waren. In seinem großen Werk »Der Gottesstaat« erwähnt er, führt aber nicht aus, was zur ontologischen Grundlage einer wahrhaft römischen oder Vergilischen Philosophie der Politik hätte werden können. Er sagt, wie wir schon wissen, Gott habe den Menschen als zeitliches Wesen, als homo temporalis geschaffen; Zeit und Menschen seien miteinander geschaffen worden, und diese Zeitlichkeit sei dadurch bekräftigt worden, daß der einzelne Mensch sein Leben nicht einfach der Vermehrung der Art verdanke, sondern der Geburt, dem Eintritt eines neuen Geschöpfs, das mitten im Zeitkontinuum der Welt *als* etwas völlig Neues erscheine. Der Zweck der Erschaffung des Menschen sei gewesen, einen *Anfang* möglich zu machen: »Auf daß ein Anfang sei, ward der Mensch geschaffen, vor welchem niemand war« – »Initium . . . ergo ut esset, creatus est homo, ante quem nullus fuit«[139]. Die ganze Fähigkeit zum Anfangen wurzelt im *Geborensein* und gar nicht in der Kreativität, nicht in einer Gabe, sondern in der Tatsache, daß Menschenwesen, neue Menschen, wieder und wieder durch die Geburt in der Welt erscheinen.

Ich sehe durchaus, daß das Argument auch in der Augustinischen Fassung etwas dunkel ist, daß es nur dies zu besagen scheint, wir seien zur Freiheit *verurteilt*, indem wir geboren seien, ob wir nun die Freiheit lieben oder ihre Willkür verabscheuen, ob sie uns »paßt« oder wir uns lieber ihrer furchtbaren Verantwortung entziehen, indem wir uns einer Form des Fatalismus zuwenden. Dieser tote Punkt, wenn es einer ist, läßt sich einzig mittels eines weiteren geistigen Vermögens überwinden, nicht weniger geheimnisvoll als das Vermögen zum Beginnen: der Urteilskraft, deren Analyse uns mindestens lehren könnte, was es mit unserem Gefallen und Mißfallen auf sich hat.

Anhang: Das Urteilen Auszüge aus Vorlesungen über Kants politische Philosophie

... Wir wissen durch Kants eigenes Zeugnis, daß der Wendepunkt seines Lebens die Entdeckung der Erkenntnisvermögen des menschlichen Geistes und ihrer Grenzen (im Jahre 1770) war; an ihrer Ausführung arbeitete er über zehn Jahre, bis er sie in der »Kritik der reinen Vernunft« veröffentlichte. Wir wissen auch aus seinen Briefen, was diese langjährige gewaltige Arbeit für seine anderen Pläne und Ideen bedeutete. Er sagt von diesem »Hauptgegenstand«, er habe wie »ein Damm« alles andere zurückgestaut, was er zu vollenden und zu veröffentlichen gehofft hatte, er habe ihm »wie ein Stein im Wege« gelegen, der erst beseitigt werden mußte, ehe er weiterschreiten konnte ... Vor dem Ereignis von 1770 wollte er die »Metaphysik der Sitten« schreiben und auch alsbald veröffentlichen; es geschah dann fast 30 Jahre später. Doch ursprünglich hatte er als Titel »Kritik des moralischen Geschmacks« vorgesehen. Als sich Kant endlich der dritten »Kritik« zuwandte, nannte er sie zunächst immer noch »Kritik des Geschmacks«. Es geschah also zweierlei: Hinter dem Geschmack, einem Lieblingsthema des ganzen 18. Jahrhunderts, hatte er ein ganz neues menschliches Vermögen entdeckt, die Urteilskraft. Doch gleichzeitig schloß er moralische Aussagen aus ihrem Zuständigkeitsbereich aus. Mit anderen Worten: Über schön und häßlich entscheidet jetzt etwas, was über den Geschmack hinausgeht; doch über die [moralische] Frage von recht und unrecht hat weder der Geschmack noch die Urteilskraft zu entscheiden, sondern allein die Vernunft.

...

Die Bindeglieder zwischen [den] beiden Teilen [der »Kritik der Urteilskraft«] ... hängen enger mit dem Politischen zusammen als mit irgendwelchen Themen in den anderen Kritiken. Die wichtigsten dieser Bindeglieder sind folgende. *Erstens* spricht Kant in keinem der beiden Teile vom Menschen als einem Vernunft- oder einem Erkenntniswesen. Das Wort »Wahrheit« kommt nicht vor. Der erste Teil spricht von den Menschen in der Mehrzahl, . . . von ihrem gesellschaftlichen Leben, der zweite Teil spricht von der Spezies Mensch . . . Der wichtigste Unterschied zwischen der »Kritik der praktischen Vernunft« und der »Kritik der Urteilskraft« besteht darin, daß die moralischen Gesetze der ersteren für alle Vernunftwesen gelten, während die Regeln der letzteren ausdrücklich nur für die Menschen auf der Erde gelten. Und das *zweite* Bindeglied besteht darin, daß die Urteilskraft mit Einzeldingen zu tun hat, die »als solche etwas Kontingentes bezüglich des Allgemeinen« enthalten, das gewöhnlich Gegenstand des Denkens ist. Diese Einzeldinge . . . sind von zweierlei Art; der *erste Teil* der »Kritik der Urteilskraft« handelt von den Urteilsgegenständen im eigentlichen Sinne, etwa wenn man einen Gegenstand »schön« nennt, ohne ihn unter eine allgemeine Kategorie subsumieren zu können. (Wenn man sagt: Was für eine schöne Rose!, dann kommt man zu diesem Urteil nicht so, daß man vorher sagt: Alle Rosen sind schön, diese Blume ist eine Rose, also ist sie schön.) Die andere Art, die im *zweiten Teil* behandelt wird, hängt damit zusammen, daß kein spezielles Naturprodukt aus allgemeinen Ursachen ableitbar ist: »Keinerlei menschliche Vernunft (ja, keine endliche Vernunft von der Art der unseren, wie weit sie sie auch dem Grade nach übertreffen möge) kann hoffen, die Entstehung auch nur eines Grashalms aus bloß mechanischen Ursachen zu verstehen.« (Unter mechanischen Ursachen versteht Kant natürliche Ursachen; das Gegenteil ist »technisch«, d. h. künstlich, zu einem Zweck hergestellt.) Das Schwergewicht liegt hier auf »verstehen«: Wie kann ich verstehen (und nicht bloß erklären), warum es überhaupt Gras gibt und warum diesen bestimmten Grashalm.

. . .

Urteile über Einzelnes – *das* ist schön, das ist häßlich, das ist recht, das ist unrecht – haben keinen Platz in der Kantischen Moralphilosophie. Die Urteilskraft ist nicht die praktische Vernunft; diese denkt und sagt mir, was ich tun soll und was nicht, sie gibt das Gesetz und ist identisch mit dem Willen, und dieser gibt Befehle; er spricht in Imperativen. Das Urteil dagegen entsteht aus »einem bloß betrachtenden Vergnügen oder untätigen Wohlgefallen«. Dieses »Gefühl des betrachtenden Vergnügens heißt Geschmack«, und die »Kritik der Urteilskraft« hieß ursprünglich »Kritik des Geschmacks«. »Wenn die praktische Philosophie überhaupt vom betrachtenden Vergnügen spricht, so nur am Rande, nicht als von einem ihr eigenen Begriffe.«

Klingt das nicht einleuchtend? Wie könnten »betrachtendes Vergnügen und untätiges Wohlgefallen« irgend etwas mit der Praxis zu tun haben? Beweist das nicht eindeutig, daß Kant . . . zu dem Schluß gekommen war, daß sein Interesse für das einzelne und Kontingente der Vergangenheit angehörte und ohnehin mehr am Rande gestanden hatte? Und doch werden wir sehen, daß seine endgültige Auffassung zur Französischen Revolution – die für den alten Kant eine entscheidende Rolle spielte, er erwartete täglich mit Ungeduld die Zeitungen – aus dieser Haltung des bloßen Zuschauers entsprang, der »nicht selbst in diesem Spiele mit verwickelt« ist, sondern ihm nur mit leidenschaftlicher »Teilnehmung dem Wunsche nach« folgt, die . . . aus bloßem »betrachtenden Vergnügen und untätigen Wohlgefallen« entspringt.

. . .

Die »Erweiterung der Denkungsart« spielt in der »Kritik der Urteilskraft« eine entscheidende Rolle. Sie ergibt sich daraus, »daß man sein Urteil an anderer nicht sowohl wirkliche, sondern vielmehr bloß mögliche Urteile hält und sich in die Stelle jedes anderen versetzt«[1]. Das Vermögen, das dies möglich macht, heißt Einbildungskraft. . . . Kritisches Denken ist nur möglich, wenn die Auffassungen aller anderen überprüfbar sind. Kritisches Denken vollzieht man zwar immer noch allein, aber nicht in der Isolation von »allen anderen«. . . . [Mit] Hilfe der Einbildungskraft vergegenwärtigt es die anderen und bewegt sich damit potentiell in einem öffentlichen, nach allen Seiten offenen Raume; mit anderen Worten, es stellt sich auf den Standpunkt des Kantischen Weltbürgers. Mit diesem erweiterten Horizont denken – das heißt, seine Einbildungskraft im Wandern üben . . .

Ich muß hier vor einem sehr verbreiteten und naheliegenden Mißverständnis warnen. Der Witz des kritischen Denkens besteht nicht in einem ungeheuer erweiterten Einfühlungsvermögen, das einen die wirklichen Vorgänge in den Köpfen aller anderen erkennen lassen würde. Denken heißt nach Kants Verständnis der Aufklärung: Selbstdenken, »welches die Maxime einer niemals trägen Vernunft ist. Eine solche Trägheit aber heißt Vorurteil«, und Aufklärung ist zuallererst Befreiung von Vorurteilen. Würde man akzeptieren, was in den Köpfen der Menschen mit einem anderen »Standpunkt« (eigentlich: der Ort, wo man steht, die Verhältnisse, denen man ausgesetzt ist, für jeden einzelnen und jede Klasse oder Gruppe verschieden) als dem eigenen vorgeht, so hieße das nichts anderes als ihre Gedanken passiv hinnehmen, also *ihre* Vorurteile übernehmen anstelle der dem eigenen Standpunkt entsprechenden. Eine »erweiterte Denkungsart« er-

Verlust des gesunden Menschenverstandes geführt hat, abnorme Ergebnisse aus keinem anderen Grunde hervorbringe als dem, daß es sich von jener Erfahrung losgelöst hat, die nur im Verein mit anderen gültig sein und erhärtet werden kann.

Das Überraschendste daran ist, daß der gesunde Menschenverstand, die Fähigkeit, zu urteilen und recht und unrecht zu unterscheiden, auf dem Geschmackssinn beruhen soll. Von unseren fünf Sinnen liefern uns drei eindeutig Gegenstände der Außenwelt und sind damit leicht mitteilbar. Sehen, Hören und Tasten gehen unmittelbar und gewissermaßen objektiv auf Gegenstände; Geruch und Geschmack liefern innere Empfindungen, die völlig privat und unmitteilbar sind; was ich schmecke und rieche, läßt sich überhaupt nicht mit Worten ausdrücken. Es scheint sich um private Sinne per definitionem zu handeln. Außerdem haben die drei objektgerichteten Sinne dies gemeinsam, daß sie darstellen, etwas Abwesendes vergegenwärtigen können; ich kann ein Gebäude, eine Melodie, das Empfinden von Samt erinnern. Dieses Vermögen heißt bei Kant Einbildungskraft – dem Geschmack und Geruch ist es verschlossen. Andererseits sind diese ganz eindeutig die stellungnehmenden Sinne: man kann sich bezüglich des Gesehenen und, wenn auch weniger leicht, bezüglich des Gehörten und Getasteten des Urteils enthalten; doch beim Schmekken und Riechen ist die angenehme oder unangenehme Empfindung unmittelbar gegeben, man kann sich ihr unmöglich entziehen. Und Annehmlichkeit und Unannehmlichkeit wiederum sind etwas völlig Privates. Warum ist dann der Geschmack – nicht erst bei Kant, sondern seit Gracian – zum Vehikel eines geistigen Vermögens, der Urteilskraft, erhoben worden? Und warum sollte die Urteilskraft auf diesem privaten Sinn beruhen, und zwar nicht bloß das kognitive Urteil, das sich auf die Sinne stützt, die uns die Gegenstände liefern, welche wir mit allen Lebewesen mit der gleichen Sinnesausrüstung gemeinsam haben, sondern auch das Urteil über recht und unrecht? Stimmt es nicht, daß man sich über Geschmacksfragen so wenig verständigen kann, daß sich darüber nicht einmal diskutieren läßt – de gustibus non disputandum est?

. . .

. . . Wir nannten Geschmack und Geruch die privatesten der Sinne, diejenigen nämlich, die nicht einen Gegenstand, sondern eine Empfindung liefern, die nicht gegenstandsgebunden und nicht erinnerbar ist. Man kann den Geruch einer Rose oder den Geschmack einer Speise wiedererkennen, wenn man ihn wieder wahrnimmt, aber man kann ihn sich nicht vergegenwärtigen wie jeden Anblick oder jede Melodie, die man einmal wahrgenommen hat . . . Gleichzeitig sahen wir, warum der Geschmack und kein anderer Sinn zum Vehikel der Urteilskraft wurde; nur Geschmack und Geruch sind ihrem Wesen nach stellungnehmend, *und* nur sie sind auf das Einzelne als solches gerichtet: alle Gegenstände, die den objektgerichteten Sinnen gegeben sind, haben gemeinsame Eigenschaften mit anderen Gegenständen; sie sind nichts Einmaliges. Außerdem ist die Annehmlichkeit oder Unannehmlichkeit beim Geschmack und Geruch unabweislich gegeben, und zwar nicht vermittelt durch irgendwelche Gedanken oder Reflexionen. . . . Und die Annehmlichkeit oder Unannehmlichkeit ist fast identisch damit, daß etwas zu mir paßt oder nicht paßt. Der springende Punkt ist, daß ich unmittelbar affiziert bin. Genau aus diesem Grunde kann es hier keine Diskussion über richtig oder falsch geben. . . . Kein Argument kann mich dazu bringen, Austern zu mögen, wenn ich sie eben nicht mag. Mit anderen Worten, das Beunruhigende an den Geschmacksdingen ist, daß sie nicht kommunizierbar sind.

Die Lösung dieser Rätsel läßt sich mit den Namen zweier anderer Vermögen andeuten – der Einbildungskraft und des gesunden Menschenverstands. (1) Die Einbildungskraft . . . verwandelt einen Gegenstand in etwas, womit ich nicht unmittelbar konfrontiert sein muß, sondern was ich in gewissem Sinne verinnerlicht habe, so daß es nun auf mich wirken kann, als wäre es mir durch einen nicht objektgerichteten Sinn gegeben. Kant sagt: »*Schön* ist das, was in der bloßen Beurteilung . . . gefällt.«[19] Das heißt: es kommt nicht darauf an, ob es in der Wahrnehmung gefällt oder nicht gefällt; dies ist das Kriterium des Angenehmen, nicht des Schönen, welches in der Vorstellung gefällt: die Einbildungskraft hat es so zubereitet, daß ich jetzt darüber nachdenken kann: »die Operation der Reflexion«[20]. Nur was einen in der Vorstellung anrührt, wenn es nicht mehr durch seine unmittelbare Gegenwart anrühren kann – wenn man unbeteiligt ist wie der Zuschauer bei den Vorgängen der Französischen Revolution –, nur das läßt sich als recht oder unrecht, wichtig oder unwichtig, schön oder häßlich oder ein Mittelding davon beurteilen. Man spricht dann vom Urteil und nicht mehr vom Geschmack, weil man zwar noch wie von einem Geschmacksding angerührt ist, aber jetzt mittels der Vorstellung die richtige Distanz geschaffen hat, die Ferne oder Unbeteiligtheit oder Uninteressiertheit, die für die Einschätzung, die rechte Bewertung von etwas notwendig ist. Durch das Fernrükken des Gegenstandes ist die Bedingung für die Unparteilichkeit hergestellt.

Und (2) der *gesunde Menschenverstand*: Kant erkannte schon sehr früh, daß es in dem scheinbar privatesten und subjektivsten Sinne etwas Nichtsubjektives gab; diese Erkenntnis drückt sich folgendermaßen aus: Es steht fest, daß Geschmackssachen, daß »das Schöne nur in der *Gesellschaft* interessiert. . . . .Für sich allein würde ein verlassener Mensch auf einer wüsten Insel weder seine Hütte noch sich selbst ausputzen . . . [Der Mensch wird von einem] Objekt nicht befriedigt, wenn er das Wohlgefallen an demselben nicht in Gemeinschaft mit anderen fühlen kann«[21]; demgegenüber verachtet man sich zwar selbst, wenn man falsch spielt, aber man schämt sich nur, wenn man erwischt wird. Oder: In Geschmacksdingen »müssen wir uns gleichsam anderen zu Gefallen entsagen«: Schließlich, ganz radikal: »In Sachen des Geschmacks wird der Egoismus überwunden«, man nimmt Rücksicht, in der ursprünglichen Bedeutung des Wortes. Man muß sich von seinen besonderen subjektiven Verhältnissen um der anderen willen losmachen. Mit anderen Worten, das Nichtsubjektive an den nicht objektgerichteten Sinnen ist die Intersubjektivität. (Man muß allein sein, um zu denken; man braucht Gesellschaft, um ein Essen zu genießen.)

Das Urteil, und vor allem das Geschmacksurteil, denkt immer an die anderen und . . . berücksichtigt ihre möglichen Urteile. Das ist notwendig, weil ich Mensch bin und nicht außerhalb menschlicher Gesellschaft leben kann. . . . Die grundsätzliche Orientierung von Urteil und Geschmack auf die anderen scheint in denkbar größtem Gegensatz zum Wesen, zu der absolut subjektiven Beschaffenheit des Sinnes selbst zu stehen. Daher könnte man meinen, die Urteilskraft werde fälschlich von diesem Sinne hergeleitet. Kant, der sich aller Konsequenzen dieser Herleitung höchst bewußt war, bleibt von ihr überzeugt. Und der einleuchtendste dafür sprechende Gesichtspunkt ist seine völlig richtige Beobachtung, daß das eigentliche Gegenteil des Schönen nicht das Häßliche ist, sondern das, was »*Ekel* erweckt«[22]. Und man vergesse nicht, daß Kant ursprünglich eine »Kritik des moralischen Geschmacks« schreiben wollte . . .

. . . Die Tätigkeit der Einbildungskraft: man beurteilt Gegenstände, die nicht mehr gegenwärtig sind . . . und nicht mehr unmittelbar auf einen wirken. Doch der Gegenstand, der den äußeren Sinnen entrückt ist, wird nun ein Gegenstand für die inneren Sinne. Stellt man sich etwas Abwesendes vor, so verschließt man gewissermaßen jene Sinne, die einem Gegenstände in ihrer Gegenständlichkeit liefern. Der Geschmackssinn ist ein Sinn, mit dem man sich gewissermaßen selbst wahrnimmt, wie mit einem inneren Sinn. . . . Diese Tätigkeit der Einbildungskraft bereitet einen Gegenstand »für die Operation der Reflexion« zu. Und diese Tätigkeit der Reflexion ist das eigentliche Beurteilen.

. . . Wenn man die Augen schließt, wird man zum unparteiischen, nicht unmittelbar betroffenen Zuschauer des Sichtbaren. Der blinde Dichter. Auch dies: Indem man das von den äußeren Sinnen Wahrgenommene zu einem Gegenstand seines inneren Sinnes macht, komprimiert und kondensiert man die Vielfalt des sinnlich Gegebenen und kann nun mit den Augen des Geistes »sehen«, nämlich das Ganze, das dem einzelnen Sinn verleiht . . .

Nun fragt sich: Welches sind die Maßstäbe der Reflexion? . . . Er [der innere Sinn] heißt Geschmack, weil er, wie der Geschmackssinn, *wählt*. Doch diese Wahl unterliegt wiederum einer anderen Wahl: man kann sich positiv oder negativ zu der Tatsache einstelllen, daß einem etwas *gefällt*, man kann sie »billigen oder mißbilligen«. Kant nennt Beispiele: »Die Freude eines dürftigen, aber wohldenkenden Menschen über die Erbschaft von seinem ihn liebenden, aber kargen Vater«; oder umgekehrt, »wie ein tiefer Schmerz dem, der ihn leidet, doch gefallen könne (die Traurigkeit einer Witwe über ihres verdienstvollen Mannes Tod), oder . . . ein Vergnügen obenein noch gefallen könne (wie das an den Wissenschaften, die wir treiben), oder ein Schmerz (z. B. Haß, Neid und Rachgierde) uns noch dazu mißfallen könne«[23]. Alles dieses Billigen und Mißbilligen ist ein Nachher-Denken; während man wissenschaftliche Forschung treibt, spürt man vielleicht undeutlich, daß man darüber glücklich ist, aber erst wenn man später darüber nachdenkt . . ., ist man dieser zusätzlichen »Freude« fähig – der Billigung. Und dabei gefällt nicht mehr der Gegenstand, sondern unser Urteilen. Bezieht man das auf die ganze Natur oder Welt, so kann man sagen: wir freuen uns, daß uns die Natur oder die Welt gefällt. Die Billigung selber gefällt, die Mißbilligung mißfällt. Daher die Frage: Wie entscheidet man zwischen Billigung und Mißbilligung? Ein Kriterium läßt sich vielleicht aus den Beispielen erraten: das der Mitteilbarkeit oder Öffentlichkeit. Man wird nicht gerade übereifrig seine Freude über den Tod seines Vaters kundgeben oder seine Haß- und Neidgefühle; dagegen wird man ohne Hemmungen davon sprechen, daß man gern wissenschaftlich arbeite, und man wird seinen Schmerz über den Tod eines wackeren Gatten nicht verbergen.

Das Kriterium ist die Mitteilbarkeit, und der Maßstab, nach dem man darüber entscheidet, ist der gesunde Menschenverstand.

Über die Mitteilbarkeit einer Empfindung.

Es stimmt, daß die Sinnesempfindung mitteilbar ist, weil man annehmen kann, »daß jedermann einen gleichen Sinn mit dem unsrigen habe; dieses läßt sich aber von einer [einzelnen] Sinnesempfindung schlechterdings nicht voraussetzen«[24]. Diese Empfindungen sind privat, es kommt also kein Urteil ins Spiel: man ist bloß passiv, man reagiert, ist nicht spontan, wie wenn man etwas willentlich sich vorstellt oder darüber nachdenkt.

Am Gegenpol stehen die moralischen Urteile: diese sind nach Kant notwendig; sie werden von der praktischen Vernunft diktiert . . . und selbst wenn sie nicht [mitteilbar] wären, blieben sie gültig.

Drittens gibt es Urteile oder Freude über das Schöne: es »begleitet diese Lust die gemeine Auffassung eines Gegenstandes durch die Einbildungskraft . . . vermittels eines Verfahrens der Urteilskraft, welches sie auch zum Behuf der gemeinen Erfahrung ausüben muß«[25]. Irgendein solches Urteil steckt in jeder unserer Welterfahrungen. Dieses Urteil beruht auf jenem »gemeinen und gesunden Verstande, den man bei jedermann voraussetzen darf«[26]. Wie unterscheidet sich dieser »Gemeinsinn« von den anderen Sinnen, die uns auch gemeinsam sind, die aber trotzdem nicht die Übereinstimmung der Empfindungen gewährleisten?

Der Geschmack als eine Art sensus communis.

Es wird ein anderer Ausdruck eingeführt. Der eine, »Gemeinsinn«, bedeutete einen Sinn wie unsere übrigen Sinne – der gleiche für jeden in all seiner Privatheit. Durch den Übergang zu dem lateinischen Ausdruck zeigt Kant, daß er etwas anderes meint: einen besonderen Sinn – wie ein besonderes geistiges Vermögen, auf Deutsch heißt es ja: Menschen*verstand* –, der uns in eine Gemeinschaft einfügt. »*Der gemeine Menschenverstand*, den man . . . für das Geringste ansieht, dessen man nur immer sich von dem, welcher auf den Namen eines Menschen Anspruch macht, gewärtigen kann.«[27]

Der sensus communis ist der spezifisch menschliche Sinn, weil die Kommunikation, d. h. die Sprache, auf ihm beruht. . . . »Das einzige allgemeine Merkmal der Verrücktheit ist der Verlust des Gemeinsinns (sensus communis) und der dagegen eintretende *logische Eigensinn* (sensus privatus).«[28] . . .

> Unter dem sensus *communis* aber muß man die Idee eines Beurteilungsvermögens verstehen, welches in seiner Reflexion auf die Vorstellungsart jedes anderen in Gedanken (a priori) Rücksicht nimmt, um *gleichsam* an die gesamte Menschenvernunft sein Urteil zu halten . . . Dieses geschieht nun dadurch, daß man sein Urteil an anderer nicht sowohl wirkliche, sondern vielmehr bloß mögliche Urteile hält und sich in die Stelle jedes anderen versetzt, indem man bloß von den Beschränkungen, die unserer eigenen Beurteilung zufälligerweise anhängen, abstrahiert . . . Nun scheint diese Operation der Reflexion vielleicht allzu künstlich zu sein, um sie dem Vermögen, welches wir den *gemeinen* Sinn nennen, beizulegen; allein sie sieht auch nur so aus, wenn man sie in abstrakten Formeln ausdrückt; an sich ist nichts natürlicher, als von Reiz und Rührung zu abstrahieren, wenn man sein Urteil sucht, welches zur allgemeinen Regel dienen soll.[29]

Es folgen die Maximen des sensus communis[30]: Selbstdenken (die Maxime der Aufklärung); sich in Gedanken an die Stelle jedes anderen versetzen (die Maxime der »erweiterten Denkungsart«); und »mit sich selbst einstimmig denken« (die Maxime der Widerspruchsfreiheit).

Das sind keine Fragen der Erkenntnis; die Wahrheit bezwingt, man braucht keine »Maximen«, wie nur in Fragen der Meinung und des Urteils. Und genau wie in moralischen Fragen jemandes Verhaltensmaxime über die Qualität seines Willens Auskunft gibt, so die Urteilsmaximen über die »Denkungsart« in jenen Weltdingen, die dem Gemeinsinn unterliegen.

> So klein auch der Umfang und der Grad sei, wohin die Naturgabe des Menschen reicht, zeigt [es] dennoch einen Mann von *erweiterter Denkungsart* an, wenn er sich über die subjektiven Privatbedingungen des Urteils, wozwischen so viele andere wie eingeklemmt sind, wegsetzen kann und aus einem *allgemeinen Standpunkt* (den er dadurch bestimmen kann, daß er sich in den Standpunkt anderer versetzt) reflektiert.[31]

. . . Der Geschmack ist dieser »gemeinschaftliche Sinn«, und mit Sinn ist hier gemeint »eine Wirkung der bloßen Reflexion auf das Gemüt«[32]. Diese Reflexion wirkt auf mich, als wäre es eine Empfindung. . . . »Man könnte sogar den Geschmack durch das Beurteilungsvermögen desjenigen, was unser Gefühl [Empfindung] an einer gegebenen Vorstellung [nicht Wahrnehmung] ohne Vermittlung eines Begriffs *allgemein mitteilbar* macht, definieren.«[33]

> Wenn man annehmen dürfte, daß die bloße allgemeine Mitteilbarkeit seines Gefühls an sich schon ein Interesse für uns bei sich führen müsse, ... so würde man sich erklären können, woher das Gefühl im Geschmacksurteile gleichsam als Pflicht jedermann zugemutet werde.[34]

... Die Geltung dieser Urteile ist nie diejenige von kognitiven oder wissenschaftlichen Aussagen, die gar keine Urteile im eigentlichen Sinne sind. (Wenn man sagt, der Himmel ist blau, oder zwei und zwei ist vier, dann »urteilt« man nicht; man sagt, was ist, gezwungen durch die Evidenz der Sinne oder des Geistes.) Auf diese Art kann ich nie jemanden zwingen, mit meinen eigenen Urteilen übereinzustimmen – das ist schön, das ist unrecht (doch Kant hält moralische Urteile nicht für das Ergebnis von Reflexion und Einbildungskraft, daher sind sie keine Urteile im strengen Sinne) –, man kann nur um die Zustimmung eines jeden anderen »werben«. Und bei diesem Überredungsunternehmen appelliert man in der Tat an den »gemeinschaftlichen Sinn«. ... Je weniger subjektiv jemandes Sinn, desto besser ist er mitteilbar; wieder ist die Mitteilbarkeit das Kriterium. Unparteilichkeit heißt bei Kant »Uninteressiertheit«, das uninteressierte Wohlgefallen am Schönen[35]. ... Wenn daher in § 41 [der »Kritik der Urteilskraft«] von einem »Interesse am Schönen« die Rede ist, so geht es eigentlich um ein »Interesse« an der Uninteressiertheit. ... Weil man etwas schön nennen kann, hat man »eine *Lust an der Existenz* desselben« – »als worin alles Interesse besteht«[36]. (In einer seiner Reflexionen in den Notizbüchern bemerkt Kant, das Schöne lehre »ohne Eigennutz« lieben.) Und die Besonderheit dieses Interesses besteht darin, daß es »nur in der *Gesellschaft* interessiert«[37].

... Kant betont, daß zumindest eines unserer geistigen Vermögen, die Urteilskraft, die Gegenwart anderer Menschen voraussetze. Und das gilt nicht nur für das, was wir ausdrücklich als »Urteil« bezeichnen; damit zusammen hängt ... gewissermaßen unsere gesamte Seelenapparatur. ... Indem man seine Gefühle mitteilt, seine Freude und uninteressierte Lust, gibt man seine *Entscheidungen* kund und wählt sich seine Gesellschaft. »Ich möchte lieber mit Platon unrecht als mit den Pythagoräern recht haben« [sagt Cicero].

Schließlich: mit je mehr Menschen man kommunizieren kann, desto größer der Wert des Gegenstandes:

> Wenngleich die Lust, die jeder [einzelne] an einem solchen Gegenstande hat, nur unbeträchtlich und für sich ohne merkliches Interesse ist, vergrößert doch die Idee von ihrer allgemeinen Mitteilbarkeit ihren Wert beinahe unendlich.[38]

An diesem Punkt schließt sich die »Kritik der Urteilskraft« zwanglos an Kants Überlegung über eine geeinte Menschheit an, die in ewigem Frieden lebt. . . . Wenn

> ein jeder die Rücksicht auf allgemeine Mitteilung [der Freude, der uninteressierten Lust] von jedermann erwartet und fordert, [dann ist ein Punkt erreicht, als gäbe es] gleichsam eine[n] ursprünglichen Vertrag, der durch die Menschheit selbst diktiert ist.[39]

. . . Vermittels dieser Idee der Menschheit, die in jedem einzelnen Menschen gegenwärtig ist, sind die Menschen erst Menschen, und man kann sie zivilisiert oder human nennen in dem Maße, wie diese Idee zum Grundsatz ihrer Handlungen wie ihrer Urteile wird. An diesem Punkt nun fließen Zuschauer und Akteur zusammen; die Maxime des Akteurs und die Maxime, der »Maßstab«, nach dem der Zuschauer das Schauspiel der Welt beurteilt, werden eins. Der, wenn man so will, kategorische Imperativ für das Handeln könnte lauten: Handle stets nach der Maxime, durch die dieser ursprüngliche Impuls zu einem allgemeinen Gesetz aktualisiert werden kann.

Zum Schluß möchte ich versuchen, einige der Schwierigkeiten zu klären. Die Hauptschwierigkeit bei der Urteilskraft ist die, daß sie »das Vermögen ist, das Besondere als enthalten unter dem Allgemeinen zu denken«[40]; *denken* aber heißt verallgemeinern, somit ist sie das Vermögen, das Besondere und das Allgemeine auf geheimnisvolle Weise zu vereinen. Das ist verhältnismäßig einfach, wenn das Allgemeine gegeben ist – als Regel, als Grundsatz, als Gesetz –, so daß die Urteilskraft lediglich das Besondere darunter subsumiert. Ausgesprochen schwierig aber wird es, wenn »nur das Besondere gegeben ist, wozu sie das Allgemeine finden soll«[41]. Denn der Maßstab läßt sich nicht der Erfahrung entlehnen und nicht aus einem Äußeren ableiten. Ich kann kein einzelnes mittels eines anderen einzelnen beurteilen;

um seinen Wert zu bestimmen, braucht man ein tertium quid oder tertium comparationis, das zu den beiden Einzeldingen in einer Beziehung steht und doch von ihnen verschieden ist. Bei Kant finden sich nun zwei völlig verschiedene Lösungen für diese Schwierigkeit.

Als wirkliches tertium comparationis treten bei Kant zwei Ideen auf, die man bedenken muß, um zu einem Urteil zu kommen: Da ist *einmal* in den politischen Schriften und gelegentlich auch in der »Kritik der Urteilskraft« die Idee eines ursprünglichen Vertrages der Menschheit als ganzer, und davon abgeleitet die Idee der Menschlichkeit, dessen, was die Menschen eigentlich zu Menschen macht, sie, die in dieser Welt leben und sterben, auf dieser Erde, die eine Kugel ist, die sie gemeinsam bewohnen, die ihnen gemeinsam gehört von Generation zu Generation. In der »Kritik der Urteilskraft« findet sich auch die Idee der Zweckmäßigkeit: Jeder Gegenstand, sagt Kant, als Einzelding, das den Grund seiner Wirklichkeit in sich selbst braucht und enthält, hat einen Zweck. Die einzigen Gegenstände, die zweckfrei zu sein scheinen, sind die ästhetischen einerseits und die Menschen andererseits. Man kann nicht fragen: quem ad finem – zu welchem Zweck? –, denn sie sind zu nichts gut. Aber . . . zweckfreie Kunstgegenstände wie auch die anscheinend zwecklose Vielfalt der Natur haben den »Zweck«, den Menschen zu gefallen, sie in der Welt sich zuhause fühlen zu lassen. Das läßt sich niemals beweisen; doch die Zweckhaftigkeit ist eine regulative Idee, die unsere Reflexionen in unseren reflektierenden Urteilen lenken soll.

Sodann Kants zweite und meiner Auffassung nach sehr viel wertvollere Lösung: die *exemplarische Gültigkeit*. (»Beispiele sind der Gängelwagen der Urteilskaft.«[42]) Sehen wir zu, worum es sich handelt: Jedem Einzelding, etwa einem Tisch, ist ein Begriff zugeordnet, anhand dessen wir den Tisch als Tisch erkennen. Man kann sich darunter eine Platonische »Idee« oder ein Kantisches Schema vorstellen: man hat vor seinem geistigen Auge eine schematische oder bloß *formale Tischgestalt*, mit der jeder Tisch irgendwie übereinstimmen muß. Oder man geht umgekehrt von den vielen Tischen aus, die man in seinem Leben gesehen hat, nimmt ihnen alle sekundären Qualitäten, und es bleibt ein Tisch im allgemeinen, der die allen Tischen gemeinsamen Minimaleigenschaften enthält: *der abstrakte Tisch*. Es gibt noch eine weitere Möglichkeit, und die kommt bei Urteilen zur Geltung, die [ja] keine Erkenntnisse sind: Man stößt auf oder denkt an einen Tisch, den man für den besten möglichen hält, und ihn nimmt man als Beispiel dafür, wie Tische eigentlich sein sollten – *der exemplarische Tisch*. (Das Wort kommt von »eximere«, etwas einzelnes herausgreifen.) Dieser ist und bleibt ein Einzelding, das gerade in seiner Einzigkeit das Allgemeine erkennen läßt, das anders nicht bestimmbar wäre. Mut ist: wie Achilles sein. Usw.

Wir sprechen hier von der Partikularität des Akteurs, der hineinverwickelt ist und deshalb nie die Bedeutung des Ganzen sieht. . . . Für das Schöne oder für jede beliebige Tat an sich gilt das nicht. Das Schöne ist nach Kant ein Zweck an sich selbst, weil sein ganzer Sinn in ihm selbst enthalten ist, ohne Bezug zu anderem, gewissermaßen ohne Brücken zu anderen schönen Gegenständen. Bei Kant selbst liegt hier ein Widerspruch vor: Unbeschränkter Fortschritt ist das Gesetz der Menschheit; gleichzeitig verlangt die Würde des Menschen, daß jeder einzelne gesehen werde . . . in seiner Partikularität, die als solche, aber unabhängig von jedem Vergleich und von der Zeit, die Menschheit im allgemeinen widerspiegelt. Mit anderen Worten, gerade die Idee des Fortschritts – wenn dieser mehr sein soll als eine bloße Veränderung der Verhältnisse und eine Verbesserung der Welt – widerspricht dem Kantischen Begriff der Menschenwürde.

Nachwort der Herausgeberin

Hannah Arendt starb plötzlich am 4. Dezember 1975. Es war ein Donnerstagabend; sie hatte Freunde zu Gast. Am vorhergehenden Samstag hatte sie den zweiten Band von »Vom Leben des Geistes« beendet: »Das Wollen«. Ihr vorhergehendes Buch »Vita activa« hatte die drei Hauptteile »Arbeit«, »Herstellen«, »Handeln« gehabt; ähnlich sollte »Vom Leben des Geistes« die drei Teile »Denken«, »Wollen« und »Urteilen« haben, was für sie die drei Grundfunktionen des geistigen Lebens waren. Natürlich war die mittelalterliche Unterscheidung zwischen dem aktiven Leben des Menschen in der Welt und der einsamen vita contemplativa ihrem Denken gegenwärtig, doch das, was in ihr dachte, wollte und urteilte, war nichts Kontemplatives, mönchisch Abgeschiedenes, sondern es war Jedermann, der nur seine spezifisch menschliche Fähigkeit gebrauchte, sich von Zeit zu Zeit in die unsichtbare Region des Geistes zurückzuziehen.

Ob das Leben des Geistes höher stehe als das sogenannte tätige Leben (wie es die Auffassung der Antike und des Mittelalters gewesen war), darüber hat sie nie ein Wort verloren. Doch man darf wohl sagen, daß die letzten Jahre ihres Lebens diesem Werk geweiht waren, das sie als eine Aufgabe betrachtete, die ihr als einem unermüdlich denkenden Wesen einfach zufiel – als die höchste, zu der sie je aufgerufen war. Mitten in ihren vielfältigen Lehr- und Vortragsverpflichtungen, ihrer Mitwirkung in verschiedenen Diskussionsrunden und Beratungsgremien (sie hielt sich ständig der vita activa des Bürgers und Menschen des öffentlichen Lebens zur Verfügung, wenn auch selten aus eigenem Willen) blieb sie vertieft in »Vom Leben des Geistes«, als würde sie mit dessen Vollendung nicht so sehr eine Verpflichtung erfüllen – das klänge zu lastend – als einen Vertrag erfüllen, den sie geschlossen hatte. Alle Wege, auch die nebensächlichsten, auf die sie durch Zufall oder Absicht in ihrer täglichen und beruflichen Existenz geführt wurde, führten dahin zurück.

Als sie im Juni 1972 eingeladen wurde, die Gifford Lectures an der University in Aberdeen zu halten, da nahm sie das als Gelegenheit zu einer Art Erprobung der bereits in Arbeit befindlichen Bände. Die Gifford Lectures lieferten auch einen Anstoß. Sie waren 1885 von Adam Gifford gestiftet worden, einem führenden schottischen Richter und Mitglied des Oberhauses, »um in den vier Städten Edinburgh, Glasgow, Aberdeen und St. Andrews . . . einen Lehrstuhl . . . der natürlichen Theologie im weitesten Sinne einzurichten«; sie wurden unter anderem von Josiah Royce, William James, Bergson, J. G. Frazer, Whitehead, Eddington, John Dewey, Werner Jaeger, Karl Barth, Etienne Gilson, Gabriel Marcel gehalten – eine Ehrenliste, auf die sie sich nicht ohne Stolz gesetzt sah. Wenn sie sonst abergläubisch war, so muß sie auch hier ein Vorzeichen gesehen haben: James' »The Varieties of Religious Experience«, Whiteheads »Process and Reality«, Deweys »The Quest for Certainty«, Marcels »Le mystère de l'être«, Gilsons »L'esprit de la philosophie médiévale« hatten das Licht der Welt als Gifford-Vorlesungen erblickt . . . Nachdem sie die Einladung angenommen hatte, erlegte sie sich wohl strengere Arbeit auf, als nötig gewesen wäre, um ihre Vorlesung rechtzeitig fertig zu bekommen; sie hielt den ersten Teil über das Denken im Frühjahr 1973. Im Frühjahr 1974 begann sie den zweiten Teil über das Wollen, mußte aber wegen eines Herzanfalls nach der ersten Vorlesung abbrechen. Sie wollte das Programm im Frühjahr 1976 zu Ende bringen; inzwischen hatte sie den größten Teil der Bände über das Denken und das Wollen im Rahmen ihres Unterrichts an der New School of Social Research in New York vorgetragen. Über die Urteilskraft hatte sie noch nichts niedergeschrieben, aber sie hatte darüber an der University of Chicago und der New School in Lehrveranstaltungen über Kants politische Philosophie vorgetragen. Nach ihrem Tode fand man ein Blatt Papier in ihrer Schreibmaschine, auf dem lediglich die Überschrift »Die Urteilskraft« und zwei Mottos standen. Irgendwann zwischen dem Samstag, an dem sie »Das Wollen« beendet hatte, und dem Donnerstag ihres Todes muß sie den letzten Teil in Angriff genommen haben.

Sie hatte ein zweibändiges Werk geplant. Der Abschnitt über das Denken, der längste, sollte den ersten Band einnehmen, die Abschnitte über das Wollen und das Urteilen sollten den zweiten Band bilden. Freunden gegenüber äußerte sie, sie rechne darauf, daß der Abschnitt über die Urteilskraft wesentlich kürzer werde als die beiden anderen. Sie pflegte auch zu sagen, von ihm erwarte sie, daß er ihr am leichtesten fallen werde. Der schwierigste war der über den Willen gewesen. Der Grund dafür, warum sie mit einem kurzen Abschnitt über die Urteilskraft rechnete, war der Mangel an Quellenmaterial: erst Kant hatte über dieses Vermögen geschrieben, das vor ihm von den Philosophen nicht bemerkt worden war, außer in der Ästhetik, wo es als Geschmack bezeichnet wurde. Und daß die Sache ihr leicht fallen würde, damit rechnete sie zweifellos deshalb, weil ihre Vorlesungen über die politische Philosophie Kants mit ihrer sorgfältigen Analyse der »Kritik der Urteilskraft« das Gebiet schon recht gut aufbereitet hatten. Doch man kann sich gut vorstellen, daß die Urteilskraft am Ende doch einen eigenen Band in Anspruch genommen hätte. Um nun jedenfalls dem Leser eine gewisse Vorstellung davon zu vermitteln, was der letzte Abschnitt gebracht hätte, haben wir dem zweiten Band einen Anhang beigefügt, der Auszüge aus ihren Vorlesungen enthält. Abgesehen von einem nicht wiedergegebenen Seminarbeitrag über die Einbildungskraft, der kurz auf deren Rolle beim Urteilen eingeht, ist das alles, was uns von ihren Gedanken zu diesem Thema geblieben ist. (Etwas könnte sich freilich noch aus ihrem Briefwechsel ergeben, wenn dieser aufgearbeitet ist.) Traurig, daß es nicht mehr ist; jeder, der ihren Geist kannte, wird sicher sein, daß der Inhalt jenes Anhangs keineswegs alle Ideen erfaßt, die ihr schon im Kopf herumgegangen sein müssen, als sie das Blatt in ihre Schreibmaschine einspannte.

Zur Herausgeberarbeit. Soweit mir bekannt ist, wurden alle Bücher und Aufsätze Hannah Arendts vor dem Druck überarbeitet. Naheliegenderweise jedenfalls die auf Englisch erschienenen. Das geschah in den Verlagen, seitens der Zeitschriftenherausgeber (William Shawn bei »The New Yorker«, Robert Silvers bei »The New York Review of Books«, Philip Rahv seinerzeit bei »Partisan Review«) und auch durch Freunde. Manchmal waren mehrere in Unkenntnis voneinander an ihren Manuskripten tätig, mit ihrer Zustimmung und gewöhnlich, aber nicht immer, gemeinsam mit ihr; wenn sie die Erfahrung gemacht hatte, daß sie sich auf jemanden verlassen konnte, so ließ sie ihm gern freie Hand mit dem Rotstift. Das nannte sie süßsauer ihre »Einenglischung«. Als Emigrantin im Alter von mehr als 35 Jahren hatte sie Englisch zu schreiben begonnen, und auch mündlich fühlte sie sich darin nie so sicher wie einst im Französischen. Sie rieb sich an unserer Sprache und ihren ehrfurchtgebietenden, geheimnisvollen Regeln. Sie hatte zwar eine natürliche Begabung zum beredten, eindrucksvollen, manchmal beißenden Ausdruck, die sich auch in der

Sioux-Sprache oder im Sanskrit geäußert hätte, doch sie bildete nach deutscher Art lange, lange Sätze, die aufgeflochten oder in zwei oder drei Sätze zerlegt werden mußten. Und wie jeder, der eine fremde Sprache schreibt oder spricht, hatte sie Schwierigkeiten mit den Verhältniswörtern. Und mit dem, was Fowler »gußeiserne Redensarten« nannte. Und damit, den passendsten Ort für die Umstandswörter zu finden; dafür gibt es im Englischen keine Regeln – nur ein ungeschriebenes Gesetz, das dem Fremden tyrannisch und bedrohlich erscheint, weil es auch ganz unversehens übertreten werden kann. Außerdem war sie ungeduldig. Sie bildete nicht nur deshalb schwerfällige Sätze, weil ihre Muttersprache das Deutsche war mit seiner Vorliebe für lange Ketten von Satzteilen und Nebensätzen, die den Weg zum sehnlichst erwarteten Zeitwort so beschwerlich machen, sondern auch deshalb, weil sie zu viel in einen Satz hineinpacken wollte. Die Mischung von Eile und Großzügigkeit war sehr kennzeichnend für sie.

Jedenfalls wurde sie überarbeitet. Ich habe zusammen mit ihr mehrere ihrer Texte überarbeitet, manchmal, nachdem schon ein anderer Bearbeiter, Amateur oder Profi, am Werke gewesen war. Eines Sommers beschäftigten wir uns gemeinsam mit »On Violence« im Café Flore, und dann nahm ich den Text mit nach Hause, um weiter daran zu feilen. An »On Civil Disobedience« arbeiteten wir mehrere Tage lang in einer Schweizer Pension, und ihrem letzten veröffentlichten Aufsatz, »Home to Roost«, gaben wir den letzten Schliff in einer Wohnung, die sie in Marbach (Schillers Geburtsort) gemietet hatte, dem Standort des »Deutschen Literaturarchivs«, wo sie den Nachlaß von Jaspers durcharbeitete. Den Teil von »Vom Leben des Geistes« über das Denken bearbeitete ich mit ihr in Aberdeen; in der Fotokopie des Originalmanuskripts kann ich meine handschriftlichen Änderungen erkennen. Im darauffolgenden Frühjahr, als sie in Aberdeen im Krankenhaus lag, einige Tage lang in einem Sauerstoffzelt, nahm ich mir auf ihre Bitte allein kurze Stücke des Teils über das Wollen vor.

Als sie noch am Leben war, machte die Überarbeitung Spaß, weil sie Zusammenarbeit und Austausch war. Im großen und ganzen akzeptierte sie Verbesserungen bereitwillig; wenn es zum Beispiel um Verhältniswörter ging, mit Erleichterung; und mit Interesse, wenn es um einen Sprachgebrauch ging, der ihr neu war. Manchmal wurde hin und her argumentiert und dies brieflich fortgesetzt, so etwa, als sie Kants »Verstand« mit »intellect« übersetzen wollte; ich war für »understanding« wie in den üblichen Übersetzungen. Doch ich konnte sie nicht überzeugen und gab nach. Heute glaube ich, daß wir beide recht hatten, weil wir Verschiedenes anstrebten: sie hielt sich an den ursprünglichen Wortsinn, ich wollte dem Leser das Verständnis erleichtern. Im vorliegenden Buch heißt es [in seiner englischen Fassung] »intellect«. Die meisten unserer Meinungsverschiedenheiten wurden durch einen Kompromiß oder durch Streichung geregelt. Doch nach und nach kam ihre natürliche Ungeduld wieder zur Geltung. Sie stritt nicht gern über Kleinigkeiten. »Also, *du* formulierst es«, sagte sie oft am Ende und begann ein Gähnen zu unterdrücken. Sie war nicht nur ungeduldig, sie war auch nachsichtig; für sie war ich ein »Perfektionist«, und das nahm sie mit Humor, wenn man sie bloß nicht bekehren wollte.

Jedenfalls gab es nie einen sachlichen Gegensatz. Wenn ich gelegentlich einen Gedanken in Frage stellte, so nur, weil er mir einem anderen Gedanken von ihr ein paar Seiten vorher zu widersprechen schien. Gewöhnlich stellte sich dann heraus, daß ich irgendeine dahintersteckende Unterscheidung übersehen hatte, oder, daß umgekehrt sie das entsprechende Bedürfnis des Lesers übersehen hatte. So seltsam es erscheinen mag, wir standen uns geistig in mancher Beziehung sehr nahe – das sagte sie oft, wenn wir unabhängig voneinander auf den gleichen Gedanken kamen, während ein Meer – der Atlantik – uns trennte. Oder sie las irgendeinen Text von mir und fand dort einen Gedanken, der ihr schon im Kopf herumgegangen war. Diese Ähnlichkeit der Denkungsart führte sie auf die Theologie in meiner katholischen Erziehung zurück, die mir, wie sie glaubte, eine philosophische Ader vermittelt haben müsse. In Wirklichkeit hatte ich alles andere als gute Noten in den zwei philosophischen Lehrveranstaltungen erzielt, die ich besucht habe; freilich wurden sie auch subaltern und einschläfernd dargeboten. Doch ansonsten lagen unsere Beschäftigungen gar nicht so weit voneinander. Sie hatte in Deutschland über den Liebesbegriff bei Augustinus promoviert; ich hatte Augustinus in Amerika in einer College-Lehrveranstaltung über mittelalterliches Latein gelesen und schätzte den »Gottesstaat« sehr. Vielleicht hatten meine Beschäftigung mit französischen, lateinischen und englischen Texten des Mittelalters und der Renaissance, dazu Jahre klassischen Lateins und später häusliche Platonlektüre, im Verein mit einer katholisch bestimmten Jugend den Mangel an formaler philosophischer Ausbildung wettgemacht. Und was sie nicht bedachte: im Laufe der Jahre hatte ich eine Menge von ihr gelernt.

Ich erwähne das hier, um über meine Qualifikation für die Herausgeberarbeit an »Vom Leben des Geistes« Aufschluß zu geben. Ich hatte mich nicht darum bemüht, und als sie mich im Januar 1974 zu ihrer literarischen Testamentsvollstreckerin machte, dürfte sie kaum vorausgesehen haben, was geschehen würde, nämlich daß sie diese Bände nicht mehr würde vollenden können und daß ich sie ohne ihre Unterstützung zum Druck würde bringen müssen. Als sie es ein paar Monate später nach dem Herzanfall von Aberdeen doch voraussah, jedenfalls als unabweisliche Möglichkeit, muß sie gewußt haben, wie ich an die Arbeit herangehen würde, mit allen meinen Eigenheiten und meiner Strenge, und muß das Unvermeidliche in philosophischem Geiste hingenommen haben. Sie kannte mich ja, und vielleicht hat sie sogar die Versuchungen vorausgesehen, mit denen die neue Unabhängigkeit mich locken würde, die Freiheit, es auf »meine« Art zu sagen; doch wenn sie mich so weit kannte, hätte sie auch den Widerstand vorausgesehen, den der bloße Schatten solcher Versuchungen in meinem immer noch katholischen Gewissen wachrufen würde . . . Kurz, falls sie erriet, daß es Tage geben würde, an denen in mir ein Kampf ausbrach zwischen der Treue zur Prosa meiner Vorfahren und meinem Pflichtgefühl ihr gegenüber, so hätte das Bild dieses ganzen heftigen Kampfes – zwischen den Skrupeln und den Versuchungen –, der ihrer eigenen Natur so fremd war, sie wahrscheinlich amüsiert. Ich muß annehmen, daß sie meinem Urteil vertraute, daß sie überzeugt war, es werde letzten Endes kein Schaden entstehen, das Manuskript werde unversehrt aus dem Kampf hervorgehen; hätte ich nicht dieses Grundvertrauen in *ihr* Vertrauen gehabt, so hätte ich bald das Handtuch werfen müssen.

Doch was sie auch vorausgesehen oder nicht vorausgesehen haben mag, sie ist nicht mehr hier, ich kann sie nicht fragen, nicht entscheiden lassen. Ich war gezwungen, ihre Reaktion auf jeden einzelnen editorischen Eingriff zu erraten. In den meisten Fällen war das aufgrund vorangegangener Erfahrung nicht schwer: sie kannte mich, aber ich kannte auch sie. Doch hier und da sind Probleme aufgetreten, die ich früher gewiß nicht auf eigene Faust zu lösen versucht hätte. Wenn ich früher unsicher war, spickte ich das Manuskript immer mit Fragezeichen, die sagen sollten: Was willst du hier sagen? Kannst du das verdeutlichen? Ist das das richtige Wort? Heute richten sich die Fragezeichen (was meint sie wohl damit? hat sie diese Wiederholung gewollt oder nicht?) an mich. Aber doch nicht eigentlich an mich selbst; ich versuche, mich in sie hineinzuversetzen, eine Art Gedankenleser oder Medium zu werden. Mit geschlossenen Augen rede ich mit einem sehr lebendigen Geist. Sie hat mich verfolgt, sie hat meinen Stift angehalten, sie hat mich Geschriebenes streichen oder Streichungen rückgängig machen lassen. In der Praxis bedeutete die neugewonnene Freiheit, daß ich mich gegenüber ihrem Manuskript weniger frei fühlte, als wenn sie noch lebte. Hin und wieder habe ich mich dabei ertappt, daß ich mich aus Furcht vor einem vorgestellten Einwand ungeheuer verkünstelte, und ich mußte mir selbst erst wieder klarmachen, daß unter normalen Verhältnissen der eine Seite lange Satz, der mich da anstarrte, nie durchgegangen wäre.

Oder umgekehrt: ich habe schon manchmal eine Wendung oder einen Satz, dessen Bedeutung mir undeutlich war, entschlossen gestrichen und durch eine mir einleuchtend erscheinende Formulierung ersetzt; beim zweiten Lesen war mir dann doch nicht ganz wohl, ich schaute mir den Originaltext noch einmal an, sah, daß ich eine Nuance nicht getroffen hatte, und stellte ihn wieder her oder versuchte eine dritte Formulierung. Jeder, der schon Übersetzungen gemacht hat, wird das kennen – die wiederholten Bemühungen, *durch* die Sprache hindurch die Gedanken eines nicht anwesenden Autors zu lesen. Ich hatte vor mehreren Jahren – und hauptsächlich, wie ich glaube, wegen meiner Freundschaft mit ihr – Deutschunterricht zu nehmen begonnen, und das erwies sich als eine gütige Wendung des Schicksals. Jetzt kenne ich ihre Muttersprache so weit, daß ich hinter ihren englischen Formulierungen die ursprüngliche Gestalt wie einen fernen Bergkamm ausmachen kann; dadurch wurden viele schwierige Stellen »übersetzbar«: ich übertrage sie einfach ins Deutsche, dadurch werden sie klar, und dann übersetze ich sie zurück ins Englische.

Auf jeden Fall sind meines Wissens keine Änderungen erfolgt, die irgendwie den Gedanken verändern würden. Ich habe ein paar – meist geringfügige – Kürzungen vorgenommen, gewöhnlich um Wiederholungen zu vermeiden, wenn mir diese als zufällig und nicht beabsichtigt erschienen. An ganz wenigen Stellen – es sind nicht mehr als zwei oder drei – habe ich zur Erläuterung etwas hinzugefügt, etwa die Worte »Scotus war Franziskaner« an einer Stelle, die für den Leser, der das nicht weiß, sonst unverständlich wäre. Doch abgesehen von diesen geringfügigen Ausnahmen ist nichts anderes geschehen als die gewöhnliche »Einenglischung«, der alle ihre Texte unterzogen wurden.

Das gilt nicht für das im Anhang wiedergegebene Material zu ihren Vorlesungen. Diese Auszüge sind wörtlich wiedergegeben, außer daß offensichtliche Schreibfehler berichtigt wurden. Da die Kant-Vorlesungen nie zur Veröffentlichung vorgesehen waren, sondern mündlich den Studenten vorgetragen werden sollten, schien mir jeder editorische Eingriff unangebracht. Es war nicht meine Aufgabe, an Historischem herumzubasteln. Zusammen mit ihren übrigen Papieren befinden sich die Vorlesungen, aus denen diese Auszüge stammen, in der Kongreßbibliothek, wo sie mit Erlaubnis ihrer Testamentsvollstrecker eingesehen werden können.

Ich muß noch eine andere Gruppe von Veränderungen erwähnen. Die Manuskripte von »Das Denken« wie auch von »Das Wollen« waren immer noch die der *Vorlesungen* von Aberdeen und New York, während sie in anderen Beziehungen stark überarbeitet und erweitert worden waren (das letzte Kapitel von »Das Wollen« war völlig neu). Hätte sie die Zeit gehabt, so hätte sie das gewiß geändert und den Leser an die Stelle des Zuhörers treten lassen, wie sie es gewöhnlich tat, wenn eine Vorlesung in einem Buch oder einer Zeitschrift erschien. Beim vorliegenden Text ist es ebenfalls geschehen, außer bei der allgemeinen Einleitung mit ihrer hübschen Anspielung auf die Gifford Lectures. Wenn trotzdem etwas von der Atmosphäre des gesprochenen Wortes geblieben ist, so ist es nur gut.

Ich muß eine letzte Bemerkung über die Einenglischung einschieben. Der persönliche Geschmack spielt bei Herausgeberentscheidungen zweifellos eine Rolle. Meine Vorstellung von gutem geschriebenem Englisch ist, wie die jedes anderen, etwas Subjektives. Ich habe z. B. nichts dagegen, wenn ein Satz mit einem Verhältniswort endet – ich finde es sogar ganz gut –, aber ich bin empfindlich, wenn bestimmte Hauptwörter wie »shower« (im Sinne von Dusche) oder »trigger« als Zeitwörter gebraucht werden. So konnte ich es der von mir so sehr bewunderten Hannah Arendt nicht durchlassen, wenn sie »to trigger« sagte, wo »to cause« oder »to set in motion« paßt. Und »when the chips are down«: ich weiß nicht recht, warum mich dieser Ausdruck stört, vor allem bei ihr, die sie wohl nie einen Poker-Chip in der Hand gehabt hat. Aber ich kann sie mir vorstellen, wie sie (mit der Zigarette in der Spitze) den Roulette-Tisch oder chemin de fer betrachtet, und so heißt es nun »wenn die Einsätze gemacht sind« – so paßt es besser zu ihr. Hätte sie etwas gegen diese kleinen Eingriffe in ihre Ausdrucksfreiheit gehabt? Legte sie großen Wert auf »triggered«? Ich hoffe, sie hätte mir meine Vorurteile nachgesehen. Und wenn auch der persönliche Geschmack gelegentlich als Schiedsrichter aufgetreten ist (wo ich früher zu überzeugen versucht hätte), so habe ich mir doch durchweg große Mühe gegeben, ihren charakteristischen Tonfall nicht anzutasten. Meine eigene Sprache habe ich vor der Tür gelassen; es gibt kein einziges Wort »typisch Mary McCarthy« in dem Text. In dem einen Fall, wo ich nichts Besseres fand und ein solches Wort gebrauchte, da trat es mir in der Druckkorrektur wie ein körperliches Gebrechen entgegen, und ich mußte es schleunigst beseitigen. Der Text, den der Leser vor sich gehabt hat, ist also der ihre; er *ist* sie, so hoffe ich, in dem Sinne, daß die Eingriffe und das Finish gerade sie hervortreten lassen, so wie das Wegschlagen durch den Bildhauer die in dem Steinblock schlummernde Form hervortreten läßt. Das sagte Michelangelo von der Bildhauerei (im Unterschied zur Malerei), und hier ist jedenfalls nirgends aufgelegt oder ausgeschmückt worden.

Es war eine schwere Arbeit, die ständig ein imaginäres Zwiegespräch mit ihr in Gang hielt, das manchmal, wie im Leben, an Streit grenzte. Dazu ist es im wirklichen Leben nie gekommen; doch jetzt mache ich ihr Vorwürfe, und sie mir. Die Arbeit hat bis in die späte Nacht gedauert; dann träume ich, es fehlten plötzlich Seiten aus dem Manuskript, oder umgekehrt tauchten plötzlich welche auf und machten alles, auch die Fußnoten, zu Makulatur. Doch sie hat auch – vielleicht nicht, wie früher, Spaß gemacht, aber – Befriedigung gebracht. Ich habe z. B. gelernt, daß ich die »Kritik der reinen Vernunft« verstehen kann, die mir vorher unzugänglich erschien. Auf der Suche nach einer fehlenden Stellenangabe habe ich einige Platonische Dialoge (»Theaitetos«, »Sophistes«) ganz gelesen, die ich vorher nicht einmal angetippt hatte. Ich habe den Unterschied zwischen einem Zitterrochen und einem Stachelrochen gelernt. Ich habe Teile von Vergils »Bucolica« und »Georgica« zum erstenmal seit meiner Studentenzeit wieder gelesen. Viele meiner alten Hochschullehrbücher wurden aus dem Regal geholt, und nicht nur meine, sondern auch die meines Mannes (er hat Philosophie an der Bowdoin University studiert) und die des Mannes meiner geschätzten Sekretärin (er hatte Rilke, manches von Aristoteles, was uns fehlte, und mehr von Vergil).

Es war auch eine Aufgabe, an der mehrere zusammenarbeiteten. Meine Sekretärin, die das Manuskript geschrieben hat, setzte sich sanft in Kommafragen und strenger bei grammatischen Fehlern ein: sie ist ein Pedant und kämpft auf der Seite der Versuchung. Hannah Arendts Lehrassistent an der New School – Jerome Kohn – ist Dutzenden von Literaturstellen nachgejagt und oft genug auf jene drängenden Fragezeichen eingegangen: er konnte klären, oder aber wir faßten unsere Bedenken zusammen und kamen zu vertretbaren Lösungen. Er entdeckte sogar (siehe den oben berichteten bösen Traum) eine Seite, die, ohne daß wir es bemerkt hatten, in der Fotokopie des Manuskripts fehlte. Andere Freunde, darunter mein Deutschlehrer, halfen weiter. Während dieser ganzen Arbeit gab es ausgesprochen euphorische Momente, eine Mischung aus wiedererstandener Studentenzeit (die Lehrbücher, nächtliche Diskussionen über philosophische Fragen) und der stimulierenden Wirkung der Ideen unserer toten Freundin, die lebendig waren und Kontroversen wie auch überraschende Übereinstimmung auslösten. Natürlich habe ich sie in diesen Monaten der Arbeit – nein, es ist jetzt schon mehr als ein Jahr – vermißt, sie mir zurückgewünscht, damit sie kläre, einwende, beruhige, Komplimente mache und Komplimente erhalte; aber ich glaube nicht, daß sie mir wirklich fehlen wird, daß ich den Schmerz in dem amputierten Glied spüren werde, bis die Arbeit vorbei ist. Mir ist klar, daß sie tot ist, aber gleichzeitig ist sie für mich in diesem Zimmer ausgesprochen gegenwärtig, sie hört auf meine Worte, während ich schreibe; vielleicht stimmt sie mit ihrem nachdenklichen Nicken zu, vielleicht unterdrückt sie ein Gähnen.

Einige Erklärungen zu praktischen Fragen. Da das Manuskript zwar inhaltlich abgeschlossen, aber nicht in endgültiger Form war, hatte nicht jedes Zitat und jede Anspielung in dem Text eine Fußnote. Dank Jerome Kohn und Roberta Leighton und ihrer Helfer beim Verlag Harcourt Brace Jovanovich wurden viele davon ergänzt. Doch während ich jetzt schreibe, fehlen noch einige, und wenn sie nicht rechtzeitig gefunden werden können, wird man weitersuchen und die Ergebnisse in eine spätere Auflage aufnehmen müssen. Und auch da, wo Stellenangaben vorliegen, sind ein paar von den Fußnoten unvollständig, hauptsächlich wegen anscheinend falscher Seiten- oder Bandzahlen, die wir noch nicht berichtigen konnten. Auch das, so hoffe ich, wird schließlich in Ordnung kommen. Es war uns eine Hilfe, daß wir Bücher aus Hannah Arendts Bibliothek zur Verfügung hatten, aus denen sie zitiert. Doch wir haben nicht alle Bücher, auf die sie sich bezieht.

Es ist klar, daß sie oft aus dem Gedächtnis zitiert hat. Wenn ihre Erinnerung nicht mit dem zitierten Text übereinstimmte, so wurde das berichtigt. Nur bei Übersetzungen ist es nicht immer geschehen. Dabei mußte man wieder versuchen, ihre Gedanken zu lesen. Wenn sie von einer gängigen Übersetzung eines griechischen oder lateinischen oder deutschen oder französischen Originals abwich, war das

Absicht oder ein Erinnerungsfehler? Oft kann man da nicht sicher sein. Textvergleiche zeigen, daß sie durchaus auf die üblichen Übersetzungen zurückgriff: die Kant-Übersetzung von Norman Kemp Smith, die Nietzsche-Übersetzung von Walter Kaufmann, die Aristoteles-Übersetzung von McKeon, die verschiedenen Platon-Übersetzungen in der Ausgabe von Edith Hamilton und Huntington Cairns. Doch sie beherrschte alle diese Sprachen gut – weshalb sie bei Bedarf von der üblichen Übersetzung abwich, etwa wenn sie Kemp Smith oder Kaufmann ungenau fand, zu weit weg vom Original, oder aus einem anderen, rein literarischen Grund. Für den Herausgeber sind damit ziemlich chaotische Verhältnisse entstanden. Soll man Kemp Smith oder Kaufmann in der Fußnote erwähnen, wenn sich die Verfasserin stark, aber nicht vollständig auf deren Formulierungen stützt? Es nicht zu tun, schien mir unfair, aber in einigen Fällen könnte das Gegenteil auch als unfair erscheinen: Kaufmann z. B. könnte keinen Wert darauf legen, wegen Worten und Ausdrücken genannt zu werden, die nicht von ihm stammen. Kemp Smith ist tot, wie auch viele der Platon-Übersetzer, aber das bedeutet nicht, daß auch die Rücksicht auf ihre Gefühle sterben sollte.

Lassen wir die Probleme der Autorennennung für den Augenblick beiseite – das Gesamtproblem der Übersetzungen haben wir auf eine Weise angepackt, die vielleicht als willkürlich und ad hoc erscheinen könnte, die aber den Umständen durchaus gerecht wird, für die es keine allgemeine und konsequent anwendbare Regel zu geben scheint. Wo es möglich war, wurde jede Stelle mit der üblichen Übersetzung verglichen, die in ihrem Exemplar oft unterstrichen oder sonstwie bezeichnet war; bei erheblicher Abweichung zogen wir die Originalsprache heran, und wenn Kemp Smith dem Text Kants näher schien, so benutzten wir ihn. Doch wenn es eine Bedeutungsschattierung gab, die in der üblichen Übersetzung übersehen und in der Arendtschen zur Geltung gebracht wird, so benutzten wir die ihrige; dies auch dann, wenn man über den Sinn streiten konnte. Wir konnten bald ziemlich leicht unterscheiden, wann eine abweichende Formulierung bei ihr einer bestimmten Absicht entsprach und kein Versehen war – kein Erinnerungs- oder Abschreibfehler; Unterschiede in der Zeichensetzung etwa haben wir als Versehen betrachtet.

Leider wird diese Lösung nach dem gesunden Menschenverstand nicht allen Wechselfällen gerecht. Wenn sich der englische Text nicht in ihrer Bibliothek befand, so hatten wir keine Ahnung, ob und welche Übersetzung sie benutzt hat. Lagen keine weiteren Hinweise vor, so ging ich davon aus, daß die Übersetzung von ihr selbst stammt, und hielt mich für berechtigt, sie im Interesse der englischen Ausdrucksweise oder Grammatik nötigenfalls leicht abzuändern, genau wie ich es mit ihrem eigenen Text getan hätte. (Gelegentlich habe ich selbst aus dem Original neu übersetzt. Aber ich habe nicht die Stirn gehabt, das bei Heidegger zu versuchen, immerhin aber bei Meister Eckhart.) Bei den klassischen Autoren gibt es so viele Übersetzungen, daß man kaum hoffen konnte, die vielleicht von ihr benutzte zu finden – eine Nadel in einem Heuhaufen. Einmal stieß ich durch schieres Glück auf eine Vergilübersetzung, die – das war blitzartig klar – von ihr benutzt worden war. Mein Stift setzte sich in Bewegung (heureka!), um Herausgeber, Erscheinungsjahr usw. in einer Fußnote festzuhalten; dann schaute ich noch einmal – nein. Hier, wie so oft, hatte sie eine Übersetzung herangezogen, aber sich nicht völlig an sie gehalten. Und man kann unmöglich in einer Fußnote zeigen, an welchen Punkten sie abwich und an welchen nicht.

Schließlich gelangten wir dahin, daß wir eine Übersetzung nur erwähnten, wenn sie buchstabengetreu zitiert war. Wird kein Übersetzer genannt, so heißt das, daß die Formulierung völlig oder überwiegend von der Verfasserin stammt, oder daß wir eine etwa von ihr benützte Übersetzung nicht finden konnten. Doch auch dieses Prinzip muß eingeschränkt werden. Der Leser sollte wissen, daß einige übliche Übersetzungen (McKeon, Kemp Smith, Kaufmann, die Mitarbeiter der Hamilton-Cairns-Ausgabe), auch wo sie nicht besonders erwähnt sind, der Verfasserin im großen ganzen als Anhaltspunkt gedient haben.

Ein besonderes Problem war die Bibel. Zunächst schien kaum entscheidbar, ob sie die King-James-Version, die Revidierte Standard-Version, die Douai-Version, einen deutschen Text, den sie dann ins Englische übersetzte, oder ein Gemisch aus alledem verwandte. Ich delektierte mich sogar an der Lieblingshypothese, sie habe auf die Vulgata des heiligen Hieronymus zurückgegriffen und selbst aus dem Lateinischen übersetzt. Ich neigte dazu, die King-James-Version zu benutzen; außer meiner persönlichen Vorliebe gab es das Argument, daß zu dem »thou shalt«, wie es die Verfasserin selbst in dem Band über das Wollen wiederholt formuliert, die entsprechenden Wortformen der älteren Bibelversion besser passen – sonst würde es seltsam klingen. Doch Roberta Leighton hat mich davon überzeugt, daß ein sorgfältiger Textvergleich die Formulierungen im Manuskript als der Revidierten Standard-Version am nächsten kommend ausweist; daher benutzten wir diese, mit ein paar Ausnahmen, wo die sprachliche Schönheit der King-James-Version für uns ebenso unwiderstehlich war wie offenbar für die Verfasserin. Jedenfalls ist dadurch, daß wir uns im wesentlichen an die Revidierte Standard-Version gehalten haben, eine Schwierigkeit ausgeräumt worden: daß die alte Version »Liebe« (agape) mit »charity« wiedergibt. Dieses Wort läßt heute in erster Linie an steuerliche Absetzbarkeit denken, oder man spricht von einer »nachsichtigen (charitable) Betrachtungsweise«; daher hätte man es überall, wo es vorkommt, durch »love« in eckigen Klammern ersetzen müssen, was die Lektüre belastet hätte.

Eine solche Konzentration auf die Einhelligkeit und Worttreue von Zitaten wird dem allgemeinen Leser seltsam vorkommen. Sie ist eine Berufskrankheit von Lektoren und Akademikern. Oder es sind die Spielregeln, die die wissenschaftliche Literatur anerkennt, und gerade ihre Strenge erhöht den Spieleifer – der dem Außenstehenden abgehen muß. Fröhliche Hetzjagd auf einen Fehler in einer Fußnote, das muß mit tödlichem Ernst betrieben werden, wie jeder Sport oder jedes Spiel, das einen völlig in Anspruch nimmt. Doch wenn es nur einige wenige angeht, hauptsächlich die, die es selbst spielen, welchen Sinn hat es dann? Was macht es aus, wenn Gott auf einer Seite »Er« ist und auf der nächsten »er«? Vielleicht hat die Verfasserin just ihren Sinn geändert, dieses Recht hätte sie. Warum soll man zu erraten versuchen, was ihr eigentlich lieber war, und sie, einen freien Geist, auf ein einheitliches »Er« oder »er« vergattern? Schön, wir haben »Er« geschrieben. Und der Wille heißt »Will«, wenn es der Begriff ist, und »will«, wenn er in einem Menschen wirkt.

Ich bitte den allgemeinen Leser um Verzeihung, daß ich diese Einzelheiten über Fußnoten, Großschreibung, eckige Klammern usw. erwähne; sie haben für den Außenstehenden genau so wenig Interesse, wie wenn ein Sportangler sorgfältigst eine künstliche Fliege auswählt, wenn er den Fisch auch mit einem Wurm hätte fangen können. Daß es um den Fisch geht, das verliert der Spezialist leicht aus dem Auge – Hannah Arendt hätte das als erste zugegeben. Sie kümmerte sich um den allgemeinen Leser, der für sie auch als Erwachsener ein Studierender blieb. Deshalb liebte sie besonders den Sokrates. Doch sie war Lehrerin und Gelehrte und kannte die Spielregeln, die sie auch im großen und ganzen akzeptierte, wenn auch mehr mit der Nachsicht gegenüber einem kindlichen Zeitvertreib als mit dem Eifer des richtigen Teilnehmers. Jedenfalls sind im Laufe dieser Monate mit dem Manuskript meine gespitzten neuen Bleistifte zu Stummeln geworden. Und jetzt habe ich genug aus der Schule geplaudert. Es ist Zeit, das Manuskript sich selbst zu überlassen.

Mitteilung des Übersetzers zur Wiedergabe der Zitate

Bei Zitaten aus Drittsprachen – Griechisch, Latein, Französisch – erwies es sich als undurchführbar, stets eine – welche? – der vorliegenden direkten Übersetzungen ins Deutsche zu verwenden. Bei der häufigen starken Verzahnung mit dem Text der Verfasserin und Fragmentierung der Zitate hätte sich oft keine der vorliegenden unabhängigen Übersetzungen ins Deutsche zwanglos oder auch nur sinnvoll eingefügt. Darüber hinaus hat die Verfasserin – vgl. die einschlägigen Mitteilungen im Nachwort der Herausgeberin – häufig eigene Übersetzungen ins Englische formuliert. Daher wurde – soweit keine Übersetzung ins Deutsche angegeben ist – in primärer Anlehnung an den von der Verfasserin benutzten englischen Text z. T. unter Berücksichtigung des Originaltextes bzw. vorliegender Übersetzungen eine deutsche Zitatversion hergestellt.

Anmerkungen

Einleitung

1 S. Anm. 44 zu Kap. I. Hervorhebung H. A.
2 S. Anm. 47 zu Kap. I.
3 S. Anm. 15 zu Kap. I.
4 S. Anm. 49 zu Kap. I.
5 S. Anm. 28 zu Kap. I.

Kapitel I

1 Siehe *Sophistes*, 253 f., und *Staat*, 517.
2 Hermann Diels und Walther Kranz, *Die Fragmente der Vorsokratiker*, 2 Bde., Berlin, 1934/35; Bd. 1, Fragment B4.
3 *Bekenntnisse*, Buch 11, Kap. 13.
4 *La pensée et le mouvant*, Paris, 1934 (1950), dt. *Denken und schöpferisches Werden*, Meisenheim, 1948, S. 192 (S. 170), dt. S. 173.
5 Ebenda, S. 34 (S. 26), dt. S. 43.
6 1174b6 u. 1177a20. Siehe auch Aristoteles' Einwände gegen Platons Begriff der Lust, 1173a13–1173b7.
7 (Vgl. Anm. 4), S. 12 (S. 7), dt. S. 25.
8 Für das folgende siehe *Metaphysik*, Buch 7, Kap. 7–10.
9 *De anima*, 433a30.
10 Bruno Snell, *Die Entdeckung des Geistes*, 3. Aufl., Hamburg, 1955, S. 249.
11 *L'esprit de la philosophie médiévale*, Paris, 1932, Bd. 2, S. 102.
12 »Ob alles aus *Notwendigkeit* geschieht oder manches *zufällig*, das war schon bei den alten Philosophen lange vor der Geburt unseres Heilandes strittig . . . Doch die dritte Möglichkeit, wie etwas zustande kommen kann . . ., nämlich der *freie Wille*, wurde von ihnen nie erwähnt, ebensowenig von den ersten Christen . . . Doch vor längerer Zeit haben die Theologen der römischen Kirche aus diesem Bereich des Willens Gottes den menschlichen Willen herausgenommen und die Lehre aufge-

stellt, daß ... der [menschliche] Wille frei sei und nur bestimmt ... durch seine eigene Macht.« »The Question concerning *Liberty, Necessity and Chance*«, *English Works*, London, 1841, Bd. 5, S. 1.

13 Siehe *Nikomachische Ethik*, Buch 5, Kap. 8.

14 Ebenda, Buch 3, 1110a17.

15 Gilbert Ryle, *The Concept of Mind*, New York, 1949, S. 65.

16 Henry Herbert Williams, Artikel über den Willen (will) in *Encyclopaedia Britannica*, 11. Aufl.

17 *De generatione et corruptione*, Buch 1, Kap. 3, 317b16–18.

18 Ebenda, 318a25–27 u. 319a23–29.

19 *Meteorologie*, 339b27.

20 Buch I, 1100a33–1100b18.

21 *De coelo*, 283b26–31.

22 *Der Wille zur Macht*, Nr. 617.

23 *Der Gottesstaat*, Buch 12, Kap. 20.

24 Ebenda, Kap. 13.

25 Unser heutiger Kalender, der die Geburt Christi als Wendepunkt nimmt, von dem aus die Zeit nach rückwärts und nach vorwärts gezählt wird, wurde Ende des 18. Jahrhunderts eingeführt. Nach den Lehrbüchern soll die Reform aus dem wissenschaftlichen Bedürfnis entstanden sein, die Datierung in der Alten Geschichte zu vereinheitlichen. Hegel – meines Wissens der einzige Philosoph, der sich über die plötzliche bemerkenswerte Veränderung Gedanken machte – sah in ihr ein klares Zeichen einer wirklich christlichen Zeitrechnung, weil nun die Geburt Christi zum Wendepunkt der Weltgeschichte wurde. Bedeutsamer dürfte sein, daß man nach dem neuen System so nach rückwärts und vorwärts zählen kann, daß sich Vergangenheit wie auch Zukunft ins Unendliche erstrecken. Diese zweifache Unendlichkeit hebt alle Vorstellungen von einem Anfang und einem Ende auf und erhebt die Menschheit gewissermaßen zu einer potentiell ewigen Wirklichkeit auf Erden. Es bedarf keines besonderen Hinweises, daß nichts dem christlichen Denken fremder sein könnte als die Vorstellung einer irdischen Unsterblichkeit der Menschheit und ihrer Welt.

26 S. Anm. 16.

27 Siehe Dieter Nestle, *Eleutheria. Teil 1: Studien zum Wesen der Freiheit bei den Griechen und im Neuen Testament*, Tübingen, 1967, S. 6ff. Bemerkenswert scheint, daß die moderne Etymologie dazu neigt, das Wort »eleutheria« von einer indogermanischen Wurzel abzuleiten, die Volk oder Stamm bedeutet, wonach nur die Angehörigen desselben Volkes oder Stammes von ihren Genossen als »frei« anerkannt werden können. Ähnelt diese Frucht der Gelehrsamkeit nicht fatal den Vorstellungen deutscher Wissenschaft in den dreißiger Jahren, der Zeit ihrer Entstehung?

28 *Kritik der reinen Vernunft*, B 476.
29 *Über die ästhetische Erziehung des Menschen in einer Reihe von Briefen*, 1795, 19. Brief, viertletzter Absatz.
30 *Die Welt als Wille und Vorstellung* (1818), § 7, 5. Abs.; vgl. auch § 21.
31 *Über das Wesen der menschlichen Freiheit* (1809), *Sämtl. Werke*, Stuttgart u. Augsburg, 1857ff., 1. Abt., Bd. 7, S. 350.
32 *Jenseits von Gut und Böse* (1885), Nr. 18.
33 *Ecce homo* (1889): »Also sprach Zarathustra«, Abschn. 1, 2. Satz.
34 Ebenda, Abschn. 3.
35 Siehe Karl Jaspers, *Nietzsche*, Berlin, 3. unveränd. Aufl., 1950, sowie Martin Heidegger, *Nietzsche*, 2 Bde., Pfullingen, 1961.
36 *Philosophie* (1932), 2. unveränd. Aufl. (in 1 Bd.), Springer, Berlin, Göttingen, Heidelberg, 1948, Buch 2, Kap. 6, Ziff. 3.
37 »Das primäre Phänomen der ursprünglichen und eigentlichen Zeitlichkeit ist die Zukunft.« *Sein und Zeit* (1926), unveränd. Aufl., Tübingen, 1949, S. 329. – *Gelassenheit*, Pfullingen, 1959, S. 32.
38 Anm. d. Hrsg.: Wir konnten diese Stelle nicht finden.
39 (Vgl. oben, Anm. 12), S. 55.
40 Brief an G. H. Schaller vom Herbst 1674. *Briefwechsel*, dt. v. Carl Gebhardt, Hamburg, 1914, 2. Aufl. v. Manfred Walther, Hamburg, 1977.
41 *Ethik*, Teil 3, Satz 2, Anm. – (Vgl. Anm. 40).
42 *Leviathan*, Kap. 21.
43 *Die beiden Grundprobleme der Ethik, 1.: Über die Freiheit des menschlichen Willens*, Abschn. 3, Originalausg. S. 42.
44 *An Examination of Sir William Hamilton's Philosophy* (1867), Kap. 26, zit. nach *Free Will*, hrsg. v. Sidney Morgenbesser u. James Walsh, Englewood Cliffs, 1962, S. 59.
45 Siehe Martin Kähler, *Das Gewissen* (1878), Darmstadt, 1967, S. 46ff.
46 *Gesetze*, Buch 9, 865e.
47 (Vgl. oben, Anm. 15), S. 63f.
48 *Tagebücher 1914–1916*, 5. 8. 1916; vgl. auch 4. 11. 1916.
49 Augustinus, *De libero arbitrio*, Buch 3, Abschn. 3.
50 In der Antwort auf den zwölften Einwand (gegen die 4. Meditation) der 3. Einwände. *Meditationen über die Grundlagen der Philosophie, mit den sämtlichen Einwänden und Erwiderungen*, dt. v. Artur Buchenau, Leipzig, 1915.
51 Ebenda, 4. Meditation, Abs. 11, S. 47.
52 *Prinzipien der Philosophie*, in *Hauptschriften zur Grundlegung seiner Philosophie*, dt. v. Kuno Fischer, Heidelberg, 1930 (Neudruck der Erstausgabe von 1863), 1. Teil, § 40.
53 Ebenda, § 41.
54 *Kritik der reinen Vernunft*, B 571.
55 (Vgl. Anm. 43), Abschn. 5, vorl. Abs. (Originalausg. S. 98).

56 *Kritik der reinen Vernunft*, B 478.

57 Siehe Hans Jonas, »Jewish and Christian Elements in Philosophy«, in *Philosophical Essays: From Ancient Creed to Technological Man*, Englewood Cliffs, 1974.

58 Henri Bergson (vgl. oben, Anm. 4), S. 20 (S. 13), dt. S. 32.

59 Ebenda, S. 22 (S. 15), dt. S. 34.

60 So Wilhelm Windelband in seiner berühmten *Geschichte der Philosophie* (1892), III.2, vor § 25: 2. Aufl., 1900, S. 259; 14. Aufl., 1948, S. 266. Er nennt Duns Scotus auch den größten der Scholastiker oder den »scharfsinnigsten und tiefsten Denker des christlichen Mittelalters« (S. 256/263).

61 John Duns Scotus, *Philosophical Writings: A Selection*, übers. v. Allan Wolter, Library of Liberal Arts, Indianapolis, New York, 1962, S. 84 u. 10.

62 Hans Jonas (vgl. oben, Anm. 57), S. 29.

63 (Vgl. Anm. 4), S. 16f. (S. 10); vgl. dt. S. 29f.

64 Ebenda, S. 41 (S. 33); vgl. dt. S. 49.

65 *Zeit und Freiheit*, berechtigte Übers. von *Sur les données immédiates de la conscience* (1889), Jena, 1911, III, 1. Absatz: dt. S. 111; 7. frz. Aufl., Alcan, Paris, S. 108.

66 Ebenda, dt. S. 188 (letzter Absatz des Buches), S. 132 (in III); frz. S. 184, 128.

67 (Vgl. Anm. 52), § 41.

68 (Vgl. Anm. 50), Antwort auf Einwände gegen die 4. Meditation, Nr. 3, 2. Abs., in den Antworten auf die 5. Einwände.

69 Duns Scotus (vgl. oben, Anm. 61), S. 171.

70 Siehe seine erschöpfende Untersuchung des fatalistischen Arguments: »›It Was to Be‹«, in *Dilemmas*, Cambridge, 1969, S. 15–35.

71 Ebenda, S. 28.

72 *De fato*, XIII, 30 – XIV, 31.

73 Ebenda, V, 35.

74 So schon Chrysippos. S. ebenda, XX, 48.

75 *Confessio philosophi*, hrsg. v. Otto Saame, Frankfurt, 1967, S. 66.

76 *Jenenser Logik, Metaphysik und Naturphilosophie*, hrsg. v. Georg Lasson, Leipzig, 1923, S. 204, in »Naturphilosophie I A: Begriff der Bewegung«.

77 Siehe Friedrich Nietzsche, *Also sprach Zarathustra*, Teil 2, »Von der Erlösung«: »Nicht zurück kann der Wille wollen; . . . daß die Zeit nicht zurückläuft, das ist sein Ingrimm; ›das, was war‹ – so heißt der Stein, den er nicht wälzen kann.«

78 S. unten, Abschn. 12, Text zu Anm. 89.

79 (Vgl. Anm. 75), S. 110.

80 Ebenda, S. 122.

81 Ebenda, S. 42, 44, 76, 92, 98, 100.

82 Zit. nach Walter Lehmann, Einleitung zu seiner Auswahl der deutschen Schriften von *Meister Eckhart*, Göttingen, 1919, Sent. 15, S. 16.

83 Jetzt in *Etudes d'histoire de la pensée philosophique* (Cahiers des *Annales*, Nr. 19), Colin, Paris, 1961. (Erstveröff. in *Revue d'histoire et de philosophie réligieuses*, 1934).

84 *Introduction à la lecture de Hegel*, Paris, 1947, S. 367. Dt. Teilausg.: *Hegel. Eine Vergegenwärtigung seines Denkens. Kommentar zur »Phänomenologie des Geistes«*, hrsg. v. Iring Fetscher, Kohlhammer, Stuttgart, 1958, S. 98.

85 (Vgl. Anm. 83), S. 162.

86 *Philosophie des Rechts*, Vorrede, *Werke*, Jubiläumsausgabe (H. Glockner), Bd. 7, S. 35; *Enzyklopädie*, 2. Aufl., Nr. 465.

87 S. Anm. 85.

88 Ebenda, S. 169 Fußn.

89 Ebenda, S. 172.

90 (Vgl. Anm. 76), S. 204.

91 Hegel, *Jenenser Realphilosophie*, hrsg. v. Johannes Hoffmeister, Leipzig, 1932, Bd. 2, S. 11 (»Naturphilosophie« I. 1. b).

92 (Vgl. Anm. 83), S. 162f.

93 Platon, *Der Staat*, 329 b–c.

94 (Vgl. Anm. 83), S. 153.

95 Ebenda, S. 159.

96 Koyré, »La terminologie hégelienne«, in (vgl. oben, Anm. 83), S. 195. (Erstveröff. in *Revue philosophique*, 1931.)

97 Martin Heidegger, *Sein und Zeit*, unveränd. Aufl., Tübingen, 1949, § 65, S. 326.

98 Hegel, *Phänomenologie des Geistes*, *Werke*, Jubiläumsausgabe (H. Glockner), Bd. 2, S. 34.

99 S. Anm. 91.

100 (Vgl. Anm. 83), S. 173.

101 (Vgl. Anm. 91), S. 10.

102 Die Stelle bei Plotin ist ein Kommentar zu Platons »Timaios«, 37c–38b, und zwar in *Enneaden*, 3. 7. 11: »Über Ewigkeit und Zeit«.

103 Ein ausgezeichneter und eingehener Bericht über die Hegel-Literatur liegt jetzt vor von Michael Theunissen, *Die Verwirklichung der Vernunft. Zur Theorie-Praxis-Diskussion im Anschluß an Hegel*, Beiheft 6 der *Philosophischen Rundschau*, Tübingen, 1970. Die wichtigsten Werke in unserem Zusammenhang sind: Franz Rosenzweig, *Hegel und der Staat*, 2 Bde. (1920), Aalen, 1962; Joachim Ritter, *Hegel und die französische Revolution*, Frankfurt (M), 1965; Manfred Diesel, *Theorie und Praxis im Denken Hegels*, Stuttgart, 1965.

104 *Philosophie der Geschichte*, *Werke*, Jubiläumsausgabe (H. Glockner),

Bd. 11, S. 556f., S. 557f. Desgl. *Philosophie der Weltgeschichte*, hrsg. v. Georg Lasson, Leipzig, 1923, Bd. 4, »Die germanische Welt«, III.3.a, Schluß, S. 926.

105 Brief an Schelling vom 16. 4. 1795. *Briefe*, Leipzig, 1887, Bd. 1, S. 15.

106 Hegel, *System und Geschichte der Philosophie*, hrsg. v. J. Hoffmeister, Leipzig, 1940, S. 360, zit. nach Theunissen (vgl. oben, Anm. 103), S. 68.

107 *Philosophie der Geschichte*, *Werke*, Jubiläumsausgabe (H. Glockner), Bd. 11, S. 552.

108 Ebenda, S. 556.

109 Ebenda, S. 67f., S. 60.

110 Ebenda, S. 552.

111 Ebenda, S. 553.

112 Ebenda, S. 67.

113 *Philosophie der Weltgeschichte*, hrsg. v. Georg Lasson, Bd. 1: »Die Vernunft in der Geschichte«, Leipzig, 3. Aufl., 1930, »Allgemeine Einleitung«, III.3, S. 165. Vgl. (s. oben, Anm. 107), S. 120.

114 (Vgl. Anm. 83), S. 173.

115 (Vgl. Anm. 98), S. 615.

116 *Enzyklopädie*, § 258.

117 (Vgl. Anm. 98), S. 613, 619.

118 Ebenda, S. 619.

119 »Überwindung der Metaphysik«, in *Vorträge und Aufsätze*, Pfullingen, 1954, Abschn. 22, S. 89.

120 Hegel, *Wissenschaft der Logik*, 1.1.1.C.2, *Werke*, Jubiläumsausgabe (H. Glockner), Bd. 4, S. 119.

121 *Genealogie der Moral* (1887), 3. Abh., Nr. 28.

122 Heidegger (vgl. oben, Anm. 119), Abschn. 23, S. 89.

123 (Vgl. Anm. 120), S. 89, 91, 78 (in 1.1.1.C.1 Anm. 1; ebenda; im ersten Vorabschnitt in Buch 1: »Womit muß der Anfang der Wissenschaft gemacht werden?«).

Kapitel II

1 (Vgl. Anm. 15 zu Kap. I), S. 62ff.

2 Siehe die ungeheuer lehrreiche Studie von E. H. Gombrich, *Art and Illusion*, New York, 1960.

3 *De anima*, 433a21–24, und *Nikom. Ethik*, 1139a35.

4 Hierzu und zum folgenden siehe *De anima*, Buch 3, Kap. 9 u. 10.

5 *Meister Eckhart*, hrsg. v. Franz Pfeiffer, Göttingen, 1914, S. 551f.

6 Zit. nach Werner Jaeger, *Aristoteles*, Berlin, 1923, S. 260. Jaeger stellt auch fest: »Das dritte Buch über die Seele«, woraus ich oben zitiert habe, »nimmt sich . . . eigentümlich platonisch aus« (S. 355).

7 *Nikom. Ethik*, 1168b6.

8 Ebenda, 1166b5–25.
9 Siehe die letzten Zeilen der »Antigone«.
10 *Nikom. Ethik*, 1139b1–4.
11 Zit. nach Andreas Graeser, *Plotinus and the Stoics*, Leiden, 1972, S. 119.
12 *Nikom. Ethik*, 1139a31–33, 1139b4–5.
13 Ebenda, 1134a21.
14 Ebenda, 1112b12.
15 *Eudem. Ethik*, 1226a10.
16 Ebenda, 1223b10.
17 Ebenda, 1224a31–b15.
18 Ebenda, 1226b10.
19 Ebenda, 1226b11–12. Vgl. *Nikom. Ethik*, 1112b11–18.
20 Eine ausgezeichnete Behandlung des Willens und der Freiheit bei Kant findet sich bei Lewis White Beck, *A Commentary on Kant's Critique of Practical Reason*, Chicago, London, 1960, Kap. 11.
21 (Vgl. oben, Anm. 5), S. 551.
22 Hans Jonas, *Augustin und das Paulinische Freiheitsproblem*, 2. Aufl., Göttingen, 1965; s. insbes. Anhang 3, eine »philosophische Meditation über Röm. 7«.
23 *Metamorphosen*, Buch 7, Zl. 20f.: »Video meliora proboque / deteriora sequor.«
24 Chagigah II, 1, zit. nach Hans Blumenberg, *Paradigmen zu einer Metaphorologie*, Bonn, 1960, S. 26, Anm. 38.
25 Buch 11, Kap. 12 u. 30.
26 Siehe *Gespräche*, Buch 2, Kap. 19.
27 *Fragmente*, 23.
28 *Handbüchlein der Moral*, 23 u. 33.
29 *Gespräche*, Buch 2, Kap. 16.
30 Alle auf uns gekommenen Werke, auch die »Gespräche«, sind »anscheinend fast stenographische Wiedergaben seiner Vorträge und informellen Diskussionen, niedergeschrieben und gesammelt von einem seiner Schüler, Arrian«. Siehe Whitney J. Oates, »Allgemeine Einleitung« zu *The Stoic and Epicurean Philosophers*, Modern Library, New York, 1940.
31 *Gespräche*, Buch 1, Kap. 15.
32 Ebenda, 2.18.
33 Ebenda, 1.27.
34 Ebenda, 2.1.
35 Ebenda, 2.16.
36 *Handbüchlein der Moral*, 23 u. 33.
37 *Gespräche*, 2.16.
38 Ebenda, 1.1.
39 Ebenda.
40 Ebenda, 1.17.

41 *Physik*, 188b30.
42 *Gespräche*, 1.17.
43 Ebenda, 2.11.
44 Ebenda, 2.10.
45 Ebenda, 3.14.
46 *Handbüchlein der Moral*, 1.
47 *Fragmente*, 1.
48 Ebenda, 8.
49 *Gespräche*, 1.1.
50 *Handbüchlein der Moral*, 30.
51 *Gespräche*, 1.25.
52 Ebenda, 1.9.
53 Ebenda, 1.25. Hervorhebung H. A.
54 *Le mythe de Sisyphe*, Paris, 1942.
55 *De trinitate*, Buch XIII, vii, 10.
56 Ebenda, viii, 11.
57 *Gespräche*, Buch 2, Kap. 10.
58 Ebenda, 2.17.
59 *Handbüchlein der Moral*, 8.
60 *Fragmente*, 8.
61 In *De libero arbitrio*, Buch 3, Kap. 5–8.
62 *Gespräche*, Buch 2, Kap. 18.
63 Ebenda, 2.8.
64 *Handbüchlein der Moral*, 51, 48.
65 (Vgl. Anm. 2 zu Kap. I), Bd. 1: Fragment 149; *Enarrationes in psalmos*, *Patrologia latina*, hrsg. v. J.-P. Migne, Paris, 1854–66, Bd. 37, CXXXIV, 16.
65a Vgl. Anm. 1 zu Kap. III.
66 Paul Oskar Kristeller nennt Augustinus ein wenig vorsichtiger »wohl den größten lateinischen Philosophen der klassischen Antike«. Siehe *Renaissance Concepts of Man*, Harper Torchbooks, New York, 1972, S. 149.
67 *De trinitate*, Buch 13, iv, 7: »Beati certe, inquit [Cicero], omnes esse volumus.«
68 »O vitae philosophia dux«, *Tusculanae disputationes*, Buch 5, Kap. 2.
69 Der Römer Varro wird hier zustimmend zitiert in *De trinitate*, Buch 19, i, 3: »Nulla est homini causa philosophandi nisi ut beatus sit.«
70 Über die Bedeutung und Tiefe dieser Frage siehe insbes. *De trinitate*, Buch 10, Kap. 3 u. 8: »Wie der Geist sich selbst suchen und finden kann, das ist eine bemerkenswerte Frage: wohin geht er, um zu suchen, und woher kommt er, um zu finden?«
71 *Bekenntnisse*, Buch 11, insbes. Kap. 14 u. 22.
72 Peter Brown, *Augustine of Hippo*, Berkeley u. Los Angeles, 1967, S. 123.

73 Ebenda, S. 112.
74 *De libero arbitrio*, Buch 1, Kap. 1 u. 2.
75 Ebenda, Kap. 16.
76 *Bekenntnisse*, Buch 8, Kap. 5.
77 Ebenda, Kap. 8.
78 Eine eingehende Erklärung, die »voluntas« von »velle« und »potestas« von »posse« herleitet, findet sich in Augustinus' Spätwerk *De spiritu et littera, ad Marcellinum*, Art. 52–58, das sich mit der Frage beschäftigt, ob der Glaube in unserer Macht steht.
79 *De libero arbitrio*, Buch 3, Kap. III, 27; vgl. Buch 1, Kap. XII, 86, sowie *Retractationes*, Buch 1, Kap. IX, 3.
80 *Briefe*, 177, 5; *De libero arbitrio*, Buch 3, Kap. I, 8–10, und Kap. III, 33.
81 Siehe Etienne Gilson, *Jean Duns Scot: Introduction à ses positions fondamentales*, Paris, 1952, S. 657.
82 *De libero arbitrio*, Buch 3, Kap. 25.
83 Ebenda, Kap. 17.
84 *De gratia et libero arbitrio, ad Valentinum*, Kap. 44.
85 *Bekenntnisse*, Buch 8, Kap. III, 6–8.
86 *De libero arbitrio*, Buch 3, Kap. 6–8; (vgl. oben, Anm. 82 zu Kap. I), Sent. 14, S. 16.
87 *De libero arbitrio*, Buch 3, Kap. 5.
88 »Precious Five«, *Collected Poems*, New York, 1976, S. 450.
89 *Bekenntnisse*, Buch 8, Kap. 8.
90 Ebenda, Kap. 9.
91 Ebenda, Kap. 9 u. 10.
92 Ebenda, Kap. 10.
93 *Briefe*, 157, 2, 9; 55, 10, 18; *Bekenntnisse*, Buch 13, Kap. 9.
94 (Vgl. Anm. 44 zu Kap. I), S. 57–69. Hervorhebung H. A.
95 *Bekenntnisse*, Buch 3, Kap. VI, 11.
96 Ebenda, Buch 9, Kap. 4.
97 Ebenda, Buch 13, Kap. 11.
98 Ebenda, Buch 10, Kap. XI, 18.
99 Ebenda, Buch 11, Kap. III, 6.
100 Ebenda, Kap. II, 2.
101 Ebenda, Kap. IV, 7.
102 Ebenda, Kap. V, 8.
103 Ebenda, Buch 12, Kap. III, 3.
104 Efrem Bettoni, *Duns Scotus: The Basic Principles of His Philosophy*, übers. v. Bernardine Bonansea, Washington, 1961, S. 158. Hervorhebung H. A.
105 *De trinitate*, Buch 15, Kap. XXI, 41.
106 Ebenda, Buch 8, Kap. 10.
107 Ebenda, Buch 10, Kap. VIII, 11.

108 Ebenda, Buch 11, Kap. II, 5.
109 Ebenda, Buch 10, Kap. V, 7. Hervorhebung H. A.
110 Ebenda, Kap. XI, 17.
111 Ebenda, Buch 11, Kap. V, 9.
112 Ebenda, Buch 10, Kap. V, 7.
113 Ebenda, Kap. VIII, 11.
114 Ebenda, Kap. V, 7. Vgl. Buch 12, Kap. 12, 14, 15.
115 Ebenda, Buch 12, Kap. XIV, 23.
116 Ebenda, Buch 10, Kap. XI, 18.
117 Ebenda, Buch 11, Kap. XI, 18.
118 *Der Gottesstaat*, Buch 11, Kap. 28.
119 William H. Davis, *The Freewill Question*, Den Haag, 1971, S. 29.
120 In ihrer extremen Form, wie sie von Augustinus am Ende seines Lebens vertreten wurde, besagt diese Lehre, Kinder seien ewig verdammt, wenn sie ohne das Taufsakrament sterben. Das läßt sich nicht aus Paulus rechtfertigen, weil diese Kinder den Glauben noch nicht gekannt haben können. Erst nachdem sich die Gnade in einem von der Kirche gespendeten Sakrament vergegenständlicht und der Glaube sich institutionalisiert hat, läßt sich diese Form der Prädestination begründen. Die institutionalisierte Gnade ist kein Bewußtseinsdatum mehr, keine Erfahrung des inneren Menschen, und somit für die Philosophie nicht interessant; sie ist auch, genau genommen, keine Sache des Glaubens. Dies gehört zweifellos zu den wichtigsten *politischen* Faktoren des Christentums, mit denen wir uns hier nicht beschäftigen.
121 *Der Gottesstaat*, Buch 11, Kap. 21.
122 *Bekenntnisse*, Buch 11, Kap. 14.
123 Ebenda, Kap. 20 u. 28.
124 Ebenda, Kap. 21.
125 Ebenda, Kap. 24, 26 u. 28.
126 Siehe inbes. *Der Gottesstaat*, Buch 11–13.
127 Ebenda, Buch 12, Kap. 14.
128 Ebenda, Buch 11, Kap. 6.
129 Ebenda, Buch 12, Kap. 14.
130 Ebenda, Kap. 21 u. 20.
131 Ebenda, Buch 11, Kap. 32.
132 Ebenda, Buch 12, Kap. 21 u. 22.
133 Ebenda, Kap. 6.
134 Ebenda, Buch 13, Kap. 10.
135 B 478.

Kapitel III

1 *L'esprit de la philosophie médiévale,* Paris, 1932, Bd. 1, S. 214 u. S. 73.
2 *Summa theologica*, I, Frage 82, Art. 1.
3 Ebenda, Frage 81, 3 und Frage 83, 4.
4 Duns Scotus nach Gilson (vgl. oben, Anm. 1), Bd. 1, S. 55.
5 Ebenda, engl. (*The Spirit of Medieval Philosophy,* New York, 1940), S. 437.
6 In »What is Authority?« in *Between Past and Future* versuchte ich die Bedeutung der Vergangenheit für jedes streng römische Verständnis der Politik aufzuzeigen. Siehe vor allem die Erklärung der römischen Dreiheit auctoritas, religio, traditio.
7 *Der Gottesstaat*, Buch 12, Kap. 14.
8 *Summa theologica*, I, Frage 5, Art. 4.
9 Ebenda, I–II, Frage 15, 3.
10 Ebenda, I, Frage 5, 1, und I–II, Frage 18, 1.
11 Ebenda, I, Frage 48, 3.
12 Ebenda, Frage 5, 5; Frage 49, 3.
13 Zit. ebenda, Frage 49, 3.
14 *History of Christian Philosophy in the Middle Ages*, New York, 1955, S. 375.
15 *Summa theologica*, I, Frage 75, 6.
16 Ebenda, Frage 81, 3.
17 Ebenda, Frage 82, 4.
18 Gilson (vgl. oben, Anm. 14), S. 766.
19 *Summa theologica*, I, Frage 29, 3, resp.
20 Augustinus, *Der Gottesstaat*, Buch 12, Kap. 21.
21 *Summa theologica*, I, Frage 82, 4.
22 Ebenda, Frage 83, 3.
23 Diese Frage wirft Thomas auf in der *Summa contra gentiles*, III, 26.
24 Zit. nach Wilhelm Kahl, *Die Lehre vom Primat des Willens bei Augustin, Duns Scotus und Descartes*, Straßburg, 1886, S. 61, Fußn.
25 *Göttliche Komödie*, Paradies, 28. Gesang, Z. 109ff., dt. v. Otto Gildemeister.
26 Zit. nach Gustav Siewerth, *Thomas von Aquin, Die menschliche Willensfreiheit. Texte ... ausgewählt und mit einer Einleitung versehen*, Düsseldorf, 1954, S. 62.
27 *Summa theologica*, I, Frage 79, 2.
28 Ebenda, I–II, Frage 9, 1.
29 *Nikom. Ethik*, Buch 10, 1178b18–21, 1177b5–6.
30 *Summa theologica*, I–II, Frage 10, 2; *Summa contra gentiles*, III, 26.
31 *Metaphysik*, 1072b3.
32 *Summa theologica*, I–II, Frage 11, 3. Vgl. *Kommentar zum Galaterbrief*,

Kap. 5, Lekt. 3.

33 *Grundlegung zur Metaphysik der Sitten*, 2. Abschn., *Schriften*, Akademie-Ausgabe, Bd. 4, S. 429.

34 Siehe z. B. Abschn. 4 der zweisprachigen Ausgabe von Duns Scotus: *Philosophical Writings*, hrsg. u. übers. v. Allan Wolter, Edinburgh u. London, 1962, S. 83ff.

35 Zit. nach (vgl. oben, Anm. 24), S. 97 u. 99.

36 Siehe Efrem Bettoni, »The Originality of the Scotistic Synthesis«, in John K. Ryan und Bernardine M. Bonansea, *John Duns Scotus, 1265–1965*, Washington, 1965, S. 34.

37 (Vgl. Anm. 104 zu Kap. II), S. 191. In anderem Zusammenhang, aber im gleichen Buch (S. 144) meint Bettoni aber, »in hohem Maße . . . [liegt] die Originalität des Scotistischen Beweises [der Existenz Gottes] in seiner Eigenschaft als einer Synthese von Thomas und Anselm«.

38 Neben dem oben Angeführten stütze ich mich hauptsächlich auf Ernst Stadter, *Psychologie und Metaphysik der menschlichen Freiheit*, München, Paderborn, Wien, 1971; Ludwig Walter, *Das Glaubensverständnis bei Johannes Scotus*, München, Paderborn, Wien, 1968; Etienne Gilson, *Jean Duns Scot* (s. o., Anm. 81 zu Kap. II); Johannes Auer, *Die menschliche Willensfreiheit im Lehrsystem des Thomas von Aquin und Johannes Duns Scotus*, München, 1938; Walter Hoeres, *Der Wille als reine Vollkommenheit nach Duns Scotus*, München, 1962; Robert Prentice, »The Voluntarism of Duns Scotus«, in *Franciscan Studies*, Bd. 28, Annual VI, 1968; Berard Vogt, »The Metaphysics of Human Liberty in Duns Scotus«, in *Proceedings of the American Catholic Philosophical Association*, Bd. 16, 1940.

39 Zit. nach (s. oben, Anm. 34), S. 64, 73 u. 57.

40 Zit. nach (vgl. Anm. 66 zu Kap. II), S. 58.

41 Zit. nach (s. o., Anm. 34), S. 162.

42 Ebenda, S. 161.

43 Ebenda, Anm. 25 zu Abschn. 5, S. 184.

44 Ebenda, S. 73.

45 Ebenda, S. 75.

46 Ebenda, S. 72. Nach Gilson ist der Begriff des Unendlichen überhaupt christlichen Ursprungs. »Den vorchristlichen Griechen war das Unendliche stets nur etwas Unvollkommenes.« (Vgl. Anm. 1, Bd. 1, S. 59).

47 Siehe Walter (vgl. oben, Anm. 38), S. 130.

48 Zit. nach Stadter (vgl. oben, Anm. 38), S. 315.

49 Zit. nach Auer (vgl. oben, Anm. 38), S. 86.

50 Zit. nach Vogt (vgl. oben, Anm. 38), S. 34.

51 Ebenda.

52 Zit. nach Kahl (vgl. oben, Anm. 24), S. 86f.

53 (Vgl. Anm. 104 zu Kap. II), S. 76.

54 Siehe Bernardine M. Bonansea, »Duns Scotus' Voluntarism«, in Ryan (vgl. Anm. 36), S. 92. »Non possum velle esse miserum; . . . sed ex hoc non sequitur ergo necessario volo beatitudinem, quia nullum velle necessario elicitur a voluntate« (S. 93, Anm. 38).

55 Ebenda, S. 89f. und Anm. 28. Bonansea zählt die Stellen auf, »die von der Möglichkeit zu sprechen scheinen, daß der Wille das Böse als solches sucht« (S. 89, Anm. 25).

56 Zit. nach Vogt (vgl. oben, Anm. 38), S. 31.

57 (Vgl. Anm. 54), S. 94, Anm. 44.

58 Siehe Vogt (vgl. oben, Anm. 38), S. 29, und (vgl. Anm. 54), S. 86, Anm. 13: »Voluntas naturalis non est voluntas, nec velle naturale est velle.«

59 Zit. nach Hoeres (vgl. oben, Anm. 38), S. 113f.

60 Ebenda, S. 151. Das Zitat steht bei Auer (vgl. oben, Anm. 38), S. 149.

61 Hoeres (vgl. oben, Anm. 38), S. 120. Solange die endgültige Ausgabe der Werke Duns Scotus' nicht abgeschlossen ist, ist eine Reihe von Fragen bezüglich seiner Auffassungen in diesen Dingen noch offen.

62 (Vgl. Anm. 104 zu Kap. II), S. 187.

63 Ebenda, S. 188.

64 Siehe Stadter (vgl. oben, Anm. 38), insbes. den Abschnitt über Petrus Johannis Olivi, S. 144–167.

65 (Vgl. Anm. 104 zu Kap. II), S. 193, Fußn.

66 Solche Aussagen kommen hin und wieder vor. Über diese Art von »Introspektion« siehe Béraud de Saint-Maurice, »The Contemporary Significance of Duns Scotus' Philosophy«, in Ryan (vgl. oben, Anm. 36), S. 354, sowie Ephrem Longpré, »The Psychology of Duns Scotus and Its Modernity«, in *The Franciscan Educational Conference*, Bd. 12, 1931.

67 Zum »Beweis« der Kontingenz führt Scotus Avicennas »Metaphysik« an: »Wer den ersten Grundsatz [nämlich daß einiges Seiendes kontingent ist] bestreitet, der sollte gegeißelt oder gebrannt werden, bis er zugibt, daß es nicht dasselbe ist, gebrannt und nicht gebrannt, gegeißelt und nicht gegeißelt zu werden.« Siehe Arthur Hyman und James J. Walsh, *Philosophy in the Middle Ages«*, New York, 1967, S. 592.

68 Jeder Kenner der mittelalterlichen Schulstreitigkeiten ist immer noch von ihrem polemischen Charakter beeindruckt, einer Art »militanter Gelehrsamkeit« (Francis Bacon), die lediglich auf Augenblickssiege aus war. Die Satiren Erasmus' und Rabelais' wie auch die Angriffe Francis Bacons bezeugen eine Atmosphäre in den Schulen, die dem ernsthaften Philosophen höchst anstößig gewesen sein muß. Über Scotus siehe Saint-Maurice (vgl. oben, Anm. 66), S. 354–358.

69 Zit. nach (vgl. Anm. 67), S. 597.

70 (Vgl. Anm. 54), S. 109, Anm. 90.

71 Hoeres (vgl. oben, Anm. 38), S. 121.

72 (Vgl. Anm. 54), S. 89.

73 Stadter (vgl. oben, Anm. 38), S. 193.
74 Ebenda.
75 (Vgl. Anm. 34), S. 80.
76 Aristoteles, *Physik*, 256b10.
77 Auer (s. oben, Anm. 38), S. 169.
78 Zu der Theorie der »gleichzeitigen Ursachen« siehe (vgl. Anm. 54), S. 109f. Die Zitate stammen hauptsächlich aus P. Ch. Balie, »Une question inédite de J. Duns Scotus sur la volonté«, in *Recherches de théologie ancienne et médiévale*, Bd. 3, 1931.
79 (Vgl. Anm. 34), S. 55.
80 Vgl. Bergson: s. oben, Abschn. 4, Text zu Anm. 59.
81 Zit. nach Hoeres (vgl. oben, Anm. 38), S. 111, der leider keinen lateinischen Originaltext anführt.
81a S. Anm. 44 zu Kap. I.
82 (Vgl. Anm. 54), S. 95.
83 Zit. nach (vgl. Anm. 67), S. 596.
84 Siehe Vogt (vgl. oben, Anm. 38), S. 29.
85 Auer (vgl. oben, Anm. 38), S. 152.
86 (Vgl. Anm. 104 zu Kap. II), S. 158.
87 (Vgl. Anm. 34), S. 57 u. 177.
88 Hoeres (vgl. oben, Anm. 38), S. 191.
89 Stadter (vgl. oben, Anm. 38), S. 288f.
90 Zit. nach Heidegger, *Was heißt Denken?*, Tübingen, 1954, S. 41.
91 Zit. nach Vogt (vgl. oben, Anm. 38), S. 93.
92 Hoeres (vgl. oben, Anm. 38), S. 197.
93 (Vgl. Anm. 104 zu Kap. II), S. 122.
94 (Vgl. Anm. 54), S. 120.
95 Ebenda, S. 119.
96 Ebenda, S. 120.
97 *De trinitate*, Buch 10, Kap. VIII, 11.
98 (Vgl. Anm. 104 zu Kap. II), S. 40.
99 Meiner Interpretation liegt folgender lateinischer Text aus *Opus Oxoniense*, IV, dist. 49, qu. 4, nn. 5–9 zugrunde: »Si enim accipiatur quietatio pro . . . consequente operationem perfectam, concedo quod illam quietationem praecedit perfecta consecutio finis; si autem accipiatur quietatio pro actu quietativo in fino, dico quod actus amandi, qui naturaliter praecedit delectationem, quietat illo modo, quia potentia operativa non quietatur in obiecto, nisi per operationem perfectam, per quam attingit obiectum.«
Ich schlage folgende Übersetzung vor: »Denn wenn die Ruhe als auf die vollkommene Handlung folgend genommen wird, dann gebe ich zu, daß dieser Ruhe eine vollkommene Zielerreichung vorausgeht; schreibt man aber die Ruhe einer in ihrem Ziel ruhenden Handlung zu, dann behaupte

ich, daß das Lieben, das natürlicherweise dem Genuß vorausgeht, die Ruhe auf solche Weise herbeiführt, daß das handelnde Vermögen nur dadurch im Gegenstand zur Ruhe kommt, daß es ihn durch vollkommenes Wirken erlangt.«

100 B 643–645.

Kapitel IV

1 (Vgl. Anm. 20 zu Kap. II), S. 41.

2 Von Pascal siehe *Pensées*, dt. v. Ewald Wachsmuth, Berlin, 1937, Nr. 434 (Panthéon-Ausg.: Nr. 81, Pléiade-Ausg.: Nr. 438 [257]), sowie »Sayings Attributed to Pascal«, in *Pensées*, Penguin, S. 356. Von Donne siehe »An Anatomy of the World; The First Anniversary«.

3 *Der Wille zur Macht*, Nr. 487.

4 Ebenda, Nr. 419.

5 Heidegger, »Überwindung der Metaphysik«, in *Vorträge und Aufsätze*, Pfullingen, 1954, S. 83.

6 Hierzu und zum folgenden siehe insbes. Edgar Zilsel, »The Genesis of the Concept of Scientific Progress«, in *Journal of the History of Ideas*, Bd. 6, 1945, S. 3.

7 Zilsel erblickt daher den Ursprung des Fortschrittsbegriffs in der Erfahrung und der »intellektuellen Einstellung« der »besten Handwerker«.

8 *Préface pour le Traité du vide*, Pléiade, S. 310.

9 VII, 803c.

10 Siehe Kant, *Idee zu einer allgemeinen Geschichte in weltbürgerlicher Absicht* (1784), Einleitung, *Schriften*, Akademie-Ausgabe, Bd. 8, S. 18.

11 Ebenda, »3. Satz«, S. 20.

12 (Vgl. Anm. 31 zu Kap. I), S. 351.

13 Ebenda, S. 350.

14 Tübingen, 1954, S. 35.

15 (Vgl. Anm. 5), Abschn. 22, S. 89.

16 *Der Wille zur Macht*, Nr. 419.

17 *Kritik der reinen Vernunft*, B 478.

18 *Menschliches, Allzumenschliches*, Nr. 2.

19 *Der Wille zur Macht*, Nr. 90.

20 Ebenda, Nr. 1041.

21 (Vgl. Anm. 2).

22 *Der Wille zur Macht*, Nr. 95.

23 Ebenda, Nr. 84.

24 Ebenda, Nr. 668.

25 *Nietzsche*, Pfullingen, 1961, Bd. 1, S. 70.

26 Nr. 19.

27 Ebenda. Hervorhebung H. A.

28 *Der Wille zur Macht*, Nr. 693.
29 Ebenda, Nr. 417.
30 S. oben, Abschn. 12, Text zu Anm. 89.
31 Aufzeichnungen zum 4. Teil von »Also sprach Zarathustra«, zit. nach Heidegger, *Was heißt Denken?*, Tübingen, 1954, S. 46.
32 *Der Wille zur Macht*, Nr. 667.
33 *Die fröhliche Wissenschaft*, Nr. 310.
34 Siehe Arendt, *Das Denken*, Abschn. 12, insbes. Text zu Anm. 73.
35 *Genealogie der Moral*, 3. Abh., Nr. 28.
36 *Der Wille zur Macht*, Nr. 689.
37 *Die fröhliche Wissenschaft*, Nr. 341.
38 *Der Wille zur Macht*, Nr. 664.
39 Ebenda, Nr. 666.
40 *Also sprach Zarathustra*, Teil 2, »Von der Selbst-Überwindung«.
41 *Der Wille zur Macht*, Nr. 660.
42 *Also sprach Zarathustra*, Teil 2, »Von der Erlösung«.
43 *Der Wille zur Macht*, Nr. 585 A.
44 *Die fröhliche Wissenschaft*, Nr. 324.
45 S. oben, Abschn. 7, Text zu Anm. 11.
46 *Der Wille zur Macht*, Nr. 585 A.
47 Siehe *Götzendämmerung*, »Die vier großen Irrtümer« (Nr. 7 u. 8), »Die Verbesserer der Menschheit« (Nr. 1).
48 *Also sprach Zarathustra*, Teil 2, »Von der Erlösung«.
49 *Der Wille zur Macht*, Nr. 708.
50 *Die fröhliche Wissenschaft*, Nr. 276.
51 *Also sprach Zarathustra*, Teil 3, »Vor Sonnenaufgang« sowie »Die sieben Siegel (oder: Das Ja-und-Amen-Lied)«.
52 Siehe den ausgezeichneten *Index* zu Heideggers Gesamtwerk bis zu den »Wegmarken« (1968) von Hildegard Feick, 2. Aufl., Tübingen, 1968. Unter »Wille, Wollen« verweist der Index auf »Sorge, Subjekt« und zitiert einen Satz aus »Sein und Zeit«: »Wollen und Wünschen sind im Dasein als Sorge verwurzelt.« Ich verwies darauf, daß die moderne Betonung der Zukunft als der wichtigsten Zeitform sich darin niederschlägt, daß Heidegger in seinen frühen Analysen der menschlichen Existenz die Sorge als das wichtigste Existentiale auszeichnet. Eine Lektüre der einschlägigen Abschnitte von »Sein und Zeit« (insbes. § 41) macht deutlich, daß er später bestimmte Eigenschaften der Sorge für seine Analyse des Willens heranzog.
53 New York, 1971, S. 112.
54 *Brief über den ›Humanismus‹*; Ausgaben: in *Platons Lehre von der Wahrheit*, Bern, 1947 (^{2}1954); Frankfurt, o. J. (lt. »Wegmarken«: 1949); in *Wegmarken*, Frankfurt, 1967; 2. Aufl., 1976. Die im Text erwähnte Stelle steht S. 72/17/169/328.

55 *Die Selbstbehauptung der deutschen Universität.*
56 Mehta (vgl. oben, Anm. 53), S. 43.
57 (Vgl. Anm. 54), S. 56f./7/147f./316.
58 Ebenda, S. 119/47/194/364.
59 *Nietzsche*, Pfullingen, 1961, Bd. 2, S. 468.
60 (Vgl. Anm. 54), S. 53/5/145/313.
61 Ebenda, S. 116/45f./192f./361f.
62 (Vgl. Anm. 59), Bd. I, S. 624.
63 *Der Wille zur Macht*, Nr. 708.
64 (Vgl. Anm. 59), Bd. 2, S. 272.
65 Ebenda, Bd. 1, S. 63f.
66 Ebenda, S. 161.
67 Ebenda, Bd. 2, S. 462.
68 Ebenda, S. 265.
69 Ebenda, S. 266f.
70 *Was heißt Denken?*, Tübingen, 1954, S. 36f.
71 *Gelassenheit*, Pfullingen, 1959, S. 33.
72 *Gesetze*, I, 644.
73 *Der Wille zur Macht*, Nr. 90.
74 *Die Technik und die Kehre*, Pfullingen, 1962, S. 40.
75 Zit. nach Jean Beaufret, *Dialogue avec Heidegger*, Paris, 1974, Bd. 3, S. 204.
76 Valéry, *Tel quel*, in *Oeuvres de Paul Valéry*, Pléiade, Dijon, 1960, Bd. 2, S. 560.
77 *Sein und Zeit*, unveränd. Aufl., Tübingen, 1949, § 57, S. 276f.
78 Ebenda, § 53, S. 261.
79 *Vorträge und Aufsätze*, Pfullingen, 1954, S. 177 u. 256.
80 (Vgl. Anm. 77), § 54, S. 267.
81 Ebenda, § 41, S. 187, und § 53, S. 263.
82 (Vgl. Anm. 65 zu Kap. I), dt. S. 100ff., frz. S. 97ff.
83 Ebenda, dt. S. 108, frz. S. 105; vgl. dt. S. 136, frz. S. 132.
84 (Vgl. Anm. 4 zu Kap. I), S. 24f., dt. S. 35f.; Zitat S. 20, dt. S. 32.
85 (Vgl. Anm. 59), Bd. 1, S. 63f.
86 (Vgl. Anm. 77), § 34, S. 162.
87 (Vgl. Anm. 59), Bd. 1, S. 329 und 470f.
88 (Vgl. Anm. 77), §§ 54–59, s. insbes. S. 268ff.
89 Ebenda, § 58, S. 287.
90 Ebenda, S. 284.
91 Ebenda, §§ 59–60, S. 294f.
92 Ebenda, § 60, S. 300.
93 Ebenda, § 34, S. 163.
94 Ebenda, § 59, S. 294.
95 Ebenda, §§ 59–60, S. 295.

96 »Der Spruch des Anaximander«, in *Holzwege*, Frankfurt, 1950; Neuaufl. als Bd. 5 der Gesamtausgabe, Frankfurt, 1977. S. 300f./325f.
97 Ich nehme an, daß die Genfer Rede in der Zeitschrift »Wandlung« erschienen ist, stütze mich aber auf meine *Sechs Essays*, Heidelberg, 1948.
98 (Vgl. Anm. 96), S. 303/329.
99 Ebenda, S. 315/342.
100 (Vgl. Anm. 54), S. 115/45/191/361.
101 (Vgl. Anm. 96), S. 315/342.
102 (Vgl. Anm. 2 zu Kap. I), Bd. 1; Fragment 123.
103 (Vgl. Anm. 96), S. 310/337.
104 Ebenda, S. 315/342.
105 Ebenda, S. 311/337.
106 Ebenda, S. 336/364.
107 Ebenda, S. 310/337.
108 Ebenda, S. 310/337.
109 Ebenda, S. 328/355.
110 Ebenda, S. 343/373.
111 Unveröffentlichtes Gedicht, entstanden um 1950.
112 (Vgl. Anm. 96), S. 329/357.
113 Ebenda, S. 327f./355.
114 Um kein Mißverständnis aufkommen zu lassen: beide Zitate sind so bekannt, daß sie einen Teil der deutschen Sprache bilden. Jeder Deutschsprachige denkt ganz von selbst in diesem Sinne, ohne von Goethe beeinflußt sein zu müssen.
115 (Vgl. Anm. 96), S. 340f./369.
116 (Vgl. Anm. 77), § 57.
117 Thomas Kuhn, *Die Struktur wissenschaftlicher Revolutionen*, dt., Suhrkamp, Frankfurt, 2. Aufl. 1976, S. 185.
118 *The Lives of a Cell*, New York, 1974.
119 Siehe *Newsweek*, 24. 6. 1974, S. 89.
120 Ebenda.
121 *L'esprit des lois*, Buch 12, Kap. 2.
122 Ebenda, Buch 11, Kap. 6.
123 Zit. nach Franz Neumann, Einleitung zu Montesquieu, *The Spirit of the Laws*, übers. v. Thomas Nugent, New York, 1949, S. XL.
124 *L'esprit des lois*, Buch 11, Kap. 3.
125 Ebenda, Buch 1, Kap. 1; Buch 26, Kap. 1 u. 2.
126 Siehe z. B. R. W. B. Lewis, »Homer and Virgil – The Double Themes«, *Furioso*, Frühjahr 1950, S. 24: »Die wiederholten ausdrücklichen Bezugnahmen auf die ›Ilias‹ in diesen Büchern [der ›Äneis‹] sollen keine Parallele bilden, sondern eine Umkehrung.«
127 *Kritik der reinen Vernunft*, B 478.
128 *Äneis*, Buch 3, 1–12.

129 Vierte Ekloge.
130 Diesen glücklichen Ausdruck für Gemeinwesen übernehme ich aus dem äußerst lehrreichen Aufsatz »The Character of the Modern European State« von Michael Oakeshott in seinem Buch *On Human Conduct*, Oxford, 1975, S. 199.
131 *De re publica*, I, 7.
132 *Œuvres*, hrsg. v. Laponneraye, 1840, Bd. 3, S. 623; *The Works of John Adams*, hrsg. v. Charles Francis Adams, Boston, 1850–1856, Bd. 6, 1851, S. 281.
133 VI, 790–794.
134 Vierte Ekloge.
135 Darüber gibt es eine ungeheure Literatur; recht lehrreich ist *Die Äneis und Homer* von Georg Nikolaus Knauer, Göttingen, 1964. Dort heißt es: Vergils »Homerauffassung scheint mir von der spezifisch römischen Denkform persönlicher Verpflichtung geprägt zu sein, die dem Römer auferlegte, nach dem aus der Vergangenheit überkommenen Vorbild der Ahnen Ruhm und Glanz der eigenen Familie und des Staates durch Verwirklichung im Heute für die Zukunft der Nachfahren zu bewahren« (S. 357).
136 *Äneis*, Buch 7, 206.
137 Zit. nach George Steiner, *After Babel*, New York u. London, 1975, S. 132.
138 R. J. E. Clausius (1822–1888), deutscher mathematischer Physiker, der den zweiten Hauptsatz der Thermodynamik aufstellte und den Entropiebegriff einführte (nämlich die nicht zur Arbeitsleistung ausnützbare Energie in einem thermodynamischen System, dargestellt mit dem Symbol Φ). »Er postulierte, daß die Entropie des Weltalls ständig zunehme, und sagte diesem den ›Wärmetod‹ voraus, wenn überall die gleiche Temperatur erreicht sein würde.« *Columbia Encyclopaedia*, 3. Aufl. (D. Hrsg.).
139 *Der Gottesstaat*, Buch 12, Kap. 20.

Anmerkungen zum Anhang

1 *Kritik der Urteilskraft*, § 40.
2 Ebenda.
3 Ebenda.
4 *Der Streit der Fakultäten*, 2. Abschn., Nr. 6.
5 *Idee zu einer allgemeinen Geschichte in weltbürgerlicher Absicht*, 8. Satz.
6 *Der Streit der Fakultäten*, 2. Abschn., 2. Anm.

7 *Zum ewigen Frieden*, Anh. I, 6. Abs.
8 *Kritik der Urteilskraft*, § 28.
9 *KdU*, § 83.
10 *Metaphysik der Sitten*, Metaphysische Anfangsgründe der Rechtslehre, 2. Teil, 3. Abschn., Beschluß.
11 *KdU*, § 50.
12 Ebenda.
13 *KdU*, § 49.
14 Ebenda.
15 Ebenda.
16 Cicero, *De oratore*, III, 195.
17 Ebenda, 197.
18 *Anthropologie*, § 2.
19 *KdU*, § 29.
20 *KdU*, § 40.
21 *KdU*, § 41.
22 *KdU*, § 48.
23 *KdU*, § 54.
24 *KdU*, § 39.
25 Ebenda.
26 Ebenda.
27 *KdU*, § 40.
28 *Anthropologie*, § 53.
29 *KdU*, § 40.
30 Vgl. *Anthropologie*, § 59.
31 *KdU*, § 40.
32 Ebenda.
33 Ebenda.
34 Ebenda.
35 *KdU*, § 2.
36 *KdU*, § 40.
37 Ebenda.
38 Ebenda.
39 Ebenda.
40 *KdU*, Einleitung IV.
41 Ebenda.
42 *Kritik der reinen Vernunft*, B 173 f.

Personenregister

Adams, John 198, 199, 260
Adenauer, Konrad 180
Albertus Magnus 117
Anaximander 179, 180f., 183, 184f., 259
Anselm von Canterbury 108, 109, 121, 253
Aristoteles 10, 12, 15, 17, 18f., 20, 21, 33, 41, 56–62, 68, 75, 76, 81, 85, 86, 93, 94, 109, 112, 113, 115, 118f., 120f., 128, 131, 132, 133, 136, 141, 191, 197, 235, 237, 242, 243, 247, 248, 249, 252, 255
Arrian 248
Auden, Wystan Hugh 90, 177, 250
Auer, Johannes 131, 135, 253, 254, 255
Augustinus, Aurelius 11, 12, 15, 21, 29, 36, 40, 67, 70, 71, 80, 82–94, 95–102, 103, 104–107, 108, 109, 112, 113, 114, 116ff., 119, 120f., 122, 124, 128, 135, 137, 138f., 150, 152, 153, 206, 207, 231, 242, 243, 244, 248, 249, 250, 251, 252, 253, 255, 260
Augustus 200, 202

Bacon, Francis 144, 254
Balie, P. Ch. 255
Barth, Karl 228
Beaufret, Jean 258
Beck, Lewis White 61, 141, 248, 256
Bergson, Henri 9, 11, 15, 16, 33ff., 99, 174f., 228, 242, 245, 258
Bettoni, Efrem 99, 121, 125, 127, 128, 135f., 138, 139, 250, 253, 254, 255
Bohr, Niels 87
Bonansea, Bernardine M. 126, 129, 130, 132, 134, 138f., 254, 255
Brown, Peter 84, 249, 250
Brunschvicg, Léon 45
Buber, Martin 191
Buchenau, Artur 244
Burckhardt, Jacob 183

Cairns, Huntington 237, 238
Camus, Albert 78, 80, 249
Chrysippos 245
Cicero, Marcus Tullius 38, 64, 83, 102, 199, 216, 223, 245, 249, 260, 261
Clausius, Rudolf 260

Dante, Alighieri 117, 252
Davis, William H. 103, 251
Demokrit 82, 249
Descartes, René 11, 24, 29, 35f., 62, 128, 141, 142f., 151, 172, 177, 244, 245, 252
Dewey, John 228
Diesel, Manfred 246
Donne, John 143, 151f., 256
Duns Scotus, Johannes 12, 34, 36, 40, 87, 99f., 111, 112, 115, 116, 118, 120–132, 133, 134, 135, 136, 137–140, 154, 155, 185, 233, 245, 250, 252, 253, 254, 255f., 257

Eckhart, Meister 41, 56, 65, 67, 82, 90, 238, 246, 247, 248
Eddington, A. S. 228
Einstein, Albert 187
Engels, Friedrich 205
Epiktet 71–81, 85, 136, 162, 248, 249
Erasmus von Rotterdam 254

Euripides 68

Feick, Hildegard 257
Fichte, Johann Gottlieb 141 f.
Fischer, Kuno 244
Frazer, James George 228

Gifford, Adam 228
Gilson, Étienne 19, 82, 87, 108, 109f., 111f., 113, 115, 228, 242, 249, 250, 252, 253
Goethe, Johann Wolfgang 147, 175, 184, 185, 193, 259
Gombrich, Ernest H. 55, 247
Gracian 217
Gregor IX. 108

Hamilton, Edith 237, 238
Hamilton, William 244, 250, 255
Harrington, James 200
Hegel, Georg Wilhelm Friedrich 18, 23, 24, 26, 28, 31, 36, 39, 41–44, 45–53, 62, 107, 115, 134, 141, 142, 146, 147, 148, 170ff., 178, 188. 206, 243, 245, 246f.
Heidegger, Martin 12, 24f., 44, 45, 50f., 52, 87, 125, 137, 143, 148f., 150, 152, 153, 162, 164–170, 171–176, 177ff., 180–185, 186, 238, 244, 246, 247, 255, 256, 257, 258, 259
Heinrich von Gent 121
Heisenberg, Werner 187
Heraklit 181, 259
Hieronymus 238
Hiob 70, 88
Hobbes, Thomas 19, 26f., 28, 141, 242f., 244
Hoeres, Walter 127, 130, 136, 137, 253, 254, 255
Homer 20, 157, 194, 259, 260
Hume, David 159
Hyman, Arthur 254, 255

Jaeger, Werner 228, 247
James, William 228
Jaspers, Karl 24, 179f., 191, 230, 244, 259
Jefferson, Thomas 190, 198, 259
Jesus 41, 64ff., 67, 69, 83
Jonas, Hans 32, 34, 66, 245, 248
Judas 41
Jünger, Ernst 179

Kähler, Martin 28, 244
Kafka, Franz 15
Kant, Immanuel 7, 8, 10, 11, 12, 22f., 24, 25, 28, 30, 32, 41, 56, 61ff., 107, 113, 119f., 140, 141, 143, 146, 147, 148, 150, 156, 170f., 185, 188, 195, 208–226, 228, 229, 230, 234, 237, 242, 244, 245, 248, 253, 256, 259, 261
Kaufmann, Walter 237, 238
Kemp Smith, Norman 237, 238
Kierkegaard, Sören 115
Knauer, Georg Nikolaus 260
Kojève, Alexandre 42, 49, 246
Koyré, Alexandre 42f., 44, 45f., 49, 246
Kristeller, Paul Oskar 249
Kuhn, Thomas 187, 259

Leibniz, Gottfried Wilhelm 24, 39, 41, 128, 141, 186, 245, 246
Lewis, R. W. B. 194, 259
Locke, John 196, 198
Longpré, Ephrem 254
Luther, Martin 108

Machiavelli, Niccolò 201
Mandelstam, Ossip 90, 176f
Mani 85f
Marcel, Gabriel 228
Marx, Karl 39, 52, 146, 161, 205, 206
McCarthy, Mary 8, 235
McKeon, Richard 237, 238
Mehta, J. L. 164, 257, 258
Michelangelo, Buonarroti 235
Mill, John Stuart 10, 27, 94f., 101, 133, 242, 244, 250, 255
Montesquieu, Charles de Secondat, Baron de 189, 190, 192, 259
Mumford, Lewis 158, 187

Napoleon I. 171f.
Nestle, Dieter 22, 243
Neumann, Franz 259

Nietzsche, Friedrich 10, 12, 21, 23ff., 28, 39, 40, 52, 95, 114, 125, 134, 137, 142, 143, 149, 150, 151, 152–164, 166, 167–170, 171, 174f., 176, 179, 183, 205, 237, 243, 244, 245, 247, 256, 257, 258

Oakeshott, Michael 197, 260
Oates, Whitney J. 72, 248
Olivi, Petrus Johannes 122, 128, 130, 254
Ovid, Publius Naso 68, 248

Parmenides 14, 23, 52, 242
Pascal, Blaise 142f., 145f., 148, 151, 152, 256
Paulus 9, 12, 21, 36, 56, 62, 63–70, 71f., 80f., 83, 85, 88, 91, 101, 103, 108, 119, 135, 137, 139, 155, 248
Petrarca 205, 260
Pico della Mirandola 121, 253
Planck, Max 187
Platon 10, 14, 19, 24, 28, 37, 40, 44, 46, 56, 57, 62, 80, 103f., 109, 117, 135, 146, 167, 171, 176, 193, 223, 225, 231, 235, 237, 242, 244, 246, 247, 256, 257, 258
Plotin 46f., 59, 83, 246, 248
Prentice, Robert 253
Pythagoras 74, 223

Rabelais, François 254
Rilke, Rainer Maria 90, 177, 235
Ritter, Joachim 246
Robespierre, Maximilien de 198, 199, 260
Rosenzweig, Franz 246
Royce, Josiah 228
Ryle, Gilbert 10, 11, 19, 28, 38, 54, 242, 243, 244, 245, 247

Saint-Maurice, Béraud de 129, 254
Schelling, Friedrich Wilhelm 23, 141f., 148, 244, 256
Schiller, Friedrich 23, 230, 244
Schopenhauer, Arthur 23, 27, 28, 30, 114, 152, 244
Schrödinger, Erwin 187
Schulz, Walter 64
Seneca 82
Smith, Adam 146, 171
Snell, Bruno 19, 242
Sokrates 19, 61, 62, 72, 80, 135, 239
Sophokles 44, 58, 248
Spinoza, Baruch de 26f., 28, 126, 141, 186, 244
Stadter, Ernst 28, 130, 136, 253, 254, 255
Steiner, George 260

Theunissen, Michael 246
Thomas von Aquin 12, 108, 109, 110–115, 116–119, 120, 121, 123, 128, 144, 252f.
Thomas, Lewis 188f., 259
Thukydides 20

Valéry, Paul 14, 172, 258
Varro 249
Vergil 194, 196f., 200, 201f., 203f., 206, 235, 259, 260
Vico, Giovanni Battista 146, 147
Vogt, Berard 127, 135, 253, 254, 255

Walsh, James J. 254, 255
Walter, Ludwig 253
Whitehead, Alfred North 228
Williams, Henry Herbert 19, 22, 243
Windelband, Wilhelm 34, 128, 245
Wittgenstein, Ludwig 28, 244

Zilsel, Edgar 144f., 256

Sachregister

Absicht 159f., 162ff.
activum 136
Aktualität [aktuell] 33, 139
Allmacht 71, 80f., 129, 131, 162
anamnēsis 40
Anfang 12, 21, 23, 32, 52f., 105ff., 150, 192–198, 200–206, 243, 247
Anspannung 40f.
Anthropomorphismus 157
Antike 9, 11, 19, 21, 24, 30, 37, 64, 72, 81, 102, 137, 158, 190, 193f., 196, 204f., 227, 249
–, griechische 201
–, römische 200ff., 216
Antizipation 45
Apathie [apatheia] 78f.
appetitive Vermögen 116f.
apprehensive Vermögen 111ff.
ataraxia 73, 78
Auferstehung 70, 123
Aufklärung 111, 199ff., 210f., 222
Aufmerksamkeit 77, 98f., 104f., 116
Autonomie 124, 126

Befehl(e)(n) 56ff., 86, 91ff., 153f., 163, 168
Begehren 11, 18, 31, 100, 117, 125, 131, 137
Begierde(n) 56–61, 68f., 86f., 114, 118, 124, 127, 130, 138f., 152f.
Bejahen [Bejahung] 24, 102, 130, 138, 176f.
Bewegung 15, 20, 45, 56f., 93, 131f., 139
Bewußtsein 27f., 62, 74, 94, 133f., 170, 174
Bewußtseinsdatum 11, 36, 74, 142, 251
bios theōrētikos 30, 185
Böses 36, 56, 63, 68, 72, 85f., 92, 109, 113, 126, 254

Charakter 186
Christentum [christliches Zeitalter] 9, 12, 32, 37, 64, 70, 96, 109, 123, 129, 131, 162, 201, 251
cogito 11, 35f., 62, 142, 186

Danken 173, 176f.
Denken 11, 28, 31, 37, 39f., 45ff., 49f., 62, 68, 79, 97, 101, 112, 136, 148, 164ff., 170, 172f., 176ff. 184, 186, 210f., 222, 224, 242, 255, 257, 258
–, diskursives 47, 85, 111, 120
Determinismus [deterministische Theorien] 35, 102f.
Dialektik 51f., 134
Dichtung 90, 175
Differenz, ontologische 165, 167, 180f.
Ding an sich 23
dionysisches Prinzip 155
Dogmatismus 147
Dreieinigkeit 96f.

Einbildungskraft 210, 214f., 217–221, 223, 229
Eindrücke 73–77, 81
Eleaten 9
Emanationstheorien 32, 102
Empfindung 98, 221
Endlichkeit 122f.
Entscheidung(en) 27, 68, 92, 124f., 223
Entwerfen [Entwurf] 127, 130

Erfahrung, innere 126–129, 139, 157, 164, 251
Erinnerung(svermögen) 40ff., 46, 50, 166, 197, 201
Erkenntnis(se) [Erkennen] 75, 114–117, 137, 144f., 187
Erscheinung(en) 9, 32, 63, 82, 90, 98, 124, 181
Erwartung 38, 46, 104f., 163
Es–scheint–mir 76
Ethik 11, 28, 58, 95, 244
–, christliche 67, 155
Ewigkeit 46f., 103f., 107, 155, 190, 198, 246
Existentialismus 24, 45, 150
Existenz 45, 89, 115, 133, 165, 174ff., 192f.

factivum 136, 139
Fatalismus [fatalistische Theorien] 38, 102, 207, 245
Fortschritt(sbegriff) 10, 22, 24, 30f., 46, 50ff., 144–147, 150f., 171, 188, 205, 226, 256
Freiheit 9, 11f., 19, 21ff., 25ff., 29ff., 34ff., 44, 48, 59, 61f., 67, 78, 81, 89, 99, 102, 107, 124–136, 140, 148, 153f., 161, 185ff., 189ff., 193f., 196f., 200, 205ff., 243, 244, 245, 248, 253
–, innere 78
–, philosophische 189f.
–, politische 189ff.
Freiwilligkeit [freiwillig] 19, 27, 66
Freude 40, 88, 100, 119, 130, 137, 154f., 220f., 224
Freundschaft 96
Friede 213f., 224, 261
Furcht 38, 40, 73

Geborene [Geborensein, Geburt] 107, 202, 206
Gedächtnis 15, 33, 64, 97–101, 103ff., 112
Gedankending(e) 50, 54f., 129, 148, 197
Gehorsam 58, 67f., 81, 91, 93, 153, 191
Geist [mind] 10, 15, 17, 26, 29, 37–40, 42–51, 54f., 62, 67, 69, 74f., 86f., 91ff., 96–101, 104f., 111, 123ff., 130, 134, 139, 148, 150, 153, 170, 183, 215, 242, 243, 249
Geistestätigkeiten [geistige Tätigkeiten, Tätigkeiten des Geistes] 14ff., 37, 39f., 55, 63, 97, 125, 128, 136ff.
geistige(s) Vermögen [Vermögen des Geistes] 10, 12, 25, 54f., 76, 95, 100, 107, 137, 152, 186, 207, 221
Gelassenheit 170, 179, 244, 258
Gemeinschaft(en) [Gemeinwesen] 174, 189–192, 194, 197–200, 219, 260
Genie 214ff.
Gerechtigkeit 63f., 66
Geschichte 10, 20, 30f., 39, 45, 47ff., 51f., 71, 105, 135, 146f., 173, 176, 182, 195, 203ff., 247, 261
–, der Philosophie [Philosophiegeschichte] 47, 110, 245
Geschichtsbegriff 145
–, philosophie 23, 31, 41f., 49
Geschmack(ssinn) 208f., 214f., 217–223, 229
Gesellschaft(en) 59, 64, 219, 223
Gesetz(e) 63, 65f., 68, 85f., 88, 129, 189f., 192, 198ff., 205, 224
–, moralische 209
Gewissen 28, 62, 94f., 175f., 184, 190, 244
Gewißheit 17, 142f.
Glaube 9, 66, 70, 85, 101, 103, 108, 111f., 123, 159, 199, 250, 251, 253
Glück 59, 72f., 78f., 83, 117f., 125f., 128
Glückseligkeit 60, 119, 126, 138
Gnade 68f., 86, 88, 91, 93, 103, 135, 153, 251
Gott 9, 29, 66, 70f., 80, 85, 90, 96, 102, 105ff., 123f., 129ff., 242
Grundlagenkrise 187f.
Gründung(slegenden) 193–204, 206
Gültigkeit, exemplarische 225f.
Gutes 63, 66, 68f., 72, 86, 88f, 92, 113ff., 117, 127

Handeln 12, 18f., 38, 40, 50, 56–60, 66, 99, 112, 118f., 134f., 147f., 171f., 176f., 184, 190f., 197, 211–214

Handlung(en) 11, 17, 26f., 29, 31, 33, 35, 57, 59 f., 105, 118, 136, 139, 147, 156, 159f., 171, 175, 200, 216, 224, 255
Handlungstheorie 118
Heiterkeit 40f., 179
Herstellen 18, 118f., 136, 139
Hoffnung 38, 40, 101, 119
Höhlengleichnis 37

Ich, denkendes 10, 14ff., 26, 28, 30f., 36f., 39–42, 44ff.,49f., 54, 63, 74, 81, 134, 143, 148, 150, 170, 187
–, fortdauerndes 95, 101, 186
–, wollendes 10, 16, 26, 28, 32f., 39ff., 43ff., 49f.,52, 67, 80ff., 92ff., 124f., 130ff., 134ff., 157, 164, 170
Ich–kann 22, 39f., 62, 136, 154f., 159, 163, 190
Ich–will 11, 22, 38, 40, 66ff., 135f., 155, 159, 163, 190
Idealismus, deutscher 141, 143, 147–150, 178, 188
Ideengeschichte 11f., 54, 109, 128, 141f., 146, 185
Indifferenz 124f.
Individualität 106, 116
initium 106f.
Innerlichkeit 62, 66, 70, 72, 75f., 82, 98, 101, 134, 191
intentional 187
Intersubjektivität 219

Kartesianismus 143
Kausalität [Kausal(itäts)gesetz] 9, 35, 107, 131f., 156, 159, 162, 170, 197
Kehre 25, 50, 164–168, 170, 172–175, 178f., 258
Können [posse] 40, 86, 91, 137, 250
Konsens 191
Kontemplation 117ff.
Kontingenz [kontigent, Kontigentes] 17f., 30f., 34, 57, 87, 123, 128f., 131–135, 140, 209f., 254
Körper 14, 37, 55, 67, 69, 72, 77f., 91, 93, 104
Kraft(gefühl) 159ff.
Kreativität 166, 174f., 206

Krieg 212f.
Kritik [kritisch] 122, 128, 188, 210, 215
– Selbstkritik 147
Kultur 161, 213

Leben 19, 44, 72f., 76, 114, 155f., 161, 163, 167, 169, 183
– des Geistes 1, 2, 3, 12, 40, 46, 95, 227
– strieb 114, 167
Leidenschaft(en) 44, 59, 61, 100
liberum arbitrium 23, 31, 34, 61, 84, 87, 107, 111, 115, 127, 150
Liebe 93f., 100ff., 117ff., 130f., 137ff., 231, 239, 256
Lob [loben] 90, 95, 125, 176f.
Logik 45, 52, 247
logos 59, 76
Lust 15, 63, 154f., 223f., 242

Macht 23, 28f., 40, 62, 72, 76, 80ff., 86, 98, 100, 102, 125f., 135ff., 154ff., 160f., 169, 190f., 243
Manichäismus 85, 92
Mäßigkeit 60
Materialismus, dialektischer 146
Materialisten 188
Meditation 15, 44
memoria 40
Mensch(en) 21, 30, 45, 47f., 96, 103, 106f., 116, 122, 124, 129ff., 135, 142, 145, 149, 165f., 175, 180, 183f., 206, 209, 214, 224
–, schlechter 58, 242
Menschheit 50, 115, 119, 145–148, 151, 171, 188, 223ff., 243
Menschenwürde 226
Metapher(n) 16, 69, 157, 248
Metaphysik 23, 121, 142f., 148, 247, 256
metaphysische Irrtümer [–Trugschlüsse] 10, 54, 149
Mittel und Zweck 59ff., 94, 112, 118f., 127, 130
Möglichkeit 133, 197
Monotheismus 96
Moral [moralisch] 95, 129, 159, 162, 204, 247, 248, 249

Moralität 212
Moralphilosophen 95
Muße 119, 204

Natur 79, 126, 135, 146f., 171, 181, 187, 203f.
- philosophie 151
- zustand 198
Negation 39, 43f., 47, 52f., 137, 167
Neigung(en) 56, 69, 94f., 126f., 135
Neues 31, 34f., 106, 195–198, 200, 206
Neuzeit 9, 22ff., 30f., 46, 95, 142, 146, 149, 151, 177
Nichts 32, 52f., 102, 113, 124, 127, 140, 185, 197
Nihilismus 137, 151, 161, 183
Notwendigkeit [notwendig] 17f., 26f., 30f., 33f., 36, 102, 110f., 126, 129, 131–135, 140, 185f., 242
nous 18, 60, 74
nunc stans 15, 39, 46

Objekt(e) 17, 168
Ohnmacht 62, 160f.
Ordnung 34, 80, 113, 184f., 202

Partikularität 34, 226
Pelagianer 103
Person 104, 106, 116, 119
personifizierte(r) Begriff(e) 148ff., 177f., 188
Personifizierung 145f.
Phänomenologie 149
Philosoph(en) 10f., 14, 36f., 73–76, 81, 146, 151, 162, 185
Philosophie 42, 47ff., 62, 72–76, 78, 83f., 108, 115, 123, 143, 148, 159, 172, 175, 183, 244, 245
–, abendländische [abenländisches Denken] 152, 194
–, antike [antikes Denken] 12, 34, 120, 149, 154
–, christliche [christliches Denken] 21, 30, 34, 41, 69ff., 82f., 85, 90, 102, 108f., 243, 252, 253
–, griechische [griechische Auffassung, –Denker, –Vorstellung] 9, 19f., 21f., 25, 27f., 32, 34, 49, 56, 62, 70, 82f., 90, 107ff., 111, 149, 181, 183
–, mittelalterliche [Mittelalter, mittelalterliches Denken, philosophie médiévale, philosophy in the Middle Ages] 12, 15, 22, 34, 56, 83, 108–111, 117, 152, 201, 227, 242, 252
–, moderne 9, 24, 34, 46
–, neu(zeitlich)e [s. a. Neuzeit] 25, 143, 145, 151
–, römische 83, 102, 112, 206
phronēsis 58, 60
Pläne 32, 38f., 45ff.
Pluralität 190ff.
politische Philosophie [–Theorie] 7, 112, 206, 208, 214, 229, 252
Potentialität(en) [potentiell] 18, 31, 33
Prädestination(slehre) 103, 251
Praxis [praxis] 12 18, 118, 189, 194–197, 200f., 204f., 210
principium 106f.
principium individuationis 12, 44, 116, 174, 186
proairesis 12, 19, 54, 59ff., 76, 86
Projekte 17

Räumlichkeit 15f.
Reflexion [Reflexivität] 15, 43, 45, 67, 148, 186, 205, 218, 220, 222f.
Regel(n) 209, 222
Reue 41, 58, 90, 94
Revolution 195f.

Schau(en) 104, 117, 119
Schicksal(e) 170, 182, 184
Schicksalslehre 79
Schlechtigkeit 26
Scholastik(er) 109, 120f., 128, 131, 143, 245
Schöpfergott 70, 90, 107, 116, 129, 133, 198
Schöpfung 71, 90, 95, 98, 102, 105f., 123ff., 127, 129f., 185, 193, 198
Schöpfungsgeschichte 109, 116, 129
Schöpfungslehre 32
Schuld 175, 184
Schwerkraft(gesetz) 93, 101f., 126f.
Seele 10, 38, 40, 46f., 56f., 80, 88, 91–94, 101f., 157, 163, 247

Seiendes 164, 165, 180ff.
Sein 20f., 23f., 27, 31f., 43f., 52f., 80, 89f., 97, 113ff.,124, 129f., 137, 148, 165ff., 170, 172f., 177–185
Seinlassen 170, 178f.
Seinsgeschichte 166, 170f., 177f., 182
Seinsvergessenheit 166
Selbst 10, 14, 44, 54, 63, 74f., 81, 84, 168, 173–176, 178, 186, 188f.
– beobachtung 174
– erhaltungstrieb 185
– mord 78, 80, 89f.
sensus communis [s. a. Verstand, gemeiner] 221ff.
Sinn 10, 12, 31, 50, 147, 160, 165, 178, 212, 226
Sinne 76, 137, 187
Sinnlosigkeit 34, 147, 167, 176
Skeptizismus 147
Solipsismus 123, 186
–, existenzialer [existenzieller] 174, 178
Sorge 25, 168, 173f., 257
Spekulation(en) [spekulatives Denken] 36, 49, 146, 148, 150, 180, 187f.
Spontaneität 35, 107, 141, 174, 189, 194, 200, 206
Sprache 165f., 172f., 180, 221
Staunen[thaumazein] 24, 176
Stimmung(en) 40f.
Stoiker [Stoizismus] 71ff., 78f., 83, 86, 88, 90, 248
Subjekt 145, 147, 166, 168, 177, 257
Subjektivierung 142, 168
Subjektivismus 149, 165
Subjektivität 27
substantia 17
System 49, 110, 135

Talmud 71, 248
Tätigkeit 118f., 136, 138f., 148, 159, 161
Technik 170, 258
Theodizee(n) 24, 95
Theologie 22, 228, 242
Tod 14, 17, 44ff., 66, 69, 73, 79, 89, 107, 123, 137, 173, 183
Tonalität 37, 40
Tugend(en) 59, 67, 161

Übel 36, 68f., 88f., 160
Überlegung 60f.
Übermensch 155, 161, 164
Unendliches [Unendlichkeit] 123, 243, 253
Universalität 34, 115f.
Unsichtbares 15
Unsterblichkeit 46, 64, 78, 123
Ursache(n) 18, 26f., 31, 87, 131f., 134f., 159f., 200, 209, 255
Urteil(en) 77, 130, 208, 210, 212–225
Urteile, moralische 221, 223
Urteilskraft 207ff., 215–218, 221, 223f., 229, 261

Veränderung 131f.
Verantwortung 22, 160, 162, 186, 207
Verneinung [Verneinen] 80, 102, 130, 169
Vernichtung 52, 169
Vernunft 11f., 17, 23, 31, 42, 50, 52, 54, 56–61, 68, 73f., 76f., 86f., 110ff., 121–127, 140, 143, 146f., 170, 208ff., 247
–, argumentierende [argumentierendes Denken] 73f., 76, 111
–, praktische 57f., 61, 141, 209, 213, 221
–, spekulative 57
Verstand 12, 34, 36, 87, 97–101, 108, 111f., 114–120, 122ff., 128, 134f., 137f., 187, 215, 230
–, gemeiner [s. a. sensus communis] 156
–, gesunder Menschen– 218f., 221
Verstehen 137, 209
vita activa 227
vita contemplativa 30, 227
volo me velle 36, 67, 186
Voluntarismus [Voluntaristen] 28f., 36, 44, 99, 253, 254
Vorsehung 22, 29f., 35, 146, 171

Wahl 19, 34, 59ff., 107, 116, 126, 136, 220
Wahlfreiheit 31, 35, 84, 111, 115

Wahlvermögen 54, 61, 87, 150
Wahrheit 12, 25, 29, 47ff., 57f., 61, 75, 110–115, 142f., 180–183, 257
–(en), mathematische 111, 129
Wahrnehmung 97f.
Welt (der Erscheinungen) [Erscheinungswelt] 13f., 35, 37, 39, 43, 54f., 62, 66, 74, 77, 82, 98, 127, 129, 157, 161, 166, 180, 186f., 214, 244
Weltgeist 10, 48, 50, 170ff., 178
Weltgeschichte 48, 52, 171
Werden 21, 49, 51ff., 134, 162f., 167, 181, 242
Werte 161, 167
Widerspruchsfreiheit 11, 29, 222
–, Axiom der 58, 61
Wiederkunft [–kehr], ewige 24, 156, 158, 160, 162, 167
Wille 9–12, 14, 16ff., 22f., 25–29, 31, 34–52, 54, 56f., 60ff., 65–73, 76f., 79–82, 84–95, 97–108, 111–120, 123–128, 130f., 134–139, 141f., 147–150, 152–170, 173f., 178f., 184ff., 189, 203f., 209, 239, 242f., 244, 245, 248, 251, 252, 253, 254, 257
Existenz des Willens 10, 16, 18, 26–29, 31
–, freier [ut libera] 127, 135
Gegenwille 67f., 81, 89, 93, 99, 170
–, guter 61, 103
– zur Macht 23, 114, 152, 160, 164f., 167ff.
–, natürlicher [ut natura] 127, 135
Philosophie des Willens [Willensphilosophie] 26, 85, 135, 185
Widerwille 168f.
– als Zerstörer 184
Willenfreiheit 86, 107, 130, 189, 252, 253
Wirklichkeit [Wirkliches] 15, 18, 23, 33, 47f., 52, 74, 77f., 80, 115, 132f., 142, 164, 172, 197, 243
Wissen 25, 75, 97, 101, 103f.
Wissenschaft(en) 142–145, 151, 158, 188
Natur– 187
Wollen [velle] 11f., 17, 22f., 27ff., 36f., 40, 43, 49ff., 68, 86f., 89, 91, 97, 99, 107, 113, 119, 126, 131, 135–139, 148f., 152f., 156f., 160f., 164, 168ff., 175, 178, 185f., 250, 257
Gegenwollen 107, 113, 164
Nichtwollen [nolle] 25, 41, 68, 79, 87, 89f., 113, 125, 135, 164, 168f., 178f.

Zeit(lichkeit) 14ff., 19ff., 25, 39, 42–47, 49–52, 71, 89, 101, 103–107, 112, 124, 136, 144, 167, 198, 202, 204ff., 243, 244, 245, 246
-begriff 33, 52, 84
–, geradliniger 20f., 24, 50, 159, 162f., 167
–, zyklischer 20f., 24, 49f., 106, 158, 163, 167, 205
– kontiunum 32f., 51, 182, 195–198, 201, 204, 206
Zufall [Zufälle, Zufälligkeit] 17, 20, 30f., 43, 133f., 189, 242
Zukunft 16ff., 19ff., 25, 30f., 34, 38f., 42–47, 49, 52, 103, 107, 137, 144, 146f., 150ff., 156, 159, 161ff., 166f., 170, 174, 205, 244, 257
Zuschauer 74, 210–216, 218, 220, 224
Zustimmung 77, 80ff., 86
Zweck 58ff., 112, 118, 120, 127, 138, 160, 171, 209, 225f.
Zweifel 24, 143
Zwiegespräch 58, 61f., 69, 74, 80, 170, 176, 190f.

Hannah Arendt / Karl Jaspers

Briefwechsel 1926–1969

Herausgegeben von Lotte Köhler und Hans Saner.
859 Seiten. Leinen im Schuber

In der Geschichte des Denkens ist dies die bisher einzige umfangreiche Korrespondenz zwischen einer Philosophin und einem Philosophen, die veröffentlicht wird. Sie umfaßt 29 Briefe aus der Vorkriegszeit (1926–38) und 403 aus der Zeit von 1945 bis 1969, dem Todesjahr von Karl Jaspers. Mit Ausnahme weniger Briefe, die z. Z. als verloren gelten müssen, ist die Korrespondenz vollständig.
Sie wird durch wenige Briefe der beiden Ehepartner – Gertrud Jaspers und Heinrich Blücher – ergänzt, wo die Gesprächslage es erfordert. Ein umfangreicher Anhang bringt die nötigen Erklärungen über Personen und Ereignisse, auf die Bezug genommen wird; ein Personen- und ein Werkregister schlüsseln die Ausgabe auf.
Man darf ohne Übertreibung sagen, daß dieser Briefwechsel eines der großen Dokumente unserer Zeit ist. In ihm spiegelt sich die Zeitgeschichte der ersten Nachkriegsjahrzehnte: der Berliner Aufstand, die ungarische Revolution, der Mauerbau, der Eichmann-Prozeß, die Kubakrise, die Ermordung Kennedys, der Vietnamkrieg, der 7-Tage-Krieg Israels bis hin zu den weltweiten Studentenunruhen von Berkeley bis Berlin. Problemkomplexe der deutschen und internationalen Geschichte und Politik – die deutsche Schuldfrage, der Widerstand gegen den Nationalsozialismus, die Atombombe, die amerikanischen Verhältnisse, die Anerkennung der DDR, die Berlinfrage, das Judentum und Israel, der Ost-West-Konflikt – werden ausführlich erörtert.
Zugleich wird die Lebensgeschichte zweier Menschen bis ins Detail sichtbar, die das Stigma der Zeit – die nationale Bodenlosigkeit – als Chance bejahen.
Die Freundschaft wurde im Laufe der Jahre so verläßlich, daß beide Partner einander nichts verschweigen mußten. Die Offenheit einer sehr klugen, oft visionären Frau von hinreißendem Temperament und die eines in der Unbestechlichkeit rücksichtslosen, aber in der Vernunft kommunikativen Denkers begegnen einander und werden sich zu einer Art Heimat.
Der Briefwechsel zeichnet das Persönlichkeitsprofil der beiden Gestalten direkt und indirekt mit verläßlicher Exaktheit auf, er wird zu einem vielfältigen Spiegel der in Einzelheiten so verschiedenen und letztlich doch verwandten Denkungsarten. Darüberhinaus ist er ein wirkliches Lesevergnügen: belehrend, unterhaltend und beeindruckend zugleich für jeden, der sich für die kulturelle und politische Geschichte unseres Jahrhunderts interessiert.

Hannah Arendt

Eichmann in Jerusalem
Ein Bericht von der Banalität des Bösen.
Mit einem Essay von Hans Mommsen.
358 Seiten. Serie Piper 308

Elemente und Ursprünge totaler Herrschaft
Antisemitismus. Imperialismus. Totalitarismus.
758 Seiten. Serie Piper 645

Macht und Gewalt
Von der Verfasserin durchgesehene Übersetzung.
Aus dem Englischen von Gisela Uellenberg.
137 Seiten. Serie Piper 1

Rahel Varnhagen
Lebensgeschichte einer deutschen Jüdin aus der Romantik.
298 Seiten. Serie Piper 230

Über die Revolution
426 Seiten. Serie Piper 76

Das Urteilen
Texte zu Kants politischer Philosophie.
Herausgegeben und mit einem Essay von Ronald Beiner.
Aus dem Amerikanischen von Ursula Ludz. 224 Seiten. Leinen

Vita activa oder Vom tätigen Leben
375 Seiten. Serie Piper 217

Vom Leben des Geistes
Band I: Das Denken. 224 Seiten. Frontispiz. Serie Piper 705
Band II: Das Wollen. 272 Seiten. Frontispiz. Serie Piper 706

Wahrheit und Lüge in der Politik
Zwei Essays. 93 Seiten. Serie Piper 36

Piper 47/3a

PIPER